【历史新阅读丛书】

# 晋朝那些事儿

吴天牧云 著

中国工人出版社

【乱世铁血卷】

肆

# 目录

# 第一章
# 苏峻之乱



## 庾亮当政

司马绍死的时候，只有 26 岁——很多皇帝在这个年纪还处于待业阶段，但他却已走完了自己的人生之路。一个 26 岁的人，他的儿子当然就更小了。

如果照搬那个颠扑不破的传统，不管那个接班人有多大，只要现任皇帝死了，他就是一个不到一个月的小孩儿，不管他愿不愿意，都得当上皇帝——有时候事情就是这样，想不想当皇帝都由不得你。其他位子，还可以考察一下他的“德能勤职”，或者考察一下他手中的金钱、后台，唯独这个位子，看的是他是谁的儿子。

司马衍就是现在的法定继承人。在他出生的那年，他的爷爷就曾听从郭璞的建议而改元。原因是皇太孙出生了，皇家多了一个新成员，所以应该用新的年号。

那时，虽然决策层里没一个唯物主义者，但在皇帝登基的时候，似乎都不看什么黄道吉日。老皇帝今天倒下，新皇帝第二天就上任。至于老皇帝的尸体，就先晾在一边，大家先欢欢喜喜地办完登基大典，然后再化悲痛为力量，办老领导的丧事，让老领导的遗体入土为安。

司马衍在司马绍死后的第二天就任晋国皇帝。这时，他只有 4 岁。

司马衍登基的这天，首席辅政大臣王导突然生病请假，没有出来参加并主持登基大典。如果是在司马睿时期，估计司马睿会派人过去慰问一下王导。可司马睿早就死了，那个卞壸一点不给王导面子，当着大家的面炮轰王导："王导你还算什么忠臣？先帝还没有入土为安，继承人还没有正式就任，这里的事多得很，你作为大臣，就可以请这个病假？你不管得的什么病，也得服从形势的安排。"

王导被这家伙一上纲上线，汗水就冒出来了，赶忙带病坐着轿子过来，参加大典。

司马衍即位后，按例大赦，尊他的老妈庾文君为皇太后，文武官员都升级二等，皆大欢喜。

大家都认为，皇帝年纪太小，公章都还拿不稳，就请皇太后依照后汉邓太后的前例，先主持朝廷日常工作，等以后皇帝长大了，说话可以负责任了，再让他主持工作。

庾太后假装推辞了多次，但最后一次终于采纳了。

九月九日，晋国高层才拿出时间和精力来处理司马绍的尸体，把他埋在武平陵。九月十一日，年轻的寡妇庾太后正式临朝称制。

她这时也没多大年纪，从政的经验也很少，因此她就任命王导为录尚书事，跟她的老哥中书令庾亮以及尚书令卞壸一起主持工作。不过，在重大决策上，庾亮是最后下决定者。她还任命郗鉴为车骑将军、陆晔为左光禄大夫，而且还任命把庾亮气得要命的司马宗为骠骑将军、虞胤为大宗正。很多人都觉得，庾亮对司马宗和虞胤气得要命，这时居然还把这两个家伙狠狠地提拔了一下，实在有点不可思议。其实，这正是庾亮的聪明之处。这两个家伙此前可是掌握着皇家警卫部队，牢牢地控制着京城里的武装部队——以前"八王之乱"时，成功的人都是靠这支武装的支持才笑到最后的。这两个人在警卫部队里经营多年，天天培养死党，让皇家的警卫部队差不多变成了他们的私家卫队。如果再让他们这样下去，那就不好处理了，所以，先把他们提拔一下。这个提拔其实是别有用心的，是把他们往死胡同里提拔。

庾氏家族就这样成为当朝最有权势的家族，完全可以跟王家相提并论。幸亏王导这个人还算厚道，心态又超好，看到自己手中的权力不断地小下去，嘴上却半句话也没有，依然死守尽职不越位、帮忙不添乱的原则，让庾亮拍板拍得很干脆，没有一点阻力，否则，从今往后，晋国就进入王、庾两家争权夺利的时代了。

在晋国进入庾亮时代时，时间也进入新的一年。

这年的二月，晋国宣布大赦，这次大赦是因为晋国皇帝变更后，纪年也从太宁四年（326 年）变更为咸和元年。

咸和之意其实就是希望大家都一片和谐。

这个愿望当然十分美好，可现实情况却一点不美好。

王导是个政坛老人，拿手好戏就是笼络人心，让大家心服口服，不管做好做坏，大家都高声叫好，人气很旺。而庾亮在这方面就差了很多，他一当权，心态就浮躁起来，没几天，内部就出现了不和谐的苗头。

不和谐的苗头首先来自基层。

这年的六月五日，晋国的徐州刺史刘遐死了。如果在平时，就是几个刺史同时死掉也不会出现什么事情。

可近段以来，朝廷的权力已大为削弱，很多强势的地方官一直只把朝廷当作旗号来打，自己却在不断地经营家族的权力，为自己的下一代着想，因此，很多刺史一死，接班的都是自己的儿子，而且朝廷对那些鞭长莫及的牛人也没有办法，就不得不认可这个做法，最后补发一张委任状，让这个继承人合法化——就像西北的张氏家族一样。

刘遐是徐州刺史，在朝廷的眼皮底下办公，有什么动静，对朝廷的影响很大。朝廷当然不会让他的后代把他的辖区当成刘家的自留地，因此，在他死后，马上让那个从河南狂奔过来的郭默当北中郎将、监淮北诸军事，接管刘遐的权力和部队。

刘遐曾经在平定王敦事件中立了大功，他的部下也很想把这个地区变成刘家的天下，尤其是他的妹夫田防和部将史迭，都有着让刘遐的儿子刘肇当上老大的强烈愿望——因为，刘肇现在还年轻，可以由他们任意摆布。这些人说，他们怎么能接受一个从来不相关的人的领导？于是，就举行军事政变，叫刘肇接过老爸的位子。

如果这个故事发生在东、西北那一带，谁也管不着，最后肯定按既成事实来处理。可这是什么地方？高层能允许这个情节继续发展下去吗？

田防他们一宣布夺权，监淮太守刘矫就带着大军向刘遐的司令部发动突然袭击，只一战就把这次动乱的头号人物田防搞定。据说，刘矫这次能够迅速扑灭田防的动乱，主要是得到了刘遐老婆的大力帮助。刘遐是一个牛人，他的老婆是邵续的女儿，做事非常爽快果断，比刘遐更为强悍。有一次，刘遐被石勒军包围，已经到了最危险的时候，他的老婆邵美女拿起武器，单枪匹马，只带着几个骑兵，冲进包围圈，一阵大砍大杀，居然把绝望中的刘遐救了出来。



邵氏不但打仗很牛，政治眼光也不错，她知道凭田防的水平，肯定干不了几下，如果不跟这个家伙划清界限，到头来她的儿子就会跟着人头落地，因此，在田防准备举事时，她就极力劝阻。

可田防能听她的吗？

邵氏看到田防不把她的话当话，马上就采取行动，做好响应刘矫的准备。在刘矫进攻的时候，她在城内制造了一场大火，这个火灾发生在武器库，把武器都烧得差不多了。田防的士兵就成了徒手部队，哪挡得住刘矫部的猛烈攻击？

邵氏的这个行为杀死了田防，但却救了刘氏一门。中央高层最后不但没有把她儿子列入乱国贼黑名单中，反而下诏让刘肇继承他老爸的爵位——泉陵公。

田防的动乱规模算不了什么，一个刘矫就彻底摆平了，可另一个动乱的规模就非同小可了。

按照历史的记载，动乱的主要原因是庾亮当政后，主张坚决依法治国，一点也不讲情面。可当时的社会是一个什么样的情况呢？大家都追求名士风度，讲的是私下交情，看的是人的面子，只要你好我好大家好，那个法律是做给老百姓看的，制定给历史看的，不是用来对付自己人的。王导对这个社会的研究很深，因此在当权时，就来个一团和气，能宽则宽，能放就放，大家都觉得王导很好，都坚决拥护他的领导。

大家都在这个环境下生活了多年，这时突然看到庾亮要扭转这个风气，就都在心里有意见。有了意见之后，庾亮就成了“不得人心”的人物了。

先是祖约心里很不满。这家伙依靠他的哥哥，成为当时的牛人之一，可水平却差得很，把老哥拼掉老命才攒下的资产，没几天就全部玩完。可他却认为自己厉害得很，认为不管是论资排辈，还是看人气榜上的人气，自己都可以跟郗鉴和卞壶同在一个档次。可现在怎么样？在托孤的遗诏中，那两个家伙的名字都在里面，自己的名字却连边都没沾上。

祖约越想心里就越不平衡，拍着脑门想着把这个损失补回来。可托孤遗诏是前任皇帝写的，现在他已死，总不能追到地府里让他帮着补上“祖约”这两个字吧？他后来想了个办法，要求朝廷给他一个“开府仪同三司”的待遇。可现在主政的这几个人哪能无缘无故地给他这个待遇？他要是得了这个待遇，别人会怎么说？因此，坚决不同意。

祖约看到这个要求被否决得干干脆脆，心里就更不爽了。可他又没有别的办法，一天到晚就盼望着再乱一次，他就可以乘乱得利了。这些年来登上权力最高峰的，谁不是因为动乱而得到的？司马睿祖孙三代人能成为皇帝，也是因为动乱啊。要是没有“八王之乱”，这三个家伙恐怕现在还混不过自己呢。

除了祖约心里不爽之外，陶侃这时的心里也很不舒服。按照资格来讲，他现在是全国最有威望的人，可遗诏中居然也没有他的名字。他和祖约就认为，这个遗诏肯定是由庾亮起草的，一定是庾亮故意把他们的名字删掉了。

这样，他们对庾亮就越来越不满了。

这两个人的不满还只是埋在心里，偶尔发点无关痛痒的牢骚，虽然影响不好，但也没做出什么激烈的动作。

那个苏峻就不一样了。

他当年响应号召，带着部队狂奔过来，保卫朝廷，保卫皇帝，最后成功地搞定沈充和钱凤，从战功来说，只有刘遐可以跟他同属于一个级别。从那以后，他的人气狂涨起来，手下部队有一万多人，武器装备最为精良，朝廷把长江以北地区的防守任务都交给他。

苏峻看到自己的力量越来越强悍，心态也就发生了质的变化，觉得朝廷这几个高层每天就会在那里叫喊几句，按时吃吃喝喝，就知道吹捧，自我感觉越来越好，可一旦出事，没一个有用，如果没有他这样的人帮忙，这几个家伙现在早就完蛋了。这种心态一出现，他就不把朝廷放在眼里了，开始把这块地皮当成自己的来经营。

他开始按照自己的想法，积极工作，努力扩军。没多久，他的部队人数就狂涨，而这家伙又不像当年的祖逖那样，部队的人数虽然越来越多，但在供养方面都能自己动手，丰衣足食，从不向朝廷打报告伸手要钱给政府添麻烦。苏峻却只管扩大军队，一点也不管后勤工作，所有开支全部要求朝廷拨款，一分不能少，要是稍微拖欠几天，他那张嘴里就全部是粗话，弄得运输的船只，每天都浩浩荡荡。

庾亮不是傻瓜，更不是那种委曲求全、夹着尾巴低调做人的人。他看到祖约、陶侃以及苏峻这个态度，心里就知道，这个世界又不能平静了。可他更知道，陶侃虽然对中央的态度不怎么好，但他对荆州群众的态度却好得很，是目前最得人心的高级官员。要是动他一根汗毛，这根汗毛有可能就是多米诺骨牌的第一张牌。

但又不能不防。

庾亮只得像以前对付王敦那样，另外建立一个自己放心的防护系统，用朝廷绝对放心的人来保卫朝廷。

温峤是一个绝对可以放心的人，可以说是一个久经考验的人。

八月，庾亮调温峤任都督江州诸军事、兼江州刺史，到武昌工作，又任王舒为会稽内史，以便出现不测时呼应温峤。而且还在首都开展备战备荒运动，大力修筑石头城工事，强化建康的防卫能力。

在庾亮大刀阔斧卖命地做这些工作时，还是有不看好他的人。丹阳尹阮孚看到这个架势，就认为，这是典型的内宫掌权、外戚当道，自古以来，都没有好下场，而庾亮这时还年轻，做事魄力虽够，但一点不老到，就对亲信说："咱们南迁的时间还没多久啊，脚跟才刚刚站稳，咱的老大还是个小孩儿，本来就困难重重了，而庾亮年纪又轻，资格还浅得很，什么基础也没有打牢，谁也不服他，但却拿着最大的权力。我敢预言，过不了多久，大乱又要发生了，首都这个政治中心又要变成动乱中心了。还是想办法从首都离开为妙。"他就打了个报告，放弃丹阳尹这个肥缺，去当广州刺史。

心里最不平衡的是那个司马宗。他被提拔当了骠骑将军之后，才发现这个骠骑将军原来只是工资比以前高了几档，权力却下降了多个级别——以前他虽然官不大，但因为他是皇帝的红人，谁都得看他的脸色办事，谁都对他恭恭敬敬，一天到晚总在他面前拍马屁，让他都处在超爽的状态中。可现在，他只在自己的家中过日子，虽然不愁吃、不愁穿，但虚荣心却一点也满足不了——这个骠骑将军，如果在正常年代，可是大官，是可以调动枪杆子的。可现在是什么年代？各地方的部队都是各地方的牛人掌握着，从来不把朝廷的话当话。

司马宗知道，自己被庾亮阴险地玩了一把。

于是，司马宗的心态也像祖约那样，盼望着这个天下再乱一次，他好牛一下。

司马宗在这方面一点不像他的老爸。他跟苏峻是铁哥们儿，就打算跟苏峻联合起来，搞定庾亮，然后由他们拿着大权，那才叫爽。

可他的想法才一形成，可行性报告还没有打好，具体步骤还没有列好，庾亮却已经向他开刀了。

庾亮早就恨他恨得想吃掉他的五脏六腑，以前因为司马绍保着他，他没机会也没能力下手，现在很多事已经布置停当，大权也稳稳地拿在手中，就把这事提到议事日程上来了，而且实施得异常坚决。

他叫御史中丞钟雅向中央写信揭发司马宗谋反。这封举报信一送上来，庾亮就迅速以此为理由，命令右卫将军赵胤去逮捕司马宗。

司马宗果然不是个软骨头，带着自己的卫士拼命反抗。这种反抗带来的结果当然只有死得更快。

庾亮在处理这事时，带着明显的个人情绪，做得风风火火，丝毫没有考虑社会影响。

他搞定司马宗后，屁股还没有擦干净，就扩大打击面，说司马宗是皇族中的败类，一定要把他的子孙永远从皇族中开除，因此强迫司马宗的三个儿子把姓改为“马”：司马绰改为马绰、司马超改为马超、司马演改为马演。打击面还在扩大，这次扩大到了太宰西阳王司马羕的头上，把他的级别降为弋阳县王。

司马羕不但是皇族中的大佬，而且是司马睿的太傅，只因他是司马宗的亲兄弟，最后也跟着司马宗受罪。大家看到庾亮这么做，都觉得他做得有点过分了。不但别人觉得过分，就连那个小皇帝司马衍后来知道这事后，都问他的这个国舅：“常日白头公何在？”意思是，以前经常来的那个白头发的老大爷，现在怎么不见了？庾亮说：“呵呵，他因为谋反，所以被杀了。”司马衍说：“现在舅舅说人家谋反，就把人家杀了；如果哪天人家也说舅舅谋反，那该怎么办？”搞得庾亮的汗水一下就湿透了全身。

那个卞壶倒没受到很大的打击，只是免了大宗正，然后被赶出首都，去当桂阳太守，算起来还是不错的。

庾亮的经验显然是不够丰富的，他在搞定司马宗之后，如果迅速出台几个好政策，把局面稳定一下，然后再作其他打算，也许还可有点作为。可他心态继续浮躁下去，在搞定司马宗之后马上把矛头公开指向最危险的人物苏峻。

原来，司马宗被杀之后，他的一个亲信卞阐逃了出去，投奔苏峻。

庾亮立刻以正式的文件，要求苏峻把逃犯卞阐押回建康。

可苏峻却把这个文件丢到一边，对卞阐说：“不要怕。你就在这里待着。我当你的保护伞！”他让卞阐在那里继续生活。

庾亮除了郁闷，一点办法也没有。

庾亮继续执行他错误的政策。

这年十一月，后赵汲郡内史石聪向寿春发动军事行动。

寿春是祖约的老巢。祖约向朝廷要权的积极性很高，但打仗的水平早已摆在那里，是一点不行的。受到敌人攻击之后，唯一的办法就是向朝廷请求支援。

如果在正常情况下，朝廷肯定会派出大军去援救祖约。可现在庾亮主持的朝廷一看祖约被打得灰土头脸，觉得那可是好事一桩啊——最好石聪能把祖约一刀砍死，免得以后他们动手。居然一个士兵也不派出去。

石聪一看，马上知道原来晋国权力中心还有一个重重的黑幕呢，难得敌人的决策层这么配合自己，就更加放开胆子，在大力打击祖约的同时，还派出部队对浚遒、阜陵两地大肆攻掠，屠杀和俘虏了五千人，连建康都受到极大的震动——因为阜陵与建康的直线距离只有六十里，再不出兵，只怕现任政权就要完蛋了。

晋高层这才知道，祖约一完，建康也危险了，庾亮当然也不敢再坚持下去了，决定任命王导为大司马、假黄钺、都督中外诸军事，把司令部设在江宁，负责军事指挥。

苏峻派出部将韩晃攻击石聪，终于把后赵赶出国门。

相比于庾亮，王导就老成多了，石聪一退走，他马上强烈要求解除自己大司马的职务。这职务一解除，他就安全得很，而且现在庾亮越来越不得人心。他是江东基业的创始人，功劳水平明摆着，虽然王敦跟他是堂兄弟，但他还是成功地划清了界限，不但保住了他的政治前途，还让整个家族继续兴旺发达。他现在清醒得很，跟庾亮靠得越近，他就越危险。他预料到庾亮是又一场动乱的根源——连阮孚都能料到的事，他哪能没有这个先知先觉？不过，他绝对不用像阮孚那样，一感觉到危险临头，就卷起包袱赶紧逃跑。他只是什么也不做，继续在官场上平平淡淡地混着，过着他的名士生活。只等庾亮一玩完，他这个德高望重的人就会又被推向前台，再掌大权。

在石聪退走之后，晋高层又作出了一个决定，鉴于首都无险可守，就修建一个“涂塘”，制造一个淹没区来作为一个天险。而这个淹没区的范围正好是祖约的势力范围里，弄得祖约大喊大叫：“这不是想让我跟朝廷脱钩是什么？想让我单独在这时当炮灰？我再不生气，简直是没有理由了。”

这时，后赵和晋国的边界冲突也越来越频繁，而晋内部这些年来老是把动乱当作正常生活，官员都变得没有一点信仰了，只觉得道路越来越曲折，前途越来越黑暗。那个济岷太守杀掉下邳内史夏侯嘉，到后赵集团入伙，而且还把下邳献给石勒。石瞻又向邾城发动军事行动。守在邾城的是晋国的河南太守王瞻。这个家伙的名字虽然跟敌人的指挥官没差别，但军事水平却不在一个级别上，没几天他的根据地就被石瞻“拔之”。

石瞻在把邾城拿到手后，又向兰陵石城进军。据守在这里的刘续同样不是石瞻的对手，没几天就把地盘让给了敌人。

晋国这段时期以来，不但对外部势力全取守势，一点进攻的欲望也没有，而且老是被人家欺负。如果说石勒力量雄厚，派部将带兵过来练一下，若打不过，那还有点理由。可那个成都的李雄部队也敢拿晋国开涮几下。

咸和二年（327 年）的正月，李雄部下的将领罗恒与晋国的朱提太守杨术对抗，把杨术杀死在战场。

## 菜鸟的布局

而掌握着晋国前进方向的庾亮，仍然不把边关事务当事务。石聪退去之后，他马上把那不情愿的目光又收了回来，再次瞄准苏峻。

他认为，苏峻最终会像王敦一样，举起大兵，打到建康来，做改朝换代的大事业，因此必须尽快解决这个问题。他的预感没有错，但他的智力无法完成这个任务，他只是有一定要把苏峻拉下马的决心，但却没有想到一个好的办法。他准备以皇帝的名义，提拔苏峻到朝廷当高级领导人。这是什么年代？还在玩这种明升暗降的老一套把戏？苏峻要是上这个当，他就不会这么可怕了。

不过，庾亮这次终于民主了一次，很虚心地把这个想法向德高望重的王导说了一下。

王导是什么人，当然知道这个小儿科的把戏一上演，将会百分之百地演砸，说：“苏峻这个家伙不是一般地凶险，看到这个诏书，马上就会跳出来跟朝廷对着干。不如先搁置一段时间，以后再说。”

庾亮的这次民主，只是想来王导这里寻求支持，而不是真的要听取他的看法，这时看到王导不赞同自己的做法，就直接对大家说：“今天，我们来研究解决苏峻的办法。我认为，苏峻的野心已经完全暴露，离最后犯上作乱的地步已经没有多远了，因此，必须对他采取措施，把他的兵权拿下来。他就算不服从这个命令，马上与朝廷对抗，危害的程度也还不算大。如果再过几年，他的实力会更加雄厚，那时他发起难来，咱就不好对付了。”

大家都知道庾亮的性格，看到他那么咬牙切齿，态度强硬，知道再怎么说也是没用的，因此个个沉默，有反对意见的也只在自己的心里发表，站在那里不说话。

只有卞壶表示强烈反对：“你应当知道，现在苏峻的武装部队是最强悍的，而且离首都不远。他要是采取行动，只用一天的时间就可以打到建康，谁也阻止不了。所以，这事应该小心，不到万不得已，先不要摊牌。”

庾亮一听，这些人没一个跟自己保持高度一致，在大事面前都是胆小鬼，难怪做不了什么大事。因此，他根本不理卞壶的话。

卞壶看到庾亮这个态度，知道严重后果就要到来了，写信给温峤：“元规召峻意定，此国之大事。峻已出狂意，而召之，是更速其祸也，必纵毒蠚以向朝廷。朝廷威力虽盛，不知果可擒不；王公亦同此情。吾与之争甚恳切，不能如之何。本出足下以为外援，而今更恨足下在外，不得相与共谏止之，或当相从耳。”

温峤也赞同卞壶和王导的意见，不断地写信给庾亮，请他听从王导和卞壶的意见。

但庾亮一点不把这些话当一回事。

苏峻知道庾亮的这个决定后，派司马何仍去建康，面见庾亮，转达苏峻的话："讨贼外任，远近惟命，至于内辅，实非所堪。"这话是说，如果叫我去打仗，不管什么地方，只要命令一下，我都招之即来，来之能战。不过，想叫我去朝廷工作，我的这个水平，是干不了的。

庾亮仍然不答应，什么干不了，我说你行你就行。

庾亮当然也做了一些防范工作，提拔郭默为后将军，兼屯骑校尉，任命他的弟弟庾冰为吴国内史——两人的任务都是防备苏峻。

他发布这个任命文件之后，觉得苏峻也不怎么可怕了，苏峻要是不听话，这两个人可以对付他。瘐亮就以皇帝的名义对苏峻下诏，在诏书的开头，把苏峻狠狠地表扬了一下，说这样的有功之臣有水平的人，不提拔对不起人民，是对朝廷的不负责，所以现在提拔苏峻为大司农、侍中，还有个"特进"的待遇。这个"特进"你没听说过吧？这个待遇其实没什么实惠，只是在上朝时，让你的位置紧紧挨着三公，完全是一种虚荣。至于苏峻原来的部队，就由苏峻的弟弟苏逸全面指挥。

庾亮以为自己这一招很高明，让他弟弟接他的权，他应该上当了吧？

苏峻这时虽然不把朝廷高层的那几个无聊人士放在眼里，但还不敢真的与朝廷对抗到底，就退了一步，上表："昔明皇帝亲执臣手，使臣北讨胡寇。今中原未靖，臣何敢即安！乞补青州界一荒郡，以展鹰犬之用。"这几句话是说，以前，明帝曾经握着我的手，说我的任务是讨伐北方的胡人。现在中原还没统一，我哪敢贪图享受？请把我安排到北方去吧，即使到像青州那样偏僻的地方工作，我也什么意见都没有。

可庾亮仍然不同意。

苏峻还是没有别的想法，就郁闷地整顿行李，想到建康去。当然，如果这时没有谁对他说什么，后面那段历史故事就不会发生。

可历史就是这样相似，关键时刻，总会有某个本来一点不关键的人物出来，说了一句很关键的话。这句关键的话足以摆动历史的方向。

苏峻在收拾行装时，一脸的郁闷，一点也不甘心就这么离开他的军队。在他犹豫的时候，参军任让对他说："老大，你只要求去青州那样的地方，他们都不同意。这说明了什么？如果老大一定要到首都去，只怕是大大的不妙啊。我看，不如集结部队，做好防范工作，时刻准备战斗，这才是王道。"

阜陵令匡术这时也劝苏峻：有这么雄厚的实力，为什么一定要做人家的手下，不如干自己的事业。

苏峻一听，血液里的温度马上升高起来，他们说得太正确了。我不进京，看你们奈我如何？

到了这时，有点脑子的人都知道，苏峻与朝廷对抗的决心已经形成，大规模动乱不可避免。

温峤阻止不了庾亮，但他还是要求立即率军从武昌东下，准备以武力保卫朝廷，而三吴（即吴郡、吴兴郡、会稽郡）也都表示大起勤王之兵，跟苏峻死磕到底。

哪知，庾亮这家伙居然不让温峤东下，给温峤写信："吾忧西陲，过于历阳，足下无过雷池一步也。"庾亮的这封信，最大的贡献就是为中国文化制造了那个"不敢越雷池一步"的成语，而决策却大大地失误。这封信中的"西陲"指的是陶侃，而历阳则指苏峻。意思是说，我现在担心陶侃比苏峻还要厉害。你的任务就是防备陶侃，不要越雷池一步啊。雷池也是个地名，在湖北黄梅县一带。

本来，现在晋国中央集权已经大为削弱，弄得遍地牛人都在实行着高度自治，中央高层的任务就是逐步把大权收回来，而不是强硬剥夺，尽量做好牛人们的团结工作。可庾亮却一概将牛人们当作防备的对象，而从来不反省一下自己政策的失误，处处打压不同意见。这种少年得志的人魄力很大，可政治手腕太欠缺，最后只有把国家推向动乱。

这时，朝廷还派使者向苏峻做思想工作。

苏峻说："台下云我欲反，岂得活邪！我宁山头望廷尉，不能廷尉望山头。往者国家危如累卵，非我不济；狡兔既死猎犬宜烹。但当死报造谋者耳！”这话的意思是，你们现在都已经一口咬定我在谋反，我现在是死定了。我也把话挑明了，我现在是宁愿站在山头看着监狱，也不愿坐在监狱里看山头。以前国家到了最危险的时刻，没有我，肯定渡不了那个难关。现在难关过去了，狡兔已经死光光，我们就成了那只准备被烹吃的猎狗了。告诉你，我就是死，也要先把庾亮这家伙搞定。

苏峻跟祖约的关系不错，也知道祖约现在对中央的意见很大，一点不服庾亮的领导，因此，苏峻把他当成拉拢的对象，派参军徐会去面见祖约，向祖约说了大量的赞美之词，把祖约吹得飘飘然像云端里的神仙之后，请祖约跟苏峻联合起来，共同把庾亮打翻在地，再踏上一只脚，让他永世不得翻身。

祖约本来对庾亮的意见已经比天还大，老早就恨不得庾亮的人头落地，但对自己的实力没有信心，因此只是天天挤时间发牢骚、说怪话，这时看到苏峻来约，高兴得要死。连他的侄儿祖智和祖衍也都举双手赞成。

谯郡内史桓宣认为不能跟苏峻绑在一起，就对祖智说：“我们现在的任务是讨伐强悍的胡人。你的老叔如果想当天下最强的牛人，就应该跟朝廷保持高度一致。现在却跟苏峻一起结成反动集团，这能玩多久呢？”

祖智这时满脑子都是革命即将成功的幻想，哪听得进这样的话。

桓宣还不死心，又要求直接面见祖约，要对他苦口婆心大半天、把形势分析得更加透彻一点，可祖约不是呆子，知道桓宣要来做他的思想工作，要他悬崖勒马、回头是岸，因此就拒绝跟他见面。桓宣知道这家伙是在往死里硬闯，到时候肯定回不了头，因此，也宣布与祖约划清界限，不跟他保持一致。

祖约越来越积极，决定动员祖家全部力量，投入这场动乱事业当中，要在这场动乱事业中建功立业。他派他的侄儿沛国内史祖涣、女婿淮南太守许柳带大军南下，跟苏峻会师。

许柳的姐姐就是祖逖的老婆，她大概跟祖逖久了，也得到很大的锻炼，知道祖约这么干，会把祖家和她家都推向深渊、走向死路，就劝她的弟弟千万不要冒这个险。

可许柳这时的心态也跟祖智一个样，正全身热血沸腾，哪能接受这些打击情绪的话。

庾亮看到祖约和苏峻达成了联合协议，也着手部署了一下首都的防卫工作：任命卞壶为尚书令兼右卫将军；任命会稽内史王舒代扬州刺史；吴兴太守虞潭为都督三吴诸郡军事。由这三人负责对苏、祖联军的军事行动。

这个方案一看就是个菜鸟方案。因为，这三个人的政治是没有问题的，口才是一流的，在朝廷上跟某些不良之风作斗争，那是很气势磅礴的，不给对手留半点余地。可现在对付苏峻，靠的不光是政治头脑，更不是一流的口才，靠的主要是军事能力。卞壶是最讲政治的一个人，连王导做错了事，都敢当面把话说得一点不留情面，对庾亮这样绝对算不得心慈手软的当权派，也敢提出反对意见，可还没有过带兵打胜仗的记录。至于王舒，虽然早就跟王导一起，做过王敦的反对党，坚定地站在朝廷的立场，可却是一个胆小鬼，连王应那个小孩儿都不看好他，这样的人能担什么大任。

但庾亮却毫不犹豫地把最重的担子交给这样的人。

庾亮的魄力无穷大，可看人的眼光放得一点也不远。

如果你下下棋，你的眼光看不了几步，就是输得再惨也没什么大不了，可一个主宰国家前途命运的人鼠目寸光，后果就严重多了。

本来，按照现在双方力量的对比，建康部队的战斗力远不是苏、祖联军的对手，但如果战略战术运用得当，战场指挥官用对人了，要支撑一段时间是没有问题的。只要能拖过一段时间，各地的勤王之兵就会从四面八方赶到，最后胜利也是没有问题的。

而且，这时取胜的时机不是没有。

尚书左丞孔坦和司徒司马陶回就看出机会，向他们的领导王导建议："老大，现在战争的爆发已经是不可避免了。我们认为，应该在苏峻发动战争之前，我们先派部队守住阜陵和江西当利等渡口，让苏峻的部队过不了长江。他们的人少，我们的兵力多，如果一次会战，他们肯定讨不到什么便宜。当然，如果苏峻不发动攻击，咱就向前推进，变被动为主动。咱要是不抢先下手，等苏峻的部队打到首都城下了，人心就会动摇，咱就没有机会了。这就是战机啊老大。”

王导觉得这个分析很不错，这个时机应该狠狠地抓住。他赶忙去找庾亮，向庾亮提出了这个建议。

可庾亮却不接受，这家伙觉得谁的职务大谁才是最有水平的。他若认为那不是机会，那肯定就不是机会。

机会是说过去就会过去。

在庾亮毫无理由地把机会丢掉之后，苏峻他们开始行动了。

十二月一日，苏峻命令他的将领韩晃和张健带着部队杀气腾腾地渡过长江，一举攻占姑苏，夺到大量的物资。

庾亮这才知道，自己错过了战机，在一个大大的危机面前，犯了一个大大的错误。

更要命的是，庾亮这时候虽然后悔，可一点积极的办法也没有，只能在那里后悔。可后悔能有什么用。

在这样的人的领导下，局面只能越来越糟糕。

十二月二日，彭城王司马雄、章武王司马休又突然宣布，跟以庾亮为首的中央决裂，从此与苏峻成为同一战壕里的战友。

十二月十日，司马衍宣布京城戒严，并任庾亮为都督征讨诸军事、持节，全面指挥对苏峻的军事行动。

在韩晃部队大肆掠夺时，徐州刺史郗鉴知道首都危急，准备带兵入卫京城。哪知，庾亮这时仍然把他的“大局观”表现得很到位，下令郗鉴不要感情用事，不要冲动，不得离开防地，他的任务是对付石勒。

郗鉴只得命令部队停下来。

## 建康沦陷

咸和元年（326 年）正月，温峤看到情况越来越不像话，而庾亮的脑袋还痴呆如故，也不再管庾亮要他防范西陲的命令了，带着大军从武昌东下，抵达寻阳。

苏峻的死党韩晃也开始进入他嚣张的高峰期，在掠夺到大量物资之后，又向慈湖进攻。

据守慈湖的是左将军司马流。这个司马流虽然是个将军，却是一个既没有胆子，更没有水平的家伙。听说敌人大举来犯，就怕得全身发抖，怕战争一拉开，自己就光荣牺牲，因此赶快叫人做他平时最爱吃的烤肉，免得死了成饿死鬼。可由于过度紧张，吃烤肉时，居然放不进嘴巴，塞来塞去，不是塞进鼻子，就是滑到下巴。

就这么一个人，当个欺负老百姓的将军，那是很“优秀”的，可当一个跟敌人对抗的将军，就只有死路一条了。在他把那块烤肉好不容易地放到嘴巴里，还没来得及下咽时，就被韩晃砍了脑袋。

韩晃这些天的行动，其实只是苏峻赛前的热身运动。

正月二十八日，苏峻才下令全军向建康进发，他带着祖约派来跟他合伙的祖涣和许柳的两万部队渡过长江，在牛渚登陆。政府军虽然不断地出击，可不断出击的结果是不断地打败，根本不能阻拦苏峻大军前进的步伐。

二月一日，苏峻大军以不可阻挡之势来到覆舟山。

直到这时，庾亮仍然还有一个很好的机会。

而且这个机会也被陶回清楚地看到，并很及时地向庾亮作了报告：“苏峻知道石头城有重兵把守，肯定不会正面进攻的……”

庾亮一看到陶回就觉得不顺眼，他不会正面进攻，那他会从什么地方进攻？

陶回说：“我认为，他们会绕道从东南方向的小丹阳那里进攻我们。我们可以在半路设下埋伏，狠狠地夹击他们一下，肯定会大获全胜，说不定能把苏峻抓获归案，这事就全部搞定了。”

庾亮一听，天下居然还会有你这样天真的菜鸟。他会上这个当吗？你能想到的事，他能想不到？你以为只有你的脑袋会想问题，人家的思维系统都不能运转了？别再来打乱我的思路了。

这家伙彻底忘记他前段时间的后悔了。他虽然叫人家不要打乱他的思路，其实现在他那个脑瓜里没有任何思路。

苏峻果然像陶回说的那样，绕道小丹阳。只是这家伙想做得隐秘，选择在夜间行动，又没有找到好向导，走着走着，居然分不清方向，弄得迷了路，走了大半夜，走得两腿都酸麻起来，还不到目的地，大家的情绪就波动起来，部队成了无组织、无纪律的乱军，苏峻也根本控制不了——如果这时，伏兵四出、到处喊杀声连天，苏峻的部队就只有彻底崩溃了。可他碰上庾亮这样的对手，想崩溃一次都不容易。

第二天，庾亮得知这一情况，张大着嘴，除了心里无比悔恨之外，什么话也说不出来——一个事先不听人家的建议，事后只有悔恨的人，是不宜当军事指挥官的。如果是在其他朝代，估计早就换人了。可现在是庾亮说了算，谁敢换他？

这时，很多人对建康的前途已经彻底失望，纷纷把家属转到东边的安全地带，只有那个左卫将军刘超，硬是把老婆孩子带进宫中，一来让家属过几天皇家生活；二来表示死战到底。他的做法可算是忠心耿耿，可如果放到现在来看，实在是个不以人为本的家伙，老婆孩子凭什么去当你忠心的陪葬品？

这时，司马衍又按庾亮的意思，任命卞壶为都督大桁东诸军事——其实就是朱雀桥东区的总指挥，和侍中钟雅一起，带着郭默、赵胤率军与苏峻在西陵决战。可跟敌人决战，那绝对是卞壶的弱项——而且现在是什么时候？是人心惶惶的时候，绝对不是决战的时候，他这么大喊"杀啊，冲出去"，结果肯定是只有失败。

在这场决战中，卞壶毫无悬念地打了个大败仗，直接损失一千多人。

二月七日，苏峻向青溪栅发动进攻。

刚打大败仗的卞壶一点也没有惧色，带着大家前去阻击，可一点也没有作用。

这时，南风大起，苏峻下令火攻，一时之间，大火就烧了起来，顺着风火猛烈蔓延，不过片刻，政府各个办公场地都被烧了个干干净净。

这时，卞壶还在拼死抵抗。他的背上刚生过疮，还没有完全愈合，可他仍然不下火线，最后累倒在地，被杀。他的两个儿子也跟他一样，全部战死。他的性格很直爽，如果在和平年代，肯定是个出色的政治家，可历史却在这个时候把他推向前台，让他死在这个动乱的血泊中，实在是死得一点不值得。

卞壶历来是严于律己也严以律人的人，不管是谁做错了事，即使别人都打酱油的时候，他也敢出来猛批，所以朝廷中的很多官员都怕他。他也是个勤俭节约的人，虽然当上高级公务员，但仍然住在旧房子里，过着基本温饱的生活。他的家教也很不错，就连他的老婆也是一腔的爱国热情。在他两个儿子战死后，他的老婆也隆重登场，抚摸着儿子的尸体，说："父为忠臣，子为孝子，夫何恨乎！"即使变成了历史，仍然十分感人。

那个从阮孚手里接过丹阳尹肥缺的羊曼，在龙门与黄门侍郎周导、庐江太守陶瞻一起布防，可也挡不住敌军的进攻，大战一场之后，都死了。

现在建康城里，朝廷方面最后就只剩下庾亮还在支撑了。

庾亮带着大家在宣阳门内摆开阵地，想与苏峻作最后决战。他虽然满脸杀气，没有掺杂一点其他成分，可士兵们却已经没一点信心——此前，有那么多的人、那么多的机会都还干不过人家，现在就凭咱这几个人？阵还没有列成，不知谁叫了一声不打了，大家都一哄而散。

全国军队最高统帅庾亮马上就成了光杆司令。

庾亮这时知道，再不逃跑就没有逃跑的机会了，马上对钟雅说："老钟啊，现在后面的事由你全权处理了。"

钟雅一听，当场说："栋折榱崩，谁之咎也！"意思是说，造成今天这个局面是谁的责任？

庾亮丢下这么一句："今日之事，不容复言。"——你先挺过今天，以后再说吧，就坐上小船向西边逃跑了。

这时政府军都从正规军变成了劫匪，看到庾亮的小船很豪华，就抱着发大财的想法抢上船来。

庾亮命令卫士用弓箭射击。哪知，庾亮的卫士在打仗方面跟庾亮同在一个水平，箭是射出去了，可射得一点不对方向——敌人一个没有倒下，倒是自己船上的掌舵船夫死在了自己人的箭下。

大家一看，靠这样的人来保卫，我们还能有命吗，都争着要逃跑。

庾亮打仗虽然属于菜鸟中的菜鸟，可心理素质却超好。看到这个情况，他一点没有随大流，而是一动不动地端坐在那里，平静地说:“此手何可使着贼！”——这种水平还真不能对付贼人啊！

大家看到庾亮这么说，终于都镇静下来，齐心协力逃得性命。

庾亮一跑路，城内的抵抗就全部平息。苏峻的部队昂然进了首都。

王导这时还在城内。因为他是大名士，属于左右逢源的人物，所以一点也不慌乱。他知道，苏峻不会对他怎么样，因此，在庾亮狼狈而逃之后，马上出来收拾残局——这时也只有王导才能出来收拾这个残局了。

他对侍中褚翜说:“现在是皇帝出面的时候了。请你马上进去通报，快快请皇帝上殿。”

这时皇帝司马衍才八岁，根本不知道他现在是在做什么工作。褚翜跑进去，把他抱了出来，进入太极殿，放在皇帝的位子上。

王导带着光禄大夫陵晔、荀崧、尚书张闿共登御床，把皇帝当成核心团结在他的周围，形成新的领导层。这个新的领导层当场任命刘超为右卫将军，让他跟钟雅、褚翜保护小皇帝，任命孔愉为太常，去太庙值班守护。

这时，其他官员都跑得一个不见，以前谁都想进来看一看的宫廷里，现在什么人也没有，变得一片荒凉。

苏峻的士兵冲进金銮殿，大喊大叫，问褚翜站在这里干什么，还不快点滚出去。

褚翜却一点不怕，面对拿着凶器、满脸凶相的士兵，继续严肃认真地摆着他的谱，还大声喝道:“你们是什么东西？这是皇帝的地方。苏峻不来，让你们到这里来干什么？”

那几个士兵显然没见过大世面，听说这是皇帝的地方，居然被唬住，不敢再冲上殿。不过这些人知道，皇帝虽然不能直接得罪，但进了这个地方，不捞点油水实在有点说不过去，便都改变线路，冲向后宫。这时庾太后还在宫中。这个平时权力最大的女人，这时跟其他乱世中的女人一样，什么话也没用了——她此前把她手中的权力全部给她的哥哥庾亮，哪知，她的哥哥是个捅马蜂窝的高手，又是个政坛菜鸟，马蜂窝虽然成功地捅了，但却一点也没有收拾马蜂的手段，只几天的时间，就把繁荣昌盛的首都变成苏峻部队的屠宰场。

庾亮最后只顾自己跑了，却把他的妹妹留在这里，叫天天不应，叫地地不灵。

王导对庾亮这些年来自认为天下第一的做法很不满，这时也就不管庾太后了，只是把小皇帝保护起来——要是再保护那个庾太后，恐怕以后他们这些人还得靠边站，还得天天去看庾亮的脸色办事。现在他们把皇帝保护起来，等于把皇帝控制在手里，只等动乱结束，他们就是大大的功臣——在危险时刻，庾亮他们都跑了，只有他们几个还临危不惧，用他们的智慧，让皇帝渡过最大的难关。从这方面来说，庾亮就差多了。王导再一次抓住机会，让大家知道，没有王导就没有司马氏的天下。

士兵们这时心里都充满了发财的欲望，哪管得了那么多。只要觉得值钱的就抢。庾太后跟广大宫女一样，也成了被抢劫的对象。

苏峻对朝廷的这些官员早就很看不起，这时带兵入城，觉得正是折磨这些无能官员的良机，因此把抓到的文武官员都集中起来，天天劳动改造。还记得那个王彬吧？他现在的职务是光禄勋，这时也被抓起来，每天被人家一边用皮鞭抽打，一边挑着东西爬上钟山。

苏峻部队的残暴跟当年进入洛阳的张方部队差不多。他们进城之后，只要是碰到人，不管性别年龄，都抓起来，统统剥下衣服，让他们裸体站在一起，面面相对。很多人只得找来破席之类的东西包一下身体，没有抓到可以包的东西，就坐在地上或跳到泥地里，让下半身掩到泥土中。

京城里现在最多最大的声音就是哭叫声。

还记得那个孔坦吧？

他的官职不大，但智商很高，以前向高层建议把守渡口，把苏峻部队挡在长江对岸，可庾亮却把他的建议当成小儿科的计谋，一点不采纳。他后来没有再出声。在城破时，很多官员都怕被乱箭射中，赶紧穿上铠甲。他却说，我不是军人，不穿军装。等苏峻的部队进来时，穿军装的人都成为被砍杀的对象，穿平民服装的都没有受很大的伤害。

苏峻把皇宫里的东西全部划到自己的名下，连司马衍的吃饭都成了问题。皇宫里的大厨只好找来点陈米，做好饭，让这个被人家推到历史前台又被逼到死角的小皇帝填一下肚皮。

苏峻虽然敢于带着部队攻占首都，敢于在皇帝面前嚣张无比，可却没什么远大理想，走的仍然是“八王之乱”的那些老路，除了纵兵掳掠之外，没有别的作为。如果是别的人，肯定会把士兵好好地约束，如果条件许可，就把这个皇帝当了，如果实在不行，就把皇帝控制在手，好好经营，当不了皇帝，也可以当一下曹操。而且控制皇帝和搞好民心工程，都会做到两手抓，两手都要硬——当然，这是需要大智慧的。苏峻只有残暴，没有大智慧。这就决定了这个家伙只能被历史定位为“乱臣贼子”，最后仍然逃不掉彻底失败的命运。




苏峻现在还没有做皇帝的勇气，因此，他很想做一做曹操——先把皇帝当成自己的招牌，为自己的事业服务。他以小皇帝的名义宣布大赦。不过，这个大赦还有个附加条款，就是谁都可以赦，唯独庾家兄弟不能赦。苏峻虽然牛，可内心里居然也有点名士情结，虽然把其他官员都拉去进行劳动改造，可对王导却仍然特别尊重，让他继续当原来的官，而且排名在自己的前面，是第一大臣。苏峻也跟其他叛乱分子一样，大权成功拿到手之后，第一步就是把自己人好好地提拔一下。他让那个积极响应他举事的祖约当了侍中、太尉，他自己当骠骑将军、录尚书事，许柳为丹阳尹，马雄为左卫将军，祖涣为骁骑将军。

苏峻这次动乱其实只是占领了首都，全国其他地方都还牢牢地控制在其他人的手中。这些人中有陶侃、温峤、郗鉴、祖约以及庾亮的一些残余势力。这些势力中，温峤和郗鉴是他最坚强的反对派，而势力派中最牛的陶侃，虽然此前对庾亮牢骚满腹，可绝对不是苏峻的同盟——何况，苏峻在攻打首都时头脑发热，连陶侃的儿子陶瞻也不放过，一刀杀掉了——这一刀砍下去很爽快，却为日后的失败埋下了伏笔。只有祖约是苏峻坚定不移的盟友。可祖约又是个战场菜鸟，不给他添麻烦已经不错了。因此，苏峻在占领建康之后发现，自己虽然在这里喊打喊杀，威风凛凛，一天到晚可以按自己的意图发布各种最高命令，其实却处于敌对势力的包围当中。如果不扫除这些包围，过不了几天，这个好日子就没了。

他首先派兵去攻击吴国。吴国内史就是庾亮的老弟庾冰。庾冰的作战水平跟他的哥哥没什么差别，战斗一打响就支持不住，然后弃城而逃。

他的逃跑过程跟他哥哥的惊险程度差不多。不过，他的情节更具有传奇色彩。

他跑到会稽时，苏峻的悬赏通缉布告已经到处张贴了。

庾亮能逃得性命，靠的是他那临危不乱的心理素质，而庾冰能活下来，靠的却是一个机智的卫士。

庾冰这时不但已经无路可走，而且也已经头脑发晕，不知该往哪个方向才安全了。他的卫兵却一点不慌张，把他带到一条小船上，然后用芦苇编的席子把他盖住，之后，一面吹着口哨，一面划着船，顺着江水向东而去。每次经过检查的地方，他都用木棍敲打着盖住庾冰的席子，说："你们是不是要抓庾冰？听说抓到庾冰，会得到很多钱呢。他就在这里，你们给我钱，我就把庾冰送给你。"

庾冰在席子下面，吓得一点动静都不敢出。可那些检查站的工作人员没一个相信卫士的话，都把卫士当成疯子。庾冰靠着卫士的这个小儿科的骗术，终于逃得性命。

苏峻打败庾冰后，马上让蔡谟出任吴国内史，让自己的势力范围又扩大了一点。

## 陶侃心里还有气

这时，那些忠于司马氏的人也开始着手组织力量，对苏峻进行反击。温峤得到建康被破的消息后大哭起来，连在座的人都跟着落泪。

没几天，庾亮灰头土脸地来到寻阳。

他到寻阳做的第一件事就是以皇太后的名义任命温峤为骠骑将军，开府仪同三司，任徐州刺史郗鉴为司马。从这个任命书上，我们仍然可以看到庾亮是一个缺乏大局观的人，是一个永远也驾驭不了国家命运的政客。他现在仍然没有弄清，在目前的形势下，哪个牛人手里有足够的力量能把苏峻彻底打倒。他把全部希望只放在温峤和郗鉴两个人身上——这两个家伙的政治立场绝对没有问题，军事能力也是不差，可他们的力量实在太薄弱，要打起来，实在难以对抗苏峻军。

现在真正有能力有实力跟苏峻决一胜负的只有陶侃！

可庾亮那颗只讲政治的脑袋里，历来把陶侃划为自己的对立面，完全没有把陶侃从政以来的经历作一次全面的评估，看看陶侃是一个什么样的人，是不是可以划为苏峻的同类，一来就把陶侃排斥在外。此前，他那个导致他彻底失败的策略，就是来源于他的这种毫无远见的目光和对人的认知。现在，他仍然按这个思路进行下去。

这是个从失败走向失败的思路。

幸亏温峤是个头脑冷静的人，在他发布这个“太后诏书”时，说:“现在，打倒苏峻反动集团才是第一要务。我现在没一点功劳，却得到这么大的提拔，实在说不过去。”坚决拒绝了这个任命。

不过，温峤对庾亮向来很尊重，这时庾亮虽然刚被打得眼睛都睁不开，只身逃来，但温峤还是分出部分军队给他，让他把面子保住。

在庾亮还以皇太后诏为号召的时候，皇太后庾文君却于三月初死去。当然，如果按她的年龄和她的身体状况，还远不到死的时候。她的死因，史书上说，“后见逼辱，遂以忧崩”。至于受了什么逼辱，没有挑明，更没有细节描写，给我们留下了无限的想象空间。

晋国开国以来，皇后这个职业都不算是个好职业，很少有皇后能过上安稳生活。司马炎的大老婆虽然得以善终，但却是付出了短命的代价。她的妹妹纵然接过她的班，却跟她一样，不断地做蠢事，最后，居然被儿媳妇一把搞定，死得很惨。司马衷的几个老婆就更不用说了。那个贾氏一当上皇后，就走上了自绝于人民的道路，最后也不得好死。至于羊皇后也不用多说了，在当晋国的国母期间，不断地被人家废来废去，皇后生涯竟成为苦难的生涯，幸亏后来变成刘曜的老婆，转手之后，命运才得以改变。

这个庾美女算起来，人品也不算差，虽然被逼走上前台，但从没有专权。表面看起来，她的死是苏峻逼的。可细算起来，这个后果应该是她自己造成的。假如她不把大权交给庾亮，让庾亮成为实际最高领导人，最后捅出这个马蜂窝，而是让有水平的人来当政，也许不会造成今天这个局面，她也就不会有这个命运了。

苏峻这时也做好应对各路勤王部队的进攻准备，把部队集结在湖县。

这时，苏、祖联军的另一个合伙人祖约的日子却不好过。

咸和三年（328 年）四月，后赵的石堪向宛城发动攻击，晋国的南阳太守王国顶不住，宣布投降。石堪接着向祖约的驻地淮南进军。祖约本来就不是打仗的料，就是面对面地打，估计也是败逃的结果。而这时他的部将陈光又来个临阵叛变，要割下他的头去向石勒邀功。

在内外夹攻之下，祖约就只有逃跑的份儿了。他逃跑的水平很差，可命运却好得很。不知是他早有预谋，还是偶然的事，他的贴身警卫阎秃长得跟他一模一样，弄得连陈光的部队也分不清，抓到阎秃之后就哈哈大笑，觉得这功立得太容易了。祖约跳墙而逃，这才保住了性命。

祖约这一次被痛扁，不光是他倒了大霉，对苏峻的事业也大有影响。

庾亮和温峤继续把全部精力投入讨伐苏峻的事业中。两人商量着向建康进军。可因为道路不通，信息不畅，不知道当时的建康是什么样的情况，因此不好作最后的决定，弄得两人每天都相对着，不知如何是好。恰在这时，有个叫范汪的人过来，对他们报告了建康的情况，说：“现在都城乱得要命，苏峻一点责任心也没有，号令也不统一，官员腐败，虽然到处挂着政府的牌子，其实跟无政府没什么两样。他们的武装部队虽然看上去很强悍，但其实已没什么战斗力。你们应该赶快出兵讨伐他。”

温峤对苏峻这个人还是比较了解的，听到这个报告后，认为范汪的话没有错，便让范汪当他的参护军事，下了讨伐苏峻的最后决心。

温峤想让庾亮当老大。这时，庾亮也知道自己不是当老大的料了，说还是温峤当老大稳妥。两人互相推让着，谁也不当老大。

幸亏两人的相让是真诚的，否则，这两人中有一个假装谦虚几句，之后坐实老大的位子，后果就很严重——因为，凭他们现在手中的实力，根本打不过苏峻。

在他们的扯皮当中，温峤的堂弟温充说："我认为，现在只有让陶侃来当这个老大才行。现在陶侃不但职务高，而且兵力雄厚，只有他才可以成为打倒苏峻的中坚力量。没有他的参与，咱是玩不了几天的。"

温峤一听，这话还真是硬道理。当场叫停跟庾亮的扯皮，派督护王愆期前往荆州转达他们请陶侃当老大的意思。

哪知，陶侃已经不是以前的陶侃，他这时的心态跟祖约差不多，对那份顾命遗诏中没有他的名字很生气，这时看到庾亮他们被痛扁着，没有一点同情心。

在王愆期把话说完之后，陶侃说："吾疆场外将，不敢越局。"意思是说，自己只不过是一个只能在战场上打拼的人，只知道在自己的辖区里工作，不能跨地界一步，哪能管这些分外的事。我的态度很明确，你们捅出的娄子，你们自己收拾。

温峤又派人去做思想工作。可陶侃的态度一点不变。

后来，温峤只得派人对他说："那你就在这里留守吧。我先过去了。"

这个传话的人向荆州走了两天，平南参军毛宝才出差回来，知道了这回事，觉得温峤这样处理这个问题会大大地不妙，立即去找温峤，说："老大，做伟大的事业，不是哪个人的义务，只有让天下人都踊跃参与，才能取得成功。要取得战争的胜利，靠的是什么？靠的是大家团结一致，共同奋战。现在咱这边的阵营团结了吗？一致对敌了吗？即使陶老大的想法不纯粹，有点私心掺杂在里面，我们也要包容一下，假装什么也不知道。现在咱的做法是什么？是再一次把他踢出队伍，让他不跟咱们的立场保持一致，后果如何，不用说出来了吧？赶快把那个送信的家伙叫回来，再改变口气，强烈要求他出兵才对。"

幸亏现在是温峤拿主意，如果决策权还控制在庾亮手中，肯定会对毛宝的话来个一票否决。温峤听了这话，知道自己犯了个天大的错误，当场命令把使者叫回来，再写一封信，送给陶侃。

陶侃毕竟不是祖约，到了这时，气消了很多，同意跟温峤他们合作，派督护龚登带着部队去跟温峤会合。

而温峤手中的兵力只有七千人！

温峤得到陶侃的支持，信心马上大增。大家一致推举陶侃为讨伐苏峻的带头人，联名发布公告，控诉祖约和苏峻的罪行，要求大家齐心协力，坚决跟祖约和苏峻斗争到底。然后，温峤登船出发。

可就在这时，陶侃不知是哪根神经搭错了，又后悔起来，就叫龚登带兵回荆州。

温峤一看，他们要是撤了，自己这几千人过去，那不等于送死吗？赶紧给陶侃写了一封长长的信，说他这样做的话，不但联盟破产，只怕国家也得灭亡了。就算不心痛国家，不管他们这些人的死活，也要想到他的那个儿子是怎么牺牲的吧，这话说得已经无奈到顶点了。

王愆期也对陶侃说:“老大，你到现在难道还看不透苏峻的嘴脸吗？这家伙一旦拿得大权，地位得到巩固，恐怕就没有你的立足之地了。”他的原话是这样的:“苏峻，豺狼也，如得遂志，四海虽广，公宁有容足之地乎！”

这话把陶侃的心头肉狠狠地刺了一下，他知道，庾亮不是什么好人，可苏峻更不是什么好人。如果现在不把他搞定，将来他就会搞定自己。想到这，他立即换上军装，登船出发。

这时，他的儿子陶瞻的尸体正好运到荆州，他也不顾了，继续前进，以最快的速度顺流东下。

另一个人郗鉴这时屯兵广陵墓。他虽然是军人出身，是晋国高层中少有的会打仗的一个军事人才，可一直处于孤城之中，在没有后方支援的情况下，时时刻刻面对着后赵的大军，粮草越来越紧张，守城的信心已经差不多归零了。这时正好接到温峤发出的讨伐苏峻的文告，马上在郊外集结军队，誓师南下——大家守着这个孤城，守得已经差不多崩溃了，这时听说可以南下了，心情猛烈激动起来，士气直线高涨。

郗鉴还派夏侯长去面见温峤，提出了一个很有远见的战略建议，应当在东方一带建立一个根据地，做好抗打能力超强的工事，死死守住险要的关卡，一来可防止苏峻失败后逃跑；二来也可切断苏峻的后勤供应，号召敌占区的人民都坚壁清野，让苏峻军队没有吃没有穿，不久就会军心瓦解。

温峤认为，这个建议太正确了，当场同意。

陶侃的大军终于来到寻阳。

这时已经是五月了。

在陶侃声势浩大地来到寻阳时，一个传言也迅速传播。

这个传言就是，陶侃准备杀庾亮以谢天下。说是以谢天下，其实是要狠狠地报复一下这个家伙。

庾亮一听，吓得门都不敢出。他在拿着大权时，确实只顾自己的感受，不管人家的情绪，得罪了这些人。现在自己手上什么也没有了，这些人要收拾他，容易得很。

温峤知道后，赶紧出来和稀泥，叫脸色刷白的庾亮去见陶侃。

庾亮按照温峤的教导，一见陶侃，就赶紧双膝一跪，向陶侃不停地叩拜。

陶侃突然看到这个画面，一时也摸不着头脑，叫道："庾元规乃拜陶士行邪！"哪有庾亮向陶侃叩拜的道理？这话看上去，很让人摸不着头脑。原来，陶侃的出身太低，而庾亮却是公子哥，按当时的习惯，贵族人士一般是看不起草根的。陶侃现在虽然老早就脱离了草根的身份，比很多贵族还要贵族，但草根心态却还没有全部丢掉，一看到这个大贵族突然向自己行了这个大礼，马上就说了这么一句话。

庾亮乘机向陶侃作了一次深刻的检讨，把一切责任都归到自己的头上，现在愿意改正所有的错误，真心实意地向陶侃道歉，陶侃要是不肯接受，就是不原谅我了。

他虽然在对名士的看法上跟那个卞壶一样，历来鄙视名士，可也是个气质很好的人，这一番话虽然是向陶侃作检讨，可举止却十分得体，再加上他虽然水平不高，但跟历史上那些视个人利益高于一切的外戚毕竟有着本质的区别。他上台主政后，只是愤青情绪特别严重，心态极端浮躁，听不得人家的意见，才闹到今天这个地步，总而言之，政治能力很差，人品还不算十分低下。陶侃看到他这时态度诚恳、说话也得体，还算讨人喜爱，心头原来积累的那些愤恨也就慢慢地消散了，哈哈一笑，说："庾亮啊，你原来花经费修筑那个石头城，主要是用来防备我。现在却还请我去那里打攻坚战？要考我也不要出这个题目啊。"

陶侃吩咐身边的人摆好酒好菜，他要跟庾亮边喝边谈。两人就这样边喝边谈了整整一天，两人之间的不愉快也就消失了。

陶侃和庾亮和解之后，就跟温峤一起，率军四万直指建康，队伍前后连绵七百余里，战鼓之声，震天动地。

苏峻得到消息后，把部队从姑苏撤回，准备在石头城死守，抵抗陶侃军。

苏峻把石头城当作抗击勤王军的前线，自己也在石头城里长住，而且还要把小皇帝也带去。

五月十八日，他宣布把司马衍带到石头城时，王导表示坚决反对。可苏峻没有把王导的反对当一回事，下令皇帝去也得去，不去也得去，现在是自己说了算，而不是别人说了算。

司马衍看到要离开家门，也像很多小孩子一样哭了起来。可苏峻仍然让人把他抱上车。当时，右卫将军刘超和侍中钟雅跟在皇帝的身边。司马衍上车后，他们步行跟在车子后面。苏峻这时还把他们当人看，叫身边工作人员安排两匹马给他们。哪知，这两个家伙却硬是不领情，不但不骑马，反而一边走，一边痛骂苏峻，一路骂得慷慨激昂——就是别的人也会被骂得怒火中烧，更何况是苏峻。苏峻气得要命，可居然没有对他们怎么样。

到石头城后，苏峻就任命他的死党许方等人为司马督和殿中监，说是加强对皇帝的保卫工作，其实是用来防备刘超他们搞鬼。

刘超对小皇帝忠心的程度肯定是百分之百。这时跟在司马衍的身边，虽然环境越来越恶劣，但仍然保持心态，以皇家的利益为第一。

苏峻把司马衍安排在一个破旧的仓库里住着，又潮湿又黑暗，但刘超仍然跟着住在里面，坚决不让小皇帝感到孤单。而且还免费给皇帝当家庭老师，义务给他讲解《孝经》和《论语》。

这时，那个曾多次为庾亮看准机会的孔坦，也为自己找到机会逃了出来，直接投奔到陶侃旗下。陶侃知道他是个难得的人才，马上任命他为长史。

苏峻这时把全部精力都用来防范陶侃，却没有想到他的后院现在并不安全。





## 猛将毛宝

这个在后院进行秘密破坏的人就是王导。

王导虽然在外表上没有跟苏峻进行公开激烈的碰撞，但内心绝对是坚定的反对派，只要一有机会，就会做出对苏峻不利的动作。在苏峻嚣张的时候，他就通过秘密渠道向三吴地区的人民下达了一个命令，要求三吴广大人民团结起来，有力出力，有钱出钱，与苏峻势力作殊死的搏斗，救出大晋皇帝司马衍。

会稽内史王舒是王导的堂兄弟，当然会首先响应号召，任命庾冰为代奋武将军，率一万人渡过钱塘江，向建康方向进发。当地的地方势力看到庾冰军到来，信心马上涨了起来。吴兴太守虞潭、吴国内史蔡谟等人也都纷纷响应。

苏峻看到三吴地区突然冒出这么多反对派的武装力量，天天高喊打倒苏峻，当然不能任其发展下去，然后与陶侃军来个东西夹击。

他派管商、张健、弘徽三个部将带兵去对付虞潭他们，不管怎么样，一定要把他们死死拦住。

双方马上展开对攻，连续打了几场战斗，都是胜负不分。虞潭他们一步也前进不了。

陶侃的部队虽然数量不少，战斗力不弱，但这时也很小心，并没有急着进军。

温峤认为，苏峻部队都是北方来的，善于在陆地上冲锋陷阵，而他们的部队是南方的，相当于以前的周瑜部队，在水里作战是高手，但陆上难以取胜，就作了个扬长避短的决策，向部队下了个死命令："将士有上岸者死！"

大家一听，当然都躲在船里。

这个命令刚下不久，苏峻派后勤部队给寿春的祖约正运送着一大批粮食隆重来到，祖约的部将桓抚前来接收。

温峤的先锋毛宝一见，这不是肥肉一大块吗？这时还不眼红，什么时候才眼红？

他对他的部下大叫："兵法，'军令有所不从'，岂可视贼可击，不上岸击之邪！"

他给自己找了个违反军令的理由之后，就带着部队冲上岸去，向桓抚的部队发动进攻。

这个桓抚也跟他的领导一样蠢，手下的部队比毛宝多了数倍，却硬是只把自己的任务定位为接收粮食，而不是来打仗的，一点战斗准备也没有，看到敌人长矛大刀冲上来，只是大叫着，撒腿就跑，一点抵抗也不组织，被毛宝杀了个尸横遍野，粮食全部被抢，还损失了几万人。更要命的是，从此祖约的部队就陷入了粮食紧张时期，更加难以有效地支援苏峻了。

毛宝的这一场袭击战，不管从哪个角度上看，都可以说是一次辉煌的胜利。温峤不但没有处分他，还推荐他当了庐江太守。

为了便于统一指挥，陶侃任命王舒为监浙东军事、虞潭为监浙西军事，郗鉴为都督扬州八郡诸军事。以后王舒和虞潭都接受郗鉴的领导。

这个命令下达后，郗鉴率部渡江南下，跟陶侃在茄子浦会师。这时，雍州刺史魏该也率其部抵达茄子浦，使得讨伐苏峻的声势越来越浩大。

不久，陶侃的大军向石头城进发。到达蔡州之后，陶侃驻查浦、温峤则驻在沙门浦。

苏峻听说陶侃大军来到，就登上城头的烽火楼来看。大家看到苏峻的脸色有点发白，惧怕的神态想挡也挡不住。谁也不敢说话。

最后，苏峻长叹了一口气，说："我早就知道那个温峤会笼络军心。只是他做得也太强悍了。"

在大军的撑腰下，庾亮的浮躁情绪又迅猛地冒出头来，想抢个头功，挽回一点面子，就派督护王彰带着本部将士去向苏峻的部将张曜挑战。哪知，菜鸟永远是菜鸟，一接仗，就大败而回。

庾亮终于知道，自己不是战场上的料子，脸面就发热起来，去向陶侃作了个检讨，然后把那根"节符"也上交给了陶侃。

陶侃却笑着说："以前那个曹沫，都有过三连败的纪录，最后都还取得胜利。现在是非常时期啊，不要动不动就辞职，对军心有影响。"

其实不光庾亮有浮躁的心态，很多将领也都觉得自己的兵力占这么大的优势，而且又是正义之师、威武之师，还这么怕苏峻？纷纷要求出战，早日把苏峻彻底打倒，救出皇帝。

可陶侃却不同意，说："现在苏军的士气正强，正是打仗的最佳时期。我们要是跟他们一决死战，肯定讨不到一点便宜。咱们现在要做的是等待时机，要靠谋略来取胜。"

事实还真的让陶侃说中了。讨伐大军连续跟苏峻对抗，果然一点便宜也没有捞到。

监军李根也看出，这场战争不是短时间能解决的，就给陶侃提了个建议，要求修建白石垒来防范敌人。陶侃立即同意。

李根绝对是个很讲效率的人，拿到批准文件后，夜里就开工，叫大家拼命砌墙，到天亮时，工程就全部结束。大家站在白石垒上，远远地听到苏峻部队在城里把战鼓打得越来越隆重，号令声越来越频繁，都怕苏峻就要派部队过来攻打白石垒，就有点害怕起来。

孔坦却一点不在乎，说："不会有这个事发生的。苏峻是不会向白石垒发动攻击的。攻打白石垒不是说想攻打就攻打，而是需要条件的。这个条件就是要利用东北风。因为这样一来，我们的船队才不能去支援啊。今天天气好得很，他们肯定不敢出来。即使他们要出来，也会从江乘出击，在京口一带搞点小动作。"

后来情节的发展，完全跟他说的一样。

陶侃分出两千人的部队，让庾亮带着，守住白石垒。

没多久，苏峻带一万多人的部队四面围攻白石垒，使尽了全部的力气，却没收到一点效果。

苏峻虽然有点怕陶侃的部队，但对三吴地区的那几支敌对军事力量却一点不怕。

王舒和虞潭虽然不断地进攻，可结果却是不断地失败，形势越来越严峻。如果东边的这几支力量一宣布破产，苏峻就没有了后顾之忧，就可以全力来对付西边的讨伐大军了。这样一来，前途就很不乐观了。

陶侃知道，必须破解这个问题，坚决不能让东边的力量消失。

孔坦说："咱们此前就犯了个错误。这个错误就是，本来咱这边的力量已经够了，可还是把郗鉴叫到这边来。郗鉴一到这里，这边的力量是雄厚了，可东边就什么也没有了。而咱这边又不需要这么雄厚。虽然现在让郗鉴回东边有点晚了，但总比让他留在这里强多了。"

陶侃同意。马上派郗鉴跟郭默一起，以最快的行军速度赶回东边，据守在京口，而且大搞基础建设，修筑了大业、曲阿、陈亭三座大营，用来制造声势，分散苏峻的兵力。

祖约前次被毛宝狠狠地扁了一顿，损失巨大，心里很不爽。这家伙外战是铁定不行的，但他又认为自己，外战不行，不代表内战不行，也许通过打一次内战，把打仗的感觉找到，以后就战无不胜了。他派祖涣和桓抚去袭击湓江，要求桓抚不要再像上次那样了。这次你要明确任务了，这是战斗任务，不是别的任务，要打出威风来。

两人当然都把胸脯拍得很响，发誓不把陶侃兵打得找不着北，绝不收兵。

陶侃听说这两个家伙来袭击湓江，就下令出战，而且要身先士卒一次，当当全军的模范。

可那个刚把桓抚打得落花流水的毛宝说："你现在是全军的核心。大家都还靠你的领导，你哪能轻易出动？这个任务让我来完成。我完不成任务，就死在战场上。"

陶侃一看，同意他出战。

祖涣和桓抚对这场战斗十分有信心。他们本来的任务是进攻湓江，可觉得只拿下湓江算不了什么本事，得超额完成任务才能算牛。因此，在率军经过皖县时，就心头灵光一闪，决定打个顺路仗，顺手先把这个地方搞下来，然后再拿下湓江。

驻守在皖县的是谯国内史桓宣，一看敌军来得太多，实在不是对手，马上到处求救。

毛宝知道后，也不顾自己的兵力比对方少了许多，马上狂奔过去，要把桓宣救下来。

可由于这一次桓抚大概明确了自己的任务，不再像前次那样没战斗力了，跟祖涣一起，向毛宝反击，把毛宝打败。

这次战斗比毛宝想象的要激烈得多，他不但打了败仗，而且自己中了一箭。这个射手确实厉害，这支箭从毛宝的腿直穿过去，一直穿到马鞍。大家一看都觉得疼痛，可毛宝好像一点不痛，叫人手拉着箭尾，脚踏马鞍，把箭拔出，鲜血一下就跟着涌了出来，使得他的靴子里全是鲜血。

可毛宝一点也顾不上——他知道，他要是再分心去管这些，他这次就彻底完蛋，不但完不成任务，还会把性命丢在这个地方。他大喊大叫着，带兵反击。

跟历史上的很多战例一样，主将有了这个超常的表现，士兵们也会跟着不怕死，战斗力会在瞬间超水平上涨。祖涣和桓抚突然看到敌人再次猛冲上来，个个都像疯了一样，只顾砍杀别人，全不管人家砍他们自己，一时都被吓住了——谁能跟疯子干到底啊？主帅都是这种心态，士兵们哪还能支撑下去？居然在胜利的情况下，被毛宝来个反败为胜。祖涣和桓抚最后落荒而逃，桓宣被救了出来，带到温峤那里去了。

毛宝继续前进，攻打东关，夺取了祖约合肥外围的阵地。温峤叫毛宝不要恋战。毛宝这才回到石头城。

毛宝虽然放过了祖约，不再对祖约采取什么行动。可祖约的部将们却放不过他们这个菜鸟老大。他们觉得祖约只会造自己国家的反，跟自己的领导过不去，别的能耐都等于零，跟他干到现在已经对得起他了，再干下去就没意思了，就开了个秘密会议，一致决定，如果后赵军再来攻打，就跟他们里应外合，搞定祖约，并把这个意思通过秘密渠道，传达给后赵的情报部门。

石勒一接到这个情报，马上派石聪抓住时机，向寿春发动进攻。

石聪和石堪得令之后，立刻带兵南下，渡过淮河，直取寿春。

按祖约的那个水平，就是大家团结一致，要取胜都还是难上加难，更何况现在是里应外合？他能够顺利逃得性命已经是超水平发挥了，哪能挡得住人家的进攻？这年七月，祖氏兄弟经营多年的寿春就这样成了后赵国的地皮，祖约狂奔到历阳，这才收住逃跑的脚步。幸亏这时后赵没有把南方当成重点投资对象，而是把主要精力放在与前赵的对抗中，得了一点便宜之后，没有继续扩大战果。只是按照惯例，把寿春的两万多户居民都带回自己的地盘里安置。

这一仗，不但祖约的资本差不多见底了，对苏峻部的心理打击也不小。苏峻的死党路永、匡术、贾宁等几个人听说祖约破产之后，都认为前途已经不妙了，劝苏峻干脆把王导这几个家伙杀了，然后另立中央。可苏峻却不同意，他那双眼睛谁也看不上，可偏偏对王导敬重得很。

路永看到苏峻一点不把自己的话当话就生气起来，就不把他当老大了。这个念头一塞进心里，就想找个机会跳出去。

他找机会，王导也找机会。

王导知道他这个心思后，马上派参军袁耽去找正处于摇摆状态的路永，做他的思想工作，叫他要改变现在的做法，坚决站到人民的立场上来，这才是唯一的出路。路永表示从今之后，一切行动听王导的指挥。

九月三日，王导找到了机会，带着两个儿子和路永，一起跑到白石垒，顺利地脱离了苏峻的控制。

在苏峻的部下一点不看好苏峻、天天活在紧张情绪中时，讨伐大军的很多将领的思想也越来越消极。他们消极的原因是，近些天来，他们跟苏峻面对面对峙了这么久，仗也打了不少，小胜不断，可连一场决定性的胜利都没有，倒是苏峻部队不断地出城掠夺，今天在东边，明天到西边，成绩很可观，收获也不少，就觉得再这样下去，有点凶多吉少了，心头也装满了紧张的情绪。尤其是那几个从建康逃出来的官员，这些天来都没有好日子过，马上颓废起来，说："峻狡黠有胆决，其徒骁勇，所向无敌。若天讨有罪，则峻终灭亡；止以人事言之，未易除也。"意思是说只有靠老天爷才能解决苏峻问题了，我们的实力恐怕难以把他搞定——这话离解散部队、向苏峻投降的建议就差那么一点点了。

温峤哪听得进这样的话？马上把这些人叫来，大骂："诸君怯懦，乃更誉贼。"用现在的话来说就是，你们怕成这个样子，一点也没有胆子。这话不是长敌人威风吗。

他说过这话之后，又跟苏峻打了几仗，可一点进展也没有取得，心里也有点怕起来。

这时，温峤和陶侃又差一点儿发生不愉快的事。温峤部队的粮草就要没有了，派人去跟陶侃借点口粮，渡过难关。

哪知，陶侃却突然发飙，大吼："使君前云不忧无良将及兵食，惟欲得老仆为主耳。今数战皆北，良将安在！荆州接胡、蜀二虏，仓廪当备不虞；若复无食，仆便欲西归，更思良算，徐来殄贼，不为晚也。"这就是说，以前你不是说，你手下有的是良将，有的是实力，只缺个带头大哥，号召力太弱，得请我来当这个挑头人。可现在怎么样？打一次败一次，良将难道都人间蒸发了？荆州跟胡人和西川紧靠着，我们最应当提防。现在你又没有了粮草，我不如先退回荆州，等条件成熟了再来也不迟。

温峤这时很有耐心，做陶侃的思想工作。

温峤说了一大段话，大致内容就是这样：部队能打胜仗，靠的是团结一致。以前刘秀的昆阳之战、曹操的官渡之战能够以少胜多，就是因为真理掌握在他们手中。现在苏峻和祖约都是坏事做绝的小人，还怕不能把他们搞定？苏峻这些天来，偶然取得胜利，现在正在胜利的喜悦里骄傲自满，谁也不怕。对这样的骄兵，咱完全可以一战就把他打败。为什么到了这时反而丧失信心，决定退走呢？现在皇帝被人家关着，国家已到了最关键时刻，正是我们这些人拼命的时候。我与你如果能够成功，就可以与皇帝继续享受下去，如果不能成功，咱就只有死了。事情到了这个地步，绝不能走回头路。你要是独自退回去，我们的人心必定瓦解。要是这事因此而搞砸，那么大家就会把枪口转向你了。

可陶侃不听。

还是那个毛宝，对一脸浓厚郁闷的温峤说："你放心，我有办法让陶侃留下来。"

他跑过去，对陶侃说："你是这次行动的总指挥，本来应该在芜湖坐镇，声援南北各军。可现在你已经来到前线，就不能回去了。大军行动，向来是有进无退。这不光是在告诉大军要拼死一战，而且也因为一旦退回去，就没有可以据守的地方了，最终必将自取灭亡。以前，那个杜弢强悍吧？可你却一下将他搞定。为什么这个苏峻你就打不败呢？他们也怕死，也不是个个都勇敢能战。你可以让我带点部队上岸去断绝他们的粮草。如果我不能成功，你退兵，人家也没有话说了。"

陶侃虽然突然发飙，但绝对不是个顽固不化的人，听了毛宝的话，又觉得有理起来，就满足他的要求，任他为督护，让他带着部队去执行断敌粮草的任务。

在毛宝离开后，竟陵太守李阳又对陶侃说："如果这事彻底失败了，你就是有再多的粮食又有什么用？难道还有你大吃的份儿吗？"这话大大地把陶侃刺激了一下，马上把五万石米分出来，送给温峤。

毛宝的行动果然十分顺利，一把火把苏峻囤积在句容和湖孰的军用物资烧了，使苏峻的部队出现了大面积的缺粮，局面跟官渡之战后期的袁绍没有两样。

陶侃的信心得以加固，终于决定不再当逃兵了。

苏峻知道，敌人西边的兵力雄厚，难以打开局面，但东边的敌人很薄弱，完全可以大做文章，就派部将张健、韩晃去猛攻大业大营。

大业大营的第一把手就是郭默。大业被围没多长时间就断了水。士兵们没有水喝，居然“人饮粪汁”，郭默的信心彻底崩溃。敌人还没有攻上来，他就抓紧时间逃了，只留下那些士兵死守到底。

这时，郗鉴正守在京口大营里。大家听说郭默跑了，心里都慌张起来，军心波动起来。参军曹纳对郗鉴说：“大业是京口的屏障，大业一失守，咱这里就危险了。咱们不如先撤回广陵，其他的以后再说。”

郗鉴一听，心头大怒，把大家都召集起来，当众猛批了曹纳一通，并当场判处曹纳死刑！只是没有立即执行。

陶侃当然知道，要是郗鉴被苏峻搞定，他这边就不好搞了，马上决定派兵去援救大业。长史殷羡反对这个做法，说：“吾兵不习步战，救大业而不捷，则大事去矣。不如急攻石头，则大业自解。”只要我们加大对苏峻攻击的力度，他那两个悍将肯定会回来救石头城的。这就是当年“围魏救赵”的翻版。

陶侃的这步棋一走，战争的形势就发生了本质的变化。

陶侃下达了向石头城发起总攻的命令。

庾亮、温峤、赵胤带着一万步兵从白石垒由南面攻上，准备向苏峻挑战。

苏峻也不示弱，亲率八千人出来迎战，并派他的儿子苏项和匡孝分两路向赵胤进攻，把赵胤打得大败，取得了揭幕战的胜利。

苏峻绝对不是个冷静的人，看到部队打了个胜仗，就骄傲起来，马上下令对打胜仗的部队进行慰问。当然对打胜仗的将士慰问一下也没有什么错，可错就错在他喝庆功酒喝得有点多，大脑一被酒精刺激就容易发热——如果在别的时候发一点热也许什么都不会发生，可在这个时候，就铸成了历史性的大错。

在苏峻部队还在大开庆功会大喝庆功酒的时候，赵胤的部队还在拼命狂逃。苏峻虽然喝多了，但谁敌谁我还分得很精确。他的眼睛一抬，就看到了正在狼狈而逃的敌人，突然眼睛一红，大叫：“孝能破贼，我更不如邪！”意思是说，匡孝是什么东西？都能把敌人打败，难道我就不能？

他马上就热血沸腾起来，大叫一声，跨上战马，只带了几个贴身保镖就冲了出来，向敌人的阵地杀过去，让大家擦亮眼睛认真看看，什么叫作身先士卒，让大家看看，是他厉害还是匡孝有水平。哪知，匡孝能做到，他却未必能做得到。他冲了几次，却冲不进去。他这时的酒还不算太高，头脑还残留点清醒，知道再蛮干下去，就会危及生命，马上折回白木陂。可这时，那匹马却一点不争气，硬是被什么东西绊倒在地，苏峻也从马上跌了下来。

在敌我交战的地方，上演了这一幕，后果的严重性远远超出苏峻的想象。

陶侃部下的彭世和李千一见，这可是历史性的机会，是苏峻送上门来的好机会！两个人迅速抓住这个机会，抓起长矛向苏峻投过去。这两个家伙投枪的本领还真不错，双矛齐中苏峻，把这个威风凛凛了大半年的苏峻一下搞定。

其他士兵看到都大叫：苏峻死了啊。冲上去，举刀乱砍，把他砍成肉酱，还把他的骨头放到火里烧成了灰。

本来，按目前的态势，双方还远没有到决胜负的最后时刻，苏峻再支撑一段时间是没有问题的——而且，讨伐军的人数虽然很多，但人心并不那么统一，时间一久，说不定还会生出其他变数，他未必就会彻底失败。可现在他这么狂傲，等于主动把性命送到人家的手中，是自投罗网的另一种方式。苏峻除了在打仗时凶悍一点外，其他水平都很菜，更要命的是，他手下的那些死党也没有几个人能帮他出点好主意。弄得他攻占建康、掌握皇帝之后，却一点也不会收买人心，把形象打造起来，而硬是把坏事做绝，铁心与人民为敌到底，因此造成了手里拿着好牌却越来越被动的局面。他还活着的时候，可以勉强支撑下去，可以与陶侃保持对峙的形势，可他这么一死，负面影响马上就冒了出来，并急剧扩散。前线部队当场崩溃。

苏峻集团就这样坚定了从胜利走向失败的路线。

在苏峻死掉之后，他的司马任让马上召集几个同伙过来，共同把苏峻的弟弟苏逸推出，让他当了老大，然后紧闭城门，高挂免战牌。

讨伐大军取得了这个辉煌的战绩后，信心和士气都直线高涨。

温峤马上宣布成立临时中央政府，发布文告，要求那些原来享受过两千石待遇的官员都到他的临时中央报到。那些官员一听到这个消息，知道自己的好日子又来了，就都跑了过来，一时间“至者云集”，临时中央政府马上就热闹起来了。

韩晃他们虽然在东边很牛，打得讨伐大军的东路军遍地找牙，日子越来越紧张。可在他们进展迅猛的时候，苏峻突然死了，就不敢把东边事业做下去了，急忙把部队带到石头城，先保住老窝才是当前工作的重中之重。

这时，苏峻的另一支部队正在管商的带领下攻打庱亭大营，却遭督护李闳、轻车长史滕含猛烈反击，被打得大败。管商觉得苏峻都死了，核心已经完蛋，这个事也没有办法开展下去了，就跑到庾亮的营中，向庾亮递交了投降书。其他的部队都去张健那里归顺。

## 刘曜终于玩完

在晋国把全部精力都投入内乱战争时，石勒仍然在坚持着他的既定方针。他在对敌对势力排名时，显然把刘曜的前赵当成第一对手。因此，虽然大家都知道晋国已经乱到内战全面爆发，整个国家的危险程度已经到了最后时刻，却仍然没有在南方插上一脚——虽然在前段时间把祖约打了一顿，打得祖约势力从此再也不能抬头，不光在外没有话语权，就是在国内也彻底噤声，表面上捞了不少好处，其实这反而帮了晋国讨伐军一个大忙，使得苏峻暴乱事件得以早日平定，走向正轨。

石勒作为一个靠抓机会把事业做强做大的人，对机会是很敏感的。他肯定知道，这是搞定晋国的最好机会。可他仍然没有下手，其实不是他不愿下手，而是现在主力都投放到与刘曜的大战中，实在抽不出手来。

更要命的是，现在他在与刘曜的较量中，不但没有占到什么便宜，而且被刘曜反咬一口，差点儿被对方玩完。

这年的七月，石勒手下最牛的悍将石虎，带着四万部队从轵关出发，拉开了前、后赵全面大战的序幕。前赵河东郡五十多个县，看到石虎的部队浩浩荡荡开来，都纷纷宣布脱离刘曜的领导，加入石勒的团队，使得石虎直达蒲阪城下，向蒲孤发动进攻。

刘曜接到消息后，命令刘述带着氐羌各部在秦州驻扎，防备张骏、杨难敌这两个势力的反扑，然后就来个御驾亲征，带着主力部队去援救蒲阪。这家伙不知是打仗打出了瘾，还是不放心别人，或者是手下没什么得力人才，只要哪个地方战火一点燃，他马上就亲自带兵过去，跟人家战场上见。中国历史上那么多皇帝，大概他是战场上出镜率最高的了。这种人只宜当将军，不宜当皇帝。而且，他的军事水平发挥得极不稳定，有时打得很经典，有时打得很烂，因此即使只做将军，仍然不是个出色的军事统帅。

刘曜的大军渡过黄河，声势太大，把石虎也吓了一跳。石虎本来也是个不怕死、敢于蛮干的家伙，可这时心头也有点不稳定了，马上下令以最快的速度撤退，谁落后谁就挨打，他不管了。

刘曜当然放不过石虎，下令猛追。

双方一前一后，你追我赶，一直到八月初，刘曜的部队终于咬住了石虎的部队。

双方在高侯展开决战。

由于刘曜的兵力数量确实太过庞大，而石虎又胆怯在先，战斗一拉开，石虎军就只有被动挨打的份儿，被称为当代军事狂人的石虎不管如何也组织不起有效的战斗，被刘曜部队一顿毫不留情地狂扁，连石瞻也逃脱不了致命一刀，被杀死在战场上。刘曜这一仗的成绩，史书上的记载是：枕尸二百余里，收其资仗亿计。从这个数据上看，居然以亿为单位，显然有注入水分的巨大嫌疑，但刘曜取得巨大胜利是不容置疑的。

刘曜一战把后赵的最牛强人打败，信心也大为增长，命令部队大踏步前进，从胜利走向胜利。接下来，刘曜从大阳渡过黄河，直达洛阳城下，向驻守在金墉城的石生部进攻，而且还果断地下令，掘开千金堨，把正处于高涨期的洛水引出，把石生的部队灌得够呛。另外，他还派部队攻击汲郡和河内，都取得了胜利，迫得后赵荥阳内史尹矩、野王内史张进举手投降。后赵的首都襄国也跟着震动起来。

这时有个小插曲，张骏看到刘曜带着差不多所有的家当去跟石勒对抗，而且已深入后赵国境，首都长安一定很空虚，就想乘机出来捞他一把。在张骏准备做战斗动员的时候，索询对他说："现在刘曜虽然远征，但他的儿子还守在长安，我们在短期内肯定搞不定长安。到头来，只能够赚到点小利。这点小利的后果是什么？刘曜说不定就会放弃东边战场，带军回来跟我们打到底。那时，结果如何就不好讲了。"

张骏一听，觉得有道理。还是当观众是最安全的。

如果张骏这次真的采取行动，刘曜在首都告急的情况下，肯定率军从两赵前线反扑，不光可以把张骏狠狠地教训一顿，他的命运也许又是另一番模样了。

可惜张骏不是鲁莽之徒，没有走出这一步棋，使得刘曜继续被暂时的胜利冲昏头脑，继续向彻底衰败的路上狂走下去。

当然，现在他仍然占着绝对的优势，仍然死死地包围着洛阳，让后赵全国上下都笼罩在一片郁闷的氛围之中。

到了十一月初，石勒终于决定亲领大军与刘曜来个决战。很多手下都劝他要冷静一点，那个接过张宾职务的程遐说："刘曜悬军千里，势不支久。大王不宜亲动，动无万全。"石勒一听这话，就觉得现在洛阳危险得要命，居然要等刘曜自觉撤军？简直是乱弹琴。他抓起宝剑，把这个右史骂了个狗血淋头，然后喝令他出去。

他大骂程遐之后，把徐光叫了进来——前年，他曾因为徐光喝醉酒而把他降了几级，徐光心理不平衡，说了一大堆埋怨的话，把他刺激得大怒，下令将徐光连同徐光的老婆一起关了起来。这时他看到程遐他们的表现远远不如徐光，就赦免了徐光，对徐光说："刘曜乘一战之胜，围守洛阳，庸人之情皆谓其锋不可当。曜带甲十万，攻一城而百日不克，帅老卒怠，以我初锐击之，可一战而擒也。若洛阳不守，曜必送死冀州，自河已北，席卷而来，吾事去矣。程遐等不欲吾行，卿以为何如？"

这话翻译起来很啰唆，其实核心内容就是问，徐光，我可不可以亲征？

徐光虽然有喝酒误事的特长，脑袋却比程遐清醒得多，对局势的把握也很到位，说："刘曜乘侯之势，不能进临襄国，更守金墉，此其无能为可知也。以大王威略临之，彼必望旗奔败。平定天下，在今一举，不可失也。"这话是说，刘曜这次虽然牛，可却犯了个大错。他早就应该乘高侯得胜之时，直接把矛头指向襄国。现在却把大军投入没什么作为的金墉城下。这种人一点不可怕。以你的智商和威望，直接出现在他的面前，他看到你的旗号就会逃走。平定天下，就全靠这次战斗了。谁丢掉这个机会，谁就会犯下历史性的错误。

石勒一听，这才是知音！马上下令，全国戒严，谁再提反对意见，就砍他的脑袋。然后下令石聪、石堪以及豫州刺史桃豹带部队到荥阳会师；叫石虎进到石门，然后他亲自带着四万部队从大堨渡过黄河，向金墉城进军。

双方最后决战，已到一触即发的地步。

这时，石勒信心很足，可刘曜却一点表情也没有。在石勒多路大军呼啸而来时，他却一点动静也没有，表现得很文明。

其实他仍然有机会。

可他并不是一个善于抓机会的人。以前，他已经丧失了很多机会，但那些机会没有给他造成历史性的损失。

但现在，这个机会对他而言，是生命中最后的机会。

石勒当然看出刘曜的机会，他对徐光说：“曜盛兵成皋关，上策也；阻洛水，其次也；坐守洛阳，此成擒耳。”

可是，刘曜硬是不知道他的机会是把部队布置在成皋关，凭险把石勒的大军死死挡住，进退不得，而按照石勒愿望，把部队全部放在了洛阳。

石勒来到成皋关时，只见这个地方空荡荡的没有刘曜一个士兵，紧张的心情马上变得爽起来，大叫：“天也！”

十二月一日，后赵各路部队全到成皋关集结，总兵力差不多九万，其中步兵六万，骑兵两万七千！

而刘曜对此居然一点不知情，对局势的麻木已到了极点。

刘曜一丢掉机会，石勒就紧紧地抓住。他命令广大指战员，“卷甲衔枚，诡道兼行”，继续保持秘密行动，让那个麻木的刘曜继续麻木下去。石勒军很快从小路穿插到巩县和訾县之间。



刘曜明明是在你死我活的大战场上，不但没有一点作战的激情，反而像在太平盛世一样，把自己完全泡到颓废的生活中，每天跟那几个只知道溜须拍马的亲信在一起，以那些名士为榜样，不是比赛喝名酒，就是拿麻将来赌几个通宵。至于那些全天候为他站岗放哨的士兵，他一点不放在心上。

刘曜手下那几个还保持一点清醒头脑的人劝他要振作起来，现在是前线，血与火的考验就要到来。现在你最重要的任务是带领他们去打仗，而不是天天喝酒娱乐。这样做是危险的。

只要是正常人，在这个时候也会认为这些话绝对没有错。可刘曜这时已经不正常了，已经忘记了他是前赵国的皇帝，正带着举国之军与当代最强悍的人物之一石勒进行生死决战。他现在眼里只有那几个拍马屁高手，耳朵里只装得下那几句奉承的话，其他话他一概当作毒草看待。他听到这些话时，马上大怒，叫人把这几个神经不正常、妖言惑众、动摇军心的人抓起来，一个不留地斩首。

没几天，侦察兵跑来报告，说石勒的大军已经渡过黄河。刘曜的精神这才勉强提了上来，开始过问一下当前的形势，计划派部队去增援一下荥阳前线的力量，切断黄马关。

又过了不久，刘曜布置在洛水的巡逻部队跟石勒的前锋发生了一场遭遇战，抓到几个俘虏，送到刘曜那里。

刘曜亲自审问俘虏：“大胡自来邪？其众几何？”是你们老大亲自来了？来了多少人马？

这几个俘虏根本不用严刑拷打，马上就如实招供：“王自来，军势甚盛。”

刘曜一听，果然像徐光说的那样，内心高度紧张起来，马上下令，撤出包围金墉城的部队，全部到洛水西岸集结，做好工事。十几万人的部队连营十多里，看上去很壮观——至于这样做的目的是什么，连刘曜也说不清楚。

可石勒一看，就哈哈大笑起来，刘曜这么一来，正好是他说的那个下策，他对部下说：“你们可以准备跟我喝庆功酒了。”他一边笑着一边带着四万人的部队进入洛阳城。

石勒进洛阳，是要在这里布置与刘曜的大战。因此，他进入洛阳之后，马上就展开对刘曜的进攻。

这场历史性的决战，于十二月五日正式拉开序幕。

石虎带着四万步兵从洛阳城出来，向西杀去，攻击刘曜的中军；石聪、石堪率骑兵八千攻打刘曜的前军。

石勒对这场大战高度重视，亲自穿着铠甲从阊阖门出来，向刘曜部发动正面攻击。

与石勒相比，刘曜就差多了。

他从小就爱喝酒，年纪越大，酒瘾越厉害。这时大战已经打响，他就是在下达作战命令后，还在那里大叫“拿酒来”。“饮酒数斗”之后，才上马去指挥战斗。哪知，他平时常坐的红马的腿脚突然抽起筋来。

刘曜没有办法，只得换了一匹小马出来。他又觉得好像酒还没有喝够，又豪迈地叫人拿酒来，又给自己的肚里猛灌了一斗酒，这才来到西阳门，喷着猛烈的酒气，下令各路部队进入战斗位置，准备打仗，消灭来犯之敌。

可他才下达命令，石堪已经抓住这个有利的时间，向他发起总攻。

前赵的部队还没有进入作战位置，而且刘曜又喝了酒，哪能应付得了？被石勒军一阵猛攻，就全面崩溃了。

而这时，刘曜正在大醉之中，伏在马背上。那匹小马倒是不错，知道掉头就跑，可马腿却突然被石缝夹住。因为刘曜这些年来，体重一直居高不下，那匹马身小力弱，再也迈不开脚步，把刘曜摔了下来，落到雪地上。

后赵的士兵们风一样地冲了上来，各种兵器高高低低地举起，全砍向刘曜。这个前赵皇帝的龙体马上就产生了十多处伤口，其中穿透身体的有三处。而他居然没有当场死掉。

刘曜就这样在大醉中指挥战斗，在大醉中彻底失败，又在大醉中成为石堪的俘虏。而他的士兵们在他大醉的带领下，被石勒军痛打一顿，损失五万人。幸亏石勒在抓到刘曜后，发布紧急命令："所欲擒者一人耳，今已获之。其敕将士抑锋止锐，纵其归命之路。"其他人这才保住性命。

刘曜虽然杀了很多人，从来不把别人的性命当回事，可现在他的性命掌握在别人的手里了，就非常希望石勒能放他一马。他对石勒说："石王，颇忆重门之盟否？"意思是说，你还记得当年我们在重门结拜的事吧？原来十八年前，石勒还是刘渊的手下，与刘聪、刘曜、王弥一起围攻晋国的河内时，曾经结拜为兄弟。

石勒已经记不得了，可刘曜在紧急关头却把这事提了出来，想让石勒手下留情。

石勒一听，当时还真有这回事。一时之间，就说不出话来。

但他又不想让刘曜恢复身份，他自己不好出面说什么，就把徐光叫来，跟徐光把这个事叙述一遍，说："现在交给你这个任务，去把刘曜摆平。"

徐光马上去见刘曜，对他说："刘曜，你过去是跟石勒有过那回事。可现在已经这样了，为什么老提过去的事？"刘曜也没话说了——就是有话说，也知道再说什么也没有用。

十二月十一日，石勒班师。

这次战役，石勒终于彻底搞定了一个劲敌，成为中原地区最有实力的老大。而且这场战争，是在对方得胜占优的情况下取得的。可惜刘曜虽然身经百战，带着全国的主力，居然连连失误，犯了一连串低级的错误，最后输得一点面子没有。虽然双方摆开架势，从兵力和规模上看，完全可以打一场五十年不遇的大战，可到头来竟变成后赵部队对前赵士兵单方面的屠杀，场面很血腥，但一点不精彩。而刘曜都被人家俘虏了，还以为是做梦。

刘曜这时身负重伤，被放在担架上抬回去，他的专职医生还跟在他的身边。

二十五日，石勒回到首都，把刘曜放在永丰，还让他享受高级俘虏的待遇。石勒还让刘曜那几个老部下刘岳、刘震几个人带着他们的家属，来看刘曜。这几个家伙在当刘曜员工时，给石勒制造了很多麻烦。

刘曜看到这几个原死党，突然大发感慨，说："我以为你们都被杀了，哪想到，石勒居然这么对待你们，让你们过着这么好的生活。我却一刀杀死了石佗。对照起来，我确实有点过分了。现在落得这个可耻的下场，也不能怪别人啊。"

这家伙也算是个勇于承担错误的人。可在这个世界上混，光有承担错误的勇气是远远不够的。因为很多错误你是承担不起的。

刘曜留他们在他那里大吃大喝了整整一天，他们这才告辞回去。

石勒这么优待刘曜，当然不是看在当年结拜的分儿上，而是主要想软化一下刘曜，让刘曜写一封信给他的儿子——那位还守在长安的继承人刘熙，要刘熙马上投降。

刘曜虽然有点怕死，很想活下来，可在这个大是大非面前，态度坚决得很，只给他的儿子写了这么一句话："与诸大臣匡维社稷，勿以吾易意也。"要求儿子一定记住那句话，国家的利益高于一切，老爸这条命不算什么。

石勒一看，这家伙一点利用价值也没有了，就把他杀了。

刘曜当了十年皇帝，跟很多皇帝一样有个共同的爱好，就是爱美女。不过，他在这方面有点特别，就是喜欢霸占俘虏的老婆，而且对这些俘虏的老婆更是有情有义。那位羊皇后就是经典事例。羊美女死后，他又立了一个刘美女。哪知，他对美女不错，可美女们一到他那里却都短命，没几天这个刘美女也死了。刘美女死之前，也像那个羊皇后那样，请求他立她的堂妹为皇后，刘曜就把她的堂妹隆重地娶了过来。

光从人品而言，刘曜还算不错，其他水平虽然不突出，但绝对不差，如果他的对手不是石勒，他的事业是不会这么快就止步的。

# 第二章 都忙于内乱

## 乱予终于平定

刘曜死去不久，新的一年也悄然而来。

不过，这一年的春天，也跟近几年的春天一样，风和日丽之下，仍然是一片夹杂着血腥的混乱气象。

苏峻的残余势力还在挣扎，但已经人心惶惶，好多人的精神已接近垮掉的边缘。

晋国的光禄大夫陆晔和他的老弟陆玩，知道苏逸手下的人都是这个精神状态后，觉得立功的机会到了。两人把匡术请来，在饭局上，一边酒如流水，一边语重心长，把当前形势由浅入深、深入浅出地向匡术说了大半天，其结论当然只有一条，就是苏峻的残余势力，不久就要彻底完蛋。现在是老兄作出决定、改邪归正的最好时机。请老兄好好地为自己的前途着想，不要再追随苏逸了。

匡术本来就已经觉得没有几步路可走了，这时听到这话，当场就表示陆晔的话很正确。而且他知道，不管做什么事，都要抢先一步，否则，等投降的人太多，就不值钱了。现在走在人家的前面，立的是头功。所以，马上宣布把他控制的苑城——皇宫和政府所在地献出来，当作投降的资本。

那些正在水深火热中的文武百官都同时冒泡，松着一口大气前来报到，并一致推举陆晔为督宫城军事。

陶侃马上派毛宝守苑城的南城，邓岳守西城。

在讨伐军形势一片大好的情况下，刘超和钟雅等人也坐不住了。他们现在正跟在司马衍的身边，当小皇帝的监护人。他们作了个大胆的决定，想把皇帝从敌人那带出，跑到陶侃那里。哪知，这个决定是不错的，可保密工作没有做好，方案还没有实施，情况就泄露了出去。

苏逸当然不会对这几个家伙有什么宽大处理，派任让过去，把刘超和钟雅抓起来。

司马衍这时虽然还是个小孩，什么事也不懂，可这些日子来天天跟这两个人在一起，感情已经不一般，看到他们被抓，也知道情况不妙了，抱住两个人哭着叫喊："放开他们啊，放开他们啊。"

可任让却硬是把两人拖下去，斩首。本来，在苏峻的事件中，任让绝对不是主力骨干，如果来个秋后算账，他完全可以保住脑袋，可就因为这个动作，后来谁也保不住他。他现在只把司马衍当作小孩一个，除了哭闹之外，没别的本事。却想不到，苏逸的末路就在眼前，小孩一出去，马上就成了皇帝，皇帝要杀一个人，还不是小意思？

赵胤虽然前次打了个败仗，可那个败仗居然成为决定胜利的转折点。这时，他又瞄上了祖约。祖约这时躲在历阳，手里已经没有几个兵，看到赵部杀来，第一个感觉就是打不过人家。因此，他当机立断，带着几百个死党跑了出来，向石勒投降——他哥哥生前一直把石勒当作人民公敌，把与石勒作对当成毕生最大的事业来开创，而且已经把这个事业做得上了一定的规模，哪知交到他的手上后，他非但不能继往开来，把哥哥的事业推向新的高潮，反而靠老哥留下的遗产来跟朝廷叫板，可又没有叫板的水平，最后居然向哥哥的死对头投降。祖逖地下有知，绝对是个超级郁闷鬼。

赵胤很顺利地拿下历阳，他站在城头上宣布：祖约的势力就这样彻底完蛋。

苏逸还不甘心失败，带着一股怒火，带着苏硕和韩晃向宫城发动攻击，放火烧掉太极殿东堂和秘阁（皇家的图书馆）。

这时，与苏逸面对面的是讨伐军最强悍的毛宝。他现在手里没有多少士兵，只有死死坚守。他亲自站在城头，连续射杀几十个攻上来的敌人。

韩晃对毛宝大叫："老毛啊，你不是说你英勇无敌吗？敢不敢出城来，跟我大战三百个回合？"

毛宝的智力指数和武力指数一样高，他知道，现在的任务是守住这个危城，而不是为他的那个虚荣心而出城去跟韩晃单挑，马上说："人家也都说你是个大力士，为什么不进城来跟我决斗一场。"

韩晃一听，知道对这个毛宝没有办法了，只得大笑几声，退走了事。

咸和四年（329年）二月十三日，晋国讨伐大军西路军决定向石头城发起最后一战。

苏逸的部队到了这时已经全部丧失信心，战斗力大打折扣，连招架之功也没有了。

讨伐大军表现得最出彩的是建威长史滕含。他带着他的部队跟叛军的老大苏逸直接对垒，一点不费力地把苏逸打得大败。

苏硕带着部队渡过淮河，想来个积极防守，哪知碰上温峤。苏硕虽然强悍，但手下只有几百人来面对温峤的那么多人马。而且他的防守一点也不积极，被温峤部队狂扁一顿，连脑袋也被人家砍下。

韩晃知道苏家两大巨头一逃一死，也怕了起来，知道再在这里待下去，跟等死没有什么两样，就作出了放弃石头城、奔向曲阿跟张健部会合的决定。这个决定好下，可行动起来就不那么流畅了。一群早对前途彻底绝望的人都争着向城外冲去。只是逃难的人数太过庞大，而城门太小，大家都用力往外挤。据后来统计，光被挤死的人就有一万多——比一次大战的死亡人数还要多。

苏逸也没逃出去，被陶侃的部队抓住，当场斩首。

滕含的部将曹据在乱军中找到司马衍，赶紧抱着小皇帝跑到温峤的指挥船上。

找到小皇帝的消息很快被传开，大家都跑过来向小皇帝磕头请罪，说苏峻该死，敢把天子折磨成这个样子；他们也该死，没能好好地保护全国人民的英明领袖，请皇上处分他们——不管怎么处分都不过分。谁都知道这是屁话，要是司马衍真的要处分他们，他们不大声叫冤才怪。

最后，只处死了几个叛徒：司马羕并其二子播、充，还有他的孙子司马崧及彭城王司马雄。这个司马羕死得有点不值得。他本来受司马宗的牵连，被庾亮毫无理由地处分了一次，心里就高度不平衡起来，在苏峻占领建康时投降，哪知，苏峻根本不是做大事的人，没几天就被人家摆平，司马羕这次是真的站错了队，幸福生活没享受几天，就招来杀身之祸，连同几个儿子也被杀。

还有那个任让。作为叛乱集团后苏峻时代的骨干分子，当然也属于清算的对象。可这哥们儿跟陶侃有交情，陶侃就出面帮他说情。这次摆平苏峻反动势力，靠的全是陶侃的力量，按理说，陶侃一出面，求一个人情，那是谁也不敢不同意的。哪知，司马衍却坚决反对，当场用他清脆的童音说："是杀吾侍中、右卫者，不可赦也。"当场指控他是杀害刘超他们的凶手，谁都可以原谅，唯独这个穷凶极恶的家伙不能原谅。

到了这个地步，陶侃也没有办法，这个皇帝虽然还小，但他到底是皇帝，是全国最能说了算的最高领导人。谁反对他，谁就是反对中央，反对人民。

于是，任让不得不吞掉这个自己一不小心种下的恶果，被押赴刑场，执行死刑。

进入首都后，最狼狈的是王导，他当时溜出建康，留下性命，可那根"符节"也不知丢到什么地方去了，这次胜利归来，做的第一件事就是叫人帮他到处去找这根东西。

陶侃这时对王导也没什么好感，对他说："苏武节似不如是。"当年苏武拿那根符节时可不像你这样啊。那才是真正的忠臣。

王导一听，那张名士的脸红红的什么话也说不出。

这时，苏家军的残余力量还没有被消灭，还在曲阿盘踞。现在这股力量的带头大哥是张健。张健跟很多人一样，事业一走下坡路，疑心就直线上涨，只要眼皮一跳，就怀疑某些人要搞他。这时，他怀疑的人是弘徽，觉得这时内部更应当保持纯洁，因此就把他杀了。杀了这些“内部敌人”后，张健觉得再死守曲阿也不是好办法，就带着部队从延陵南下，准备攻占吴兴，开辟新的根据地。

哪知，新的根据地是个什么样子还不知道，在半路就被王允之的部队拦击。这时的张健才知道，他的部队已经脆弱到谁都可以欺负的地步了。王允之部队的杀声一起，张健的士兵们就发疯般地狂逃。

王允之轻松地俘虏了一万多人。

张健组织不起抵抗，只得丢下船只，带着剩余力量去跟韩晃和马雄两个好汉会合。本来，韩晃是苏峻部队里最强悍的牛人，打起仗向来风风火火，是苏峻手里最闪亮的头号王牌。可到了这时，这张王牌也彻底失色了。

三人还在心事重重地商量着继续南下，只有南下才是他们生存的唯一出路。可这个出路还没有走几步，郗鉴已经派参军李闳带兵队追上来。在平陵山一带追上这三个家伙，只一战，就把三个人全部收拾，一律斩首。

苏峻的叛乱事件至此才宣告全部结束。

接下来，开始战后重建工作。

这次动乱，损失最大的就是建康。苏峻在嚣张时，曾经毫不可惜地一把大火把皇宫的建筑物全烧成了灰。

很多人都认为，这个地方不宜皇帝居住办公了。连温峤看着那堆灰，也觉得完全符合迁都的条件，要求把首都迁到豫章。

另外那几个三吴本地的人一听，要是把政治经济中心移到那个地方，我们这里还有什么意思？便都要求最好把首都迁到会稽，那地方“有崇山峻岭，茂林修竹；又有清流激湍，映带左右”，一迁过去，马上就“群贤毕至，少长咸集”，不但是办公的好地方，也是喝酒玩艺术的最佳去处。

大家说的都有道理，争吵了大半天也没争出什么结果、吵出什么决定来。这时，王导出来发表了自己的意见。大家这才发现，原来政坛头号大佬还没说过一句话啊，便都看看他怎么说。

王导说："孙仲谋、刘玄德俱言'建康王者之宅'，古之帝王，不必以丰俭移都；苟务本节用，何忧凋弊？若农事不修，则乐土为墟矣。且北寇游魂，伺我之隙，一旦示弱，窜于蛮越，求之望实，惧非良计。今特宜镇之以静，群情自安。"他先从风水的角度说明，建康是皇帝最宜居的地方，然后又说选首都不是要看什么商业的黄金地段——如果从今天开始，个个都发扬艰苦奋斗、实干加巧干的革命传统，还怕首都繁荣不起来？如果大家都争当懒汉，再繁荣的地方也会衰落。而且从战略的角度来看，现在北方的胡人还死盯着我们，时刻都把我们当作他们眼皮底下最好吃的肥肉，时时刻刻都在寻找机会把我们搞定。如果我们现在南迁，等于是在告诉所有人，我们底气已经不足，要跑到南方去躲一躲。这是懦夫的行为，对外没有威信，对内则难求平稳，绝对不是好办法。所以，现在要做的是保持镇静，先把人心稳定下来。仍然是那句老话：稳定压倒一切，首都不能再移。

大家一听，都觉得有道理——即使有不服的，也只有在心里讲着那几句反对意见，不说出来。

迁都之事被王导一票否决，他下令重建家园，然后评功论赏，大力表彰有功人员。

## 继续和稀泥

功劳最大的当然是陶侃，虽然陶侃在这次事件中带着情绪，闹着意见，多次动不动就要大牌，发飙威胁，要打退堂鼓，弄得大家心情超不爽。但后来还是听了大家的劝告，以国家利益同时也是他的利益为重，坚持了下来，带领大家与苏峻集团死磕到底，取得了最后的胜利。如果没有他那庞大强劲的荆州军团隆重地摆在石头城外压垮苏峻，估计现在大晋的天下已经变成苏家的地盘了，他们这些人恐怕大多都成了苏峻刀下之鬼了。因此，不管怎么说，陶侃功远大于过，而且他的功劳谁也比不上，谁也不能抢他的功劳。大家都知道，上一次遗诏之事，他就怀恨在心，那个情绪现在还在他的脸上，如果再不记他的首功，后果就会很惨。

先是二月二十九日，中央撤销湘州，把原湘州的地皮全部划归到荆州，成了陶侃的势力范围。然后是三月十日，下诏，以陶侃为侍中、太尉，封长沙郡公，加都督交、广、宁州诸军事——此前，陶侃已经都督荆、襄、雍、梁四州，现在又给他加上三个州。以前四州中的雍、梁二州直到现在还是石勒的地皮，陶侃只是名义上的"一把手"，现在这三个州可是实实在在的三块地皮，是完全可以让他的势力壮大起来的。郗鉴为侍中、司空、南昌县公；温峤为骠骑将军、开府仪同三司，加散骑常侍、始安郡公；陆晔晋爵江陵公。其余的也都不同程度地涨了几级工资。还认定卞壸等那些战死的人，让大家知道，只要坚定不移地与朝廷保持高度一致，都是可以有好果子吃的——就是死了在记功时也不忘记。

这套表彰方案是王导主持搞起来的。

王导绝对是个人精，是政坛老滑头，更是和稀泥的高手，做得最多的事就是不得罪人的事。表彰完这些有功之臣后，又表彰那几个从苏峻阵营里投降过来的人——路永、匡术、贾宁等，这几个家伙都是苏峻的死党，后来在苏峻危急的时候转变立场，赶紧跳槽，没有像张健、韩晃那样把苏峻死党坚持到死的那一天。王导还是准备拿出几个官位，让他们有一个继续为人民服务的机会。

温峤一看，觉得不爽，马上坚决反对："永等皆峻之腹心，首为乱阶，罪莫大焉。晚虽改悟，未足以赎前罪；得全首领，为幸多矣，岂可复褒宠之哉！"这几个家伙是苏峻反动集团的核心分子，在苏峻最嚣张的那一段时期，他们最为活跃，对国家对人民犯下了滔天罪行。他们后来虽然有点觉悟，主动站到人民的立场上，但远远不足以抵罪，现在能让他们继续活下去，保住那颗头，已经对得起他们了，为什么还让他们当官？

王导也不坚持——反正我已经有过这个方案，是温峤坚决反对的，你们要恨就恨温峤吧。和稀泥的人就是这个特点，谁都不反对，自己永远站在中间，把握好中间位置，这辈子就什么都不怕了。

王导做好人的积极性还是一点没有降低。他又提出让卞敦出来工作。卞敦原来是湘州刺史，在陶侃和温峤到处发布讨苏文告，要求各地牛人同心同德、联合起来、打倒苏峻反动派时，卞敦由于私心作怪，怕自己的实力受损失，就只派督护带几百个下等兵去敷衍了事。大家一看，都气得不行。苏峻事件被平后，陶侃马上控告卞敦，在大是大非面前把自己的利益看得比国家的利益还重，既不派兵参与平乱战斗，也不给大军提供粮草。这种不作为跟敌人的帮凶有什么区别？请把他抓起来，交付司法机关。

王导又出面为卞敦求情，说，现在刚刚平定内乱，量刑宜宽不宜严，而且也是需要人才的时候，所以对卞敦应该宽大处理，让他去当安南将军兼广州刺史。卞敦这时正在病中，不能去新单位报到，就又让他当光禄大夫、领少府。连卞敦都觉得自己的做法过分了，越想越觉得没脸见人，最后居然“忧愧而卒”。

王导作为晋室南渡之后最资深的元老，是现政府的奠基人之一，三朝帝师，长期在朝廷说了算，不管是人气还是权力，都是第一号人物，就是司马睿对他都客气三分，水平和能力大家都看得见，而且还算是个一心为国的政治家。可就是这么一个可以称为划时代的人物，居然也是个和稀泥专家，把人情事业当作为人的第一要务，而且还带头把这个爱好拿到官场隆重推广，其他人就不用说了，讲人情成了当时政治场上的主流，偶然有几个讲原则的，都没有立足之地。晋国南渡之后没有再振作起来，与王导倡导的这种风气的盛行，也有很大的关系。可以说，王导打下了东晋的基业，同时也为日后的衰落作了铺垫。

最后，大家认为，温峤讲政治、有能力、坚持原则，这次在平定苏峻事件中，他的部队虽然不多，战场上贡献虽然不是最大，但他积极做好陶侃的思想工作，调动了大家战胜苏峻反动集团的积极性，坚定大家必胜的信心，其大局观明显摆在大家面前，因此，都认为应该让他留在朝廷工作，当皇帝的得力助手。

现在朝廷最需要这样的人才。

可温峤却认为，王导是几朝元老，是先帝亲自选定的辅佐大臣，这个地位谁也不能动摇。我是什么人？有份工资领、能混一口饭吃已经不错了，哪能跟王导平起平坐？还是回原就职地工作的好。

温峤回武昌时，看到建康已经破败得不成样子，觉得心头很酸，就把部队的很多物资和生活用具都留了下来，算是支持首都的重建工作。

现在心情最不好的是那个庾亮。他靠着自己的老妹，一夜之间爬到权力的最高点，鼻子就猛高起来，把少年得志的劲头超水平发挥，把人家都看成菜鸟，总以为自己的神经比人家多几条，谁的意见也不听，最终酿成这个国家的悲剧，连他老妹的性命也丢了。他经过了一场变故，调子也下放了起来，这些天一直不敢出来。在司马衍要离开石头城时，他过来晋见，什么话也不说，直接就隆重地跪下来，把头磕得咚咚响，接着泪水也流下来，显得心情很复杂。

司马衍虽然恨庾亮杀过那个白发的老爷爷，但庾亮到底是他的舅舅，而且那事又过了这么久，这时看到舅舅这个可怜相，内心也不忍，就叫庾亮起来，跟他同车一起到皇城去。

庾亮的心结还没解开，第二天又把跪拜的动作重复一遍，强烈请求狠狠地处分他，而且要求皇帝答应让他提前退休，带领全家离开首都。

司马衍虽然只是个小孩，可也知道，这个舅舅虽然水平很菜，但出发点没有错，而且现在自己就这么一个拿得上台面的亲戚了，哪能让他离开首都。因此，他立即亲自写了一封信："此社稷之难，非舅之责也。"

庾亮读了这两句话后还没有完，又给司马衍上书，作了一次深刻的检讨，说，祖约和苏峻集团之所以能够祸国殃民，把国家危害到这个地步，都是我的原因，即使把我包成人肉馒头，发给全国人民吃，也不足以谢罪。朝廷完全可以不把我当人看待了，我也没有脸面在这个世界上混下去了。现在皇上虽然原谅了我，还让我活下来，可也应该完全把我像生活垃圾那样丢掉，让我自生自灭，这样天下人才知道这个世界还有王法啊。

可司马衍仍然不同意。

其实谁都知道，庾亮这是在作秀，他肯定知道，司马衍不会对他怎么样，所以只有不断地请罪，不断地解剖自己的世界观，说是向皇帝作检讨，可皇帝才多大，知道什么叫检讨？他这是做给天下人看的。

当然，如果只作这个纸上秀，也算不得什么深刻。他又做了一只大船，说是准备坐上这条船从暨阳东出，去海边玩完这辈子。可皇帝又下命令，江边的检查站把这条船没收了。一看就知道，他并不是真心要去海边流浪的。如果他真的想去，为什么不把这个工作做得隐秘一点，一定要弄得大家都知道，让司马衍出面把船只没收归公。于是他写了一个报告，要求“外镇自效”，去当地方官，从基层做起，实实在在地为人民服务。

没几天，中央下文，同意他去基层：出为都督豫州、扬州之江西、宣城诸军事、豫州刺史，领宣城内史，镇芜湖。一看这个文件就知道这个基层起点实在太高了，手中掌握的力量跟陶侃差不多。可这是组织和人民对他的信任，没有办法，只有当下去，才不辜负皇帝和人民的期望。

庾亮大作了一场逃跑秀，终于成功地走出了人生的低谷，成为晋国为数不多的牛人之一——虽然职务远比以前的首辅大臣低，但却比以前更有实力。以前靠的全是朝廷的大旗号令天下，人家看在司马氏的招牌上，才理他一下，可那些牛人他就根本动不了，他稍微一牛，苏峻和祖约马上就翻脸，刀枪并举打进首都，如果逃得不快，他那颗愤青脑袋早就被苏峻挂在哪个地方，让大家观看了。后来，他仍然是靠着陶侃这些牛人把苏峻搞定，所以他知道，在这个不正常的年代，只有成为一个牛人，前途才有保障，生活才能幸福，其他的都是虚的东西。

到了四月二十三日，温峤突然发病去世。温峤是晋室现在少有的人才，有勇有谋，而又没有一点野心，搞定王敦，靠他的谋略；平定苏峻，他是核心人物。而且他也是个帅哥，人气也长期高居榜首。可这样的人只活了四十二岁，放到今天，正是年富力强的好人才。如果他还能多活几十年，最后肯定成为晋国实际最高领导人。他虽也属名士中人，可却很有实干精神，不求务虚，只干实事，要是能掌大政，以后一段时期内的历史情节一定会更加精彩。

可这样的人却偏偏死去了。

司马氏只能徒唤奈何！

于是，晋国的方向盘继续由士族们掌握，柔弱地往前开路。

晋朝廷接着又进行了一项糟糕的人事任免，让刘胤接替温峤的位子。

这个人事建议才一提出，马上就遭到很多人的强烈反对，态度最坚决的就是陶侃和郗鉴。两人一致认为刘胤“非方伯才”——没有当地方牛人的本事。可王导却硬是不同意。王导自己很有才干，可由于“人情”思想作怪，常犯用人错误的毛病。

很多人知道，当面跟王导谈这个问题，他根本不会听进耳朵里，就来了个曲线救国，找到他的儿子王悦，对王悦发了一顿牢骚:“现在是什么形势，是大乱刚刚平定、广大人民群众的生活还没有稳定下来的形势，到处是逃难逃荒的难民，这些成千上万的难民大多都是分散在江州一带的。江州可不是一般的州啊，是我们南方的屏障，战略地位很重要，需要一个高水平的人在那里当一把手。刘胤是一个只会骄傲蛮横、热衷于公款吃喝而又懒得要命的家伙，满脑子里装的全是享乐主义，没一点实干精神。派这样的人到这么重要的地方当政，不出外患，也会发生内乱。”

王悦说:“这是温峤临死时的最后请求。”

原来刘胤此前是平南军司，而温峤就是平南将军，刘胤相当于温峤的参谋长。估计刘胤平时在温峤那里捧得很有水平，把向来严肃公正、眼睛雪亮的温峤也搞得心服口服，而且还把这个稀里糊涂保持到死的那一天，最后向王导极力推荐这个天下人都认为是不能重用的家伙。而王导又是个天生爱做老好人的人，不但不会得罪活人，连死人也不得罪。

大家听说是温峤的意思，也就没话了——但我怀疑，这是王导编出来的故事，王导肯定也知道，刘胤不是什么好人，但自己不想得罪他，又不想得罪大伙，怕以后又落个用人失误的把柄，就把责任推到温峤的身上。

刘胤一到任，马上就找到了当超级牛人的感觉，现在他就是全国有数的牛人了，是可以在江州这个地方说了算的人了。估计再过几年，朝廷那一帮人都得看他的脸色办事了。当然，刚坐上刺史这个位子，在心头偷偷骄傲一下，满足一下那个虚荣心，然后把精力全部投入无限地为人民服务中去，也是人之常情。可他一到任，马上就先评估自己现在手中的权力价值能为自己谋到多少利益，然后用这个人民赋予的权力公开为自己谋私，拿着刺史大印做起走私行当来。没几天，财富就直线上升，直追当年的石崇。

手里有了钱，刘胤就像个心情浮躁的暴发户一样，每天只喝酒泡妞，别的一概不管，生活和工作作风又是王澄的翻版，把江州的政事统统丢在一边。

过了一段时间，也就是咸和四年（329 年）的十二月，王导主持的朝廷又下了一个文件，提拔郭默为右将军，到朝廷工作。郭默接到通知之后，心情极为不爽。

郭默虽然长期在边关工作，经历了很多战斗，按说是个有丰富战争经验的军事指挥官，可在李矩危急时，他只身逃命，李矩差点儿被杀了，后来为郗鉴守京口时，阵地还没有沦陷，他早已人间蒸发，差点儿把讨苏大业毁了。按道理说，这样有着多次临阵逃奔事例的人，早就该军法处置了，可他硬是生活在一个神奇的国度，逃一次升官一次。

不过，这一次升官他有点不乐意了。他长期在边关工作，比谁都知道，边关是个危险的地方，可他有逃跑的经验，再危险的地方也能发挥特长，一跑了之，因此，他觉得一点也不危险。他只是知道，边关“第一把手”是块大大的肥缺，谁拿到这个大印，谁就牛气冲天，想干什么就干什么，牛到一定程度后，可以不把朝廷的话当话，可以让自己的儿子接过自己的班，可以让这个辖区成为自己的独立王国，远比在朝廷当高官幸福得多。因此，郭默就不愿意上调朝廷，可自己又不好意思反对，就找到刘胤，请他帮忙美言几句。这个郭默知道，刘胤跟王导的关系肯定不一般，否则王导绝对不会这么“力排众议”让他当上江州刺史的。

可刘胤现在一点也没有助人为乐的想法，一听郭默的话，马上就脸上堆笑地说：“老郭啊，你太抬举我了。在这个世界上，我算老几？现在连自己的很多事都搞不定，正想请老兄出面帮忙呢。”

郭默一听，看来只有服从提拔了。

当然，如果事情只到这个地步，也就没什么了，可这个故事还在发展。

郭默准备动身的时候，不知哪根筋不正常地跳了一下，又去找刘胤，说我要走了，刘老大你就给点路费吧。他知道，现在刘胤肥得要命，这些赞助算什么，肯定会爽快地甩出来。可刘胤那张脸仍然一点表情也没有，说："我也是领财政工资的人，我的待遇跟老兄一样啊。财政的钱虽然还有点，可这个主我做不了。"

郭默一听，知道刘胤这家伙已经不把他当人看了。不但刘胤不把他当人看，就连那个张满也不把他当一回事了。他又把张满对他的轻视回忆了一遍——张满不知道是什么原因，长期以来就看郭默不顺眼，而且不顺眼到极端的地步，有一次，郭默来找他，他居然脱光衣服，裸奔出来，在郭默面前亮相。郭默气得要死。

张满都敢这样对待他，还不是因为有刘胤帮他撑腰。

正在这时，那些对刘胤不服气的人组织了很多材料，上书朝廷高层，弹劾刘胤："今朝廷空竭，百官无禄，惟资江州运漕；而胤商旅继路，以私废公，请免胤官。"

诏书发布之后，刘胤还牛得很，坚决不服从，还上书大喊冤枉。

这时，一件偶然的事把这个故事推向了高潮。

有个叫曹肫的无业人员，看到一个美女长得很合他的意，就硬抢过来。人家告到张满那里。张满叫曹肫把人家的美女送回去，这种违法乱纪的行为要不得。

可曹肫不但不理，反而跑到郭默那里，对郭默说："刘胤连皇帝的话都不放在眼里，把诏书丢到垃圾桶里，准备做谋反的勾当。现在他跟张满已经做好了方案，之所以没有立即实施，怕的就是你啊。他们现在计划先把你搞定。我现在把知道的消息告诉你，信不信是你的事。"

如果郭默的脑袋稍一冷静，就知道这话肯定是挑拨他与刘胤之间关系的假话，以达到别有用心的目的。可现在郭默的脑袋被这话一刺激，马上大叫部队集合，进行了作战动员和作战准备。等到第二天，刘胤的办公大楼一打开，他就带着部队喊杀连天地冲了进去。

刘胤的手下还想抵抗一下，郭默大叫："我接到诏书，中央要求讨伐刘胤。谁敢反抗，谁就是刘胤集团的骨干分子，谁就会被灭三族。"

大家一听，都站在一旁，自觉自愿地加入郭默。

郭默带着部队威风凛凛地一直冲进刘胤的内室，把全是酒味的刘胤从床上拉出来，大刀一挥，就把那颗才牛哄哄几十天的头砍了下来。

搞定了刘胤，郭默迅速全面控制了局面，然后把那个敢于在他面前裸奔的张满抓了起来，说他是刘胤的军师，是谋反的头号骨干，杀掉！郭默后来看到刘胤的女儿和小妾一个比一个漂亮，也把她们抓起来，在一个阳光灿烂的日子里把她们浩浩荡荡地赶到船上，说是送去审判。可半夜又将这些美女带了回来，全都判成自己的家庭成员。

郭默面对敌人时，胆子小得要命，可这时胆子却大得要命，派人把刘胤的人头送到首都后，还自己造了一份假诏书，以证明自己是奉诏讨贼，做得合法合理，不管对国家对人民都是功劳很大的。

郭默知道，自己的这个行为做得大了，即使朝廷那几个以王导为首的和稀泥的领导集体不会对自己怎么样，其他牛人也会跳出来跟他对抗到底，一来可以为国立功；二来可以借机扩大自己的势力，因此也做好充分的准备，还拉拢谯国内史桓宣跟他一起干大事。

桓宣虽然没实力，但政治立场却坚定得很，当场拒绝："找造反的合伙人找到我，你找错人了。"

第二年，也就是咸和五年（330 年）的正月，刘胤的那颗脑袋被送到了建康。

大家一看，这家伙终于多行不义必自毙了。只是郭默做得太过分了，也不事先跟朝廷通个气，就捏造朝廷的命令，搞定朝廷任命的一个刺史。这个例子一开，以后就国将不国了。比较起来，这个郭默比刘胤还要可恶和可怕。刘胤固然该死，郭默更不能活下来。

可王导却认为，这个郭默不但善于逃跑，而且拼起命来也还是有两下的，是个骁勇善战的人物，不容易摆平，现在先不要动他。因此，就顺着郭默的意思，任命他当了江州刺史，还把刘胤的人头挂在朱雀桥那里示众，表示郭默做得对。

陶侃对这件事一直高度关注，一听到这个消息后大骂："此必诈也。"马上发布命令，讨伐郭默。

郭默早就预料到陶侃会第一个站起来跟他对抗，他也知道，他不是陶侃的对手，因此，就赶紧复制了一份任命陶侃为江州刺史的委任状，派人送给陶侃，想把陶侃堵住。

陶侃的几个手下也对陶侃说："老大，如果郭默没有得到朝廷的批准，恐怕没有这个胆子吧？如果一定要把郭默搞定，也得先上报朝廷批准一下……"

陶侃没有耐心听下去了，厉声说："现在皇帝年纪还小，诏书怎么写，他一点也不能做主，全是那几个和稀泥的家伙在干。刘胤虽然是个菜鸟，但也不用杀死他啊。这个郭默除了在敌人面前逃跑之外，还在自己的土地上残暴得要命。他一定会认为，现在天下乱子刚平息，法制还不健全，才敢这么忽悠朝廷、忽悠人民的。"

不过，他骂过之后，还是派人到建康，向朝廷报告了情况，然后还给王导写了一封信："郭默杀方州即用为方州，害宰相便为宰相乎？"郭默杀了刺史就让他当刺史，明天谁杀宰相是不是就让他当宰相？

陶侃的这两句话果然把和稀泥的头号人物王导的神经狠狠地刺痛了一下——因为，现在王导就相当于晋国的宰相啊。王导马上叫人把刘胤的头收了回来，给陶侃写信说："默据上流之势，加有船舰成资，故苞含隐忍，使有其地，朝廷得以潜严；俟足下军到，风发相赴，岂非遵养时晦以定大事者邪！"主要是因为郭默占领了上流，有船又有财力，怕他一发飙就杀到建康，事情可就闹大了，这才从大局出发，暂时容忍他，以争取时间，集结军队来对付他。等陶侃到达时，中央军就与你的部队会合，一起把他搞定，这是全胜之策。

陶侃一看，哈哈大笑："是乃遵养时贼也！"

陶侃终于笑了起来。他当了荆州刺史之后，心态也发生了很大的变化，原先的大局观越来越枯萎了，保存实力的念头越来越重。温峤请他全面领导讨伐苏峻同盟军时，他先是不肯，后来又多次在关键时刻耍大牌，差点儿让讨苏大业泡汤，这时却积极得要命。其中原因，仍然是自私在作怪。因为，像郭默这样的人不坚决打倒，恐怕刘胤的下场就会在自己的身上重蹈。

这时，庾亮也请求出兵讨伐郭默。庾亮低调了一段时间，以致好长时间，大家都听不到他的声音了，这时也找到出镜的机会，表现一下，让大家记得他庾亮不但还活着，而且又牛起来了。

他的这个请求很快得到朝廷的批准，封他为征讨都督，带两万人的部队去跟陶侃会合，一起去搞定郭默。

郭默一看，这才知道自己估错了形势，没有可以称王称霸实力的人，对抢班夺权的事，不能做出一点行动。他知道，自己哪是陶侃和庾亮的对手，又想逃跑。他想放弃寻阳，南下豫章固守。可这次他的逃跑工作做得不及时，还没有起步，陶侃的大军已经轰隆隆来了。

郭默没有办法，心里想，既然跑不了，那就打一场，说不定我不跑了，这仗就能打赢。他马上出战。可这才知道，自己打仗的水平比逃跑的水平菜多了，一接触就打了个败仗，立马回到城中，决心坚守到底。他为了表示自己固守几年绝对没有问题，就叫人把粮食搬出来，做成堡垒，让陶侃看看他有的是粮食。

可陶侃却不理他这一套，在城外大搞基础建设，打造了一座高于城墙的土山，然后叫战士们每天轮流到上面免费观光，顺便看住郭默。郭默就是上厕所，都在士兵们的眼皮底下蹲着。

到了三月份，庾亮的部队开到，不久，其他各路大军也全部来到。

郭默还在拼命鼓励大家死守，说只要再过一段时间，他们就会退走。他们一退走，江州的天就是咱们的天。

可大家都知道，他这么大喊大叫，其实全是在骗兄弟们为他卖命。而且政府军这么强大，城里就这几个士兵，能打下去吗？军心马上动摇了。

到了五月十九日，宋侯再也支持不住了，他认真地想了一下，觉得把郭默捆起来，比跟城外政府打仗容易多了。他这么一想，怕别人抢在他的前面，马上采取行动，带着几个兵雄赳赳地去找郭默。郭默听到这么隆重的脚步声，抬头一看，宋侯真是人才，手下士兵的精神面貌还这么好，这仗看来有指望了。

他正想表扬几句，哪知他的嘴巴还没有张开，宋侯的手一挥，那几个精神面貌很好、很强大的士兵已经冲了上来，一把将他按倒在地，然后把他捆起来，又把他的儿子也如法炮制——刚才还威风凛凛的郭老大，马上就变成了阶下囚。

郭默以前能在石勒部队的围攻下成功逃跑，最后在自己的地盘上却跑不了了。

陶侃就在大营前面，当众把郭默以及四十多个同党的脑袋砍了，直接送到首都，报告郭默事件在朝廷的正确领导下、在广大指战员的英勇奋战下，已经胜利平定。

朝廷马上下文，把江州划入陶侃的势力范围，陶侃兼任江州刺史，使得陶侃的州数增加到八个，成为比当年王敦还要牛的人。同时，任邓岳为都督交、广诸军事，兼广州刺史，对庾亮也大力表彰了一通。

陶侃回去之后，把自己的大本营移到武昌。庾亮也回到自己的住地，把新授予的官爵都辞掉，继续把谦虚谨慎的做人态度摆给人家看。

## 石勒老了

在晋国内部动乱一次接着一次时，前赵的残余势力也彻底完蛋。

刘曜被俘的消息传到长安，他的儿子刘熙知道后，就怕得要命——老爸那么英勇善战，都成了人家的俘虏，要是石勒军攻到长安来，那可就不妙了。马上跟他的老哥刘胤商量，是不是可以退到西川去，先保住秦州。

尚书胡勋说："现在老大虽然不在了，可咱的领土还保持完整，广大指战员还保持军心稳定，完全可以拼死抵抗一下的。如果真的不行了，再学郭默也还来得及。"

这个建议还是不错的，如果刘氏兄弟的脑子和胆子都适合当老大的话，肯定会采纳这个建议，石勒看到他们准备好，也未必敢穷追猛打。

可刘胤这时比他的弟弟更晕，一听这话，就生起气来，说胡勋你到了这个时候还敢“蛊惑沮众”，你以为我不敢杀你？马上就叫人把胡勋拉下去砍头，然后带着所有百官集体狂奔到上邽。他以为跑到上邽就安全了，可其他地方的人看到高层都放弃了首都，看来前景一点不乐观了，都跟朝廷保持高度一致，全部弃城逃跑，免得晚了一步，那可不好了。

如此一来，关中大地一片混乱。本来，蒋英和辛恕还有点骨气，组织了十多万人的部队前来保卫长安，可一看到这个情况，就知道没有必要再跟在刘氏的后面了，马上派人去跟石勒的部队沟通，协商投降事宜。

石勒一看，一个兵都没有冲过去，那边十万人的部队先降了过来。这仗不打，实在太过意不去了。马上派石生带着洛阳的人马进入潼关，不费吹灰之力就占领了长安。

到了八月，刘胤的心态才回到正常状态，知道长安已经完蛋，这才后悔起来。他决定带着手下几万人从上邽出发，准备收复关中地区。

刘家在这个地区当老大几十年，人脉还是不错的。本来，长安失守，大家的心都灰暗了下来，这时突然看到刘胤又亮出前赵的大旗，而且带着这么多大兵冲过来，便又充满了信心，纷纷起来响应。一时间，陇东、武都、安定、新平、北地、扶风、始平等郡县都打起了刘氏的旗号，声势突然又高涨起来。

刘胤带着大军，大步开到仲桥——长安就在前面。

石生看到刘胤兵势太大，哪敢做出迎战的蠢事，命令关掉城门，等老大的援兵。

石虎带着两万人的精锐部队狂奔而来，援救石生。

如果光按简单的加减法运算一下，刘胤部队的数量是石虎的数倍，打起来，肯定胜利是没有悬念的。

可战斗力有时不是这样计算的。

双方在义渠全面接触，前赵部队数万人不堪一击，直接损失五千条性命，便回头狂跑。

刘胤又往上邽方向逃窜。石虎在后面猛烈追击，大砍大杀，“枕尸千里”。刘胤虽然成功地逃到上邽，可却没有成功地守住这个地方。他才进城，敌人也跟着追杀进来。刘胤的逃跑线路就走到了尽头，跟他的弟弟刘熙及诸王公卿将校以下三千余人全成了俘虏。石虎看都不看，对这些前赵的最后精英“皆杀之”，宣告刘渊创立的帝国彻底完蛋。

这时是咸和四年（329 年）。

这个帝国从刘渊称帝开始，共存在了二十五年，经历了五个皇帝，没什么可圈可点的地方，但却用了两个国号，是中国历史上国号最多的朝代。

大家知道，原来刘氏集团的地盘中有很多是少数民族，这些少数民族的力量都不怎么强悍，因此都自愿加入前赵帝国，自愿挂上前赵的招牌，成为刘氏的附属国。这时总部一倒闭，他们也都换下旧招牌，举起石字旗，又成为后赵的合伙人。

石勒并不像刘曜他们那样，只要你一投降，承认他的统治地位，就又让你在本土当地头蛇，实行高度自治，而是把这些人全部实行异地安置，搬迁到内地，如果他们的老大确实有能力，就把他提拔重用。这一次，石虎把氐部落和羌部落十五万人都迁到司州和冀州，还推荐氐族的老大蒲洪为监六夷军事、羌族的老大姚仲弋为六夷左都督。这两个家伙后来都做出了一番事业来。

石勒的这些异地安置政策，一来可以增加中原一带的人口，保证后赵兵员的充足；二来也可以让这些人离开原籍，让他们融合到其他民族当中，成了没有根基的一群人，不再制造群体事件。石勒的这些政策一执行，对中国社会后来的发展起了很大作用：很多民族移至中原之后，经过多年的往来，最终全被汉族同化，成为汉族的成员。

彻底搞定刘曜之后，吞并了刘曜的地盘，石勒的势力范围高度膨胀，把他的事业推向了一次新的高潮。

石勒的心情当然越来越爽。

他手下那几个善于观察老大脸色的家伙一看，劝进的机会已经来了，就联名请求石勒来当皇帝。

石勒确实是个实干家，连这事也来个一步一个脚印，不愿一下就当上皇帝，而是先来个称“大赵天王，行皇帝事”，硬是把程序复杂化。但大家没有办法，现在是老大说了算，老大不急，你再急也是干着急。石勒当了大赵天王之后，封刘氏为王后，儿子石弘当接班人，其他儿子也都封王：其中石宏为骠骑大将军、都督中外诸军事、大单于，封秦王；石斌为左卫将军，封太原王；石恢为辅国将军，封南阳王。封石虎为太尉、尚书令，晋爵为魏王；石虎的儿子石邃为冀州刺史，封齐王；石宣为左将军；石挺为侍中、封梁王。其他人也都好好地封了一遍，让大家皆大欢喜。

可仍然有人不高兴，而且是关键人物。

这个人就是石虎。

石虎自从跟石勒的老妈来到石勒的手下后，很快成长为石勒手下最强悍的牛人。这些年来，石勒基本退居二线，重大的军事行动基本上都由石虎去完成。他满以为这次大规模的提拔，即使不能成为接班人，但当第二号人物还是可能的，哪知，却只捞了个太尉，心里超级郁闷，对他的儿子说：“老大自从到襄国之后，就基本退居二线，却派我到处去拼命。这二十多年来，我到处作战，不断地痛扁敌人，扩大版图，一共收复了十三个州。把国家打造成这个局面，靠的全是我。这个大单于的位子应该给我才是。可现在却让那个小孩来坐，气死老子了。等老大哪天一挂，我让他的后代全完。”

石勒这时正在很爽的心情中生活着，一点也不知道，他的事业在走向高峰之时，巨大的隐患已经产生——他的后代已经面临灭顶之灾。

当然，石勒后代的倒霉是以后才发生的，而马上倒霉的人就是那个祖约。

这家伙逃到后赵避难之后，虽然手中没什么权，但生活也还不错，以为这一辈子可以把这种财主生活过到头了。哪知，那个程遐却硬是看他不顺眼，劝石勒把这种既没水平、又不讲政治立场的人干掉。石勒一向也对祖约这样的人品很鄙视，就红笔一挥，宣判祖约死刑。可怜那些跟祖约跑过来的一百多人也全部被杀，至于他的妻子和女儿，就全部当成奖品，颁发给大臣们享受。

石勒当了几天赵王之后，手下那些人又代表全国人民强烈要求石勒应该正式当上皇帝，否则大家心里都不踏实。

石勒这才下决心当上皇帝。

石勒是在咸和五年（330 年）的九月举行登基仪式的。当然，这个仪式也没有什么创意可言，完全照抄传统版本：大赦，改年号为建平，其他官员都统统加几级工资，王后的职务变成皇后，世子改为太子，了事。

石勒虽然大字不识一个，平时签名都是画圈代替，可对读书人却很尊重。平时也要求他的儿子多读书。他的这个太子石弘也是块读书的料子，文章写得很不错。石弘还喜欢跟知识分子打成一片。石勒开始时觉得这个儿子太女性化了，一点不铁血，就对徐光说："石弘这小子一点不像将门之后，能管得了天下吗？"

徐光说："汉祖以马上取天下，孝文以玄默守之。圣人之后，必有胜残去杀者，天之道也。"

石勒这辈子最崇拜的人就是刘邦，听到徐光这么一说，马上就高兴起来。

可徐光又说："皇太子仁孝温恭，中山王雄暴多诈，陛下一旦不讳，臣恐社稷非太子所有也。宜渐夺中山王权，使太子早参朝政。"这句话是说太子是个好人，性格和蔼可亲，可石虎却不同了。这家伙是职业杀手，杀起人来，不分种族，只怕哪天老大走了之后，他发起飙来，这个天下就不是太子的了。建议老大要早有防备措施，或者逐步夺去石虎的兵权，没有了兵权，石虎再怎么张牙舞爪，也是没什么作为的，更要让太子早日进入决策层，树立自己的威信。

石勒也认为这话没错，但在这事的实施上却不那么干脆，硬是拖拖拉拉的，一条措施也没有去落实。

这时，后赵又与晋国发生了一场边界冲突。冲突的起因是那个后赵荆州监军郭敬突然对襄阳有感觉起来，马上带兵去攻打。

守在襄阳的是晋国南中郎将兼监沔北军事的周抚。

郭敬在决定进行军事行动时，也按程序向石勒作了请示。

石勒派快马去传达他的指示，按他的作战方案去进行：先退守樊城，然后“偃藏旗帜，寂若无人”，敌人肯定会派兵前来侦察。你们就告诉敌人的侦察兵，七八天后，我们的大军就要来，那时，你们就是个个都插了翅膀也逃不出啊。

郭敬完全按石勒的指示去办，然后叫大家把战马拉到河边洗马，洗完一群又一群，全部洗完之后，又从头再来，日夜不停，好像他这里的马无穷无尽。有这么多的战马，就会有这么多的士兵啊。

如果周抚的脑袋稍一灵活，看到敌人这么洗马，肯定是在演戏，是想忽悠他们，会毫不犹豫地出击，把河边的马全部抢过来，肯定大获全胜。可他却听信那几个笨蛋侦察员的话，以为敌人的大军马上就隆重开到，现在不逃，只怕就来不及了。周抚马上逃跑，在敌人还没有一兵一卒前来的情况下就宣布放弃襄阳，逃到武昌去了。郭敬只洗了几天马，就拿到了襄阳。

郭敬占领襄阳之后，拆除了襄阳的城墙和工事，然后按后赵的惯例，把所有的住户都迁到汉水的北岸，让这些人民成为后赵永久的老百姓。没几天，石勒任命郭敬为荆州刺史。而周抚逃跑之后，被朝廷高层的有些人指控丢了国土，被免除了所有官职。

石勒也像很多人一样，艰苦奋斗了这么多年，好不容易从奴隶成为皇帝，也想有个好的房子住，因此决定到邺城划一块黄金地皮，修建一座像样的宫殿，以后就住在豪宅里享受一下。

他的这个决定一下，廷尉续咸就拼命地劝他，不要修什么宫殿，现在国家还困难，人民的生活还苦得要命，要是带头兴建豪宅，人民会怎么看你……

石勒一听，劝我当皇帝的是你们这些人，不让我享受皇帝生活的又是你们这些人。你们让我当皇帝，原来全是为你们自己着想的。来人，把这家伙拉出去砍了。

徐光赶紧说："即使你不听续咸的话，也不应该发这么大的火啊。要是觉得一句话不好听，就杀一个高管员工，这不能算是一个好皇帝。"

石勒这才深刻地认识到好皇帝是不能一生气就动刀子的，长长地叹了一口气："堂堂一个皇帝，竟连这件小事都还碰上这么大的阻力，人家一个土财主，手里有一点小钱，都还想盖个好的房子住。一个皇帝难道就不能盖一栋房子？这个宫殿我一定要修建起来。不过，现在得暂时停下来一段时间，算是表彰一下这个敢于直言的老头。"石勒虽然文化水平不高，但政治手腕却圆滑得很，居然也会利用往后推的办法来把人家反对的事做下去。

他在停了几个月后，便下令开工。终于再没有人对他说什么了。那个续咸因为说了几句话，差点儿丢了性命，后来又得了一笔大奖，冷汗还没有干下来，当然也不敢再啰唆了。

石勒在这件事上坚持自己的决定，大家觉得也就算了——如果建一座宫殿，国家就得宣布破产倒闭，那这个国家实在也太脆弱了。在另一件事上，石勒却犹豫得很，一提到这个问题，这个狼性十足的牛人马上就变成一根墙头草。而这件事又恰恰关系到赵国的前途命运问题。

这个问题就是关于石虎的问题。

只要还会点思考的人，都已经知道石虎问题如果不解决，这个强大的石赵集团就会成为一片混乱的泥潭。

当然，很多人只是在心里想，却不敢说出来，只怕这话一出口，石虎的大刀就会飞过来。但那个程遐却还在做石勒的思想工作，他对石勒说："皇上，石虎的强悍，高层这么多人中没一个比得上。而且看他现在的态度就知道，在他的眼里只有皇上而已，其他人统统不当一回事。再加上他残忍得要命，从来想杀就杀，不管你是哪一部分的。他长期拿着兵权，权力和威望已经大得不能再大了。现在他的儿子们也都成人，而且也都拿着兵权。当然，皇上还健在时什么事都不会发生。可他绝对不会甘心当太子的员工。对这种人，最好的办法就是尽快搞定，免得以后发生动乱。"

程遐是太子的舅舅，在张宾死后成为头号谋士，可因为智商远远比不上张宾，因此石勒一看到他就想到张宾，就觉得这家伙实在太菜，一点也不称职，因此看他也不怎么顺眼，这时听他说这些话，马上就说："今天下未安，大雅冲幼，宜得强辅。中山王骨肉至亲，有佐命之功，方当委以伊、霍之任，何至如卿所言！卿正恐不得擅帝舅之权耳；吾亦当参卿顾命，勿过忧也。"石勒的口才还真不错，说你是怕我死后，你没有权力，请放心好了，到时我也会在遗嘱上交代，保证让你也成为顾命大臣中的一员。

程遐一听，泪水马上就狂奔而出，痛哭起来，说："我忧虑的是国家啊，可你却以为我是为自己着想，用这话来堵我的嘴巴。石虎虽然是皇后养大的，但算起来，他不是你亲生的啊。他这些年来虽然有些功劳，可你给他的报酬也够了啊。他却远远没有满足，还想得到更大的利益。如果让他继续这样下去，不用多久，皇家的香火就会彻底断掉。"

这家伙在预测别的事上，偏差大得很，但在这事上，预测得很准确。

可石勒能听他的话吗？石勒对他的话是对的不听，不对的也不听。

程遐一看，知道今天再哭下去也没有作用了，就退出来去找徐光，把刚才的过程全盘传达给他。

徐光一听，说："中山王常切齿于吾二人，恐非旦危国，亦将为家祸也。"

过了几天，徐光又找了个机会，对石勒说："皇上这几天的脸色好像很郁闷，为什么啊？现在天下太平，事事顺利，皇上有什么理由不爽？"

石勒叹了一口气说："现在江东和四川都还没有平定，李氏和司马氏都在那里当皇帝，我是怕以后史学家在总结历史时，不把我当作顺天应人的皇帝看待啊。"石勒虽然不读什么书，却也怕以后会被历史不公正地对待。同时，从他的这话也可以看得出，他的棱角已经被磨光了，锐气也已经丢到垃圾里了——他觉得他这辈子永远平定不了成都李家和江东的司马氏王朝了。一个雄心勃勃的枭雄在时间的作用下，那颗曾经激烈的红心已经成为一个严重磨损而又老化的零件了。

徐光说："以前曹操早就收购了刘家，刘备虽然又硬打汉字招牌，可谁敢说汉朝还没有破产？孙权在江东称老大，其实也跟现在的李雄没什么两样。现在老大手中有两个都城，八个大州，国土面积比谁都辽阔。因此，帝王正统不是老大还能是谁？老大为什么为这事去郁闷？老大真正应该郁闷的是心腹之患，而不是在这种没有意义的事上浪费脑子。现在真正让人担心的是石虎。石虎凭着老大给他的权力和谋略，这些年来所向无敌。这本来是件好事，可他天性凶残，只为自己的利益着想。更要命的是，他现在心里很不平衡，常常把看不起太子的态度表现出来。前几天，在东宫的一次宴会上，大家都看到他在明显看不起太子。我怕老大哪天不在了，谁也控制不了他啊。”

徐光的口才比程遐强多了，一下就把石勒说得没话了。

石勒虽然没有当面对徐光的话表态，但内心觉得徐光说得没有错，便开始安排石弘到决策层，然后全权处理所有文件，而且叫中常侍严震当他的指导老师，参与决策，只有重大事件才送到石勒那里审批。本来，石勒让石弘进入决策层积累一下从政经验绝对没有错，问题是又给他配备了这个实习老师——当然配备一个指导老师也是没错的，可错就错在，让一个阉官兼小人严震来充当这个角色，后果就严重了。

严震马上就从一个皇帝身边的工作人员变成了大权在握的政坛重量级人物，手中的权力比石虎还要大。

大家一看到严震的意见等于石弘的意见——而石弘的意见就是最高指示，就都把他当作巴结的对象——以前，他们都天天抢着走石虎的门路，把钱财还把拍马屁的话都送给石虎，现在都改换门路，送到严震那里，而石虎的门前冷清得要命。石虎的气愤就更加强烈了。

那个刚攻占襄阳立了战功的郭敬，觉得晋国的人实在太容易欺负了，休息了几天之后，就又决定找晋国的人来练练，争取再立新功，再创佳绩，再升高官，又带着部队来到江西，打算掠夺一批晋国的物资，顺便调戏一下晋国的人。

哪知，这次他弄错对象了。江西是晋国第一号牛人陶侃的地盘——陶侃可不是周抚，才听到敌人杀过来的消息就跑路不见了，而是派他的儿子陶斌和桓宣带着部队，乘樊城空虚的时候攻打樊城，把郭敬在樊城的留守部队全部俘虏。郭敬赶忙回师救樊城，正好与桓宣的部队相遇。桓宣虽然政治坚定，政务管理水平也很高，绝对是个合格的政治家，但不是个优秀的军事人才，被郭敬打了个措手不及，所得的战果又被郭敬抢了回去。

陶侃的另一个儿子陶臻和竟陵太守李阳出兵攻占新野。郭敬这才知道，惹上陶侃等于捅了马蜂窝，要是再坚持下去，不但不能再立新功，恐怕这条命都有玩儿完的可能，马上撤军退走。

桓宣乘机收复襄阳，陶侃就让桓宣当了襄阳的第一把手。这个桓宣虽然不是野战的高手，但却是内政的行家，当上这个边地重镇的官员后，积极领导大家备战备荒，使襄阳的民生大有起色。后来，赵国的部队多次侵犯，但他只以少量的兵力把守，硬是多次击退后赵的侵略军。其声望仅次于祖逖和周访。





## 石勒也死了

在晋赵两家一边搞内部斗争一边进行边境摩擦时，李雄集团觉得也该有点动作，凑点热闹才好玩，否则，人家还以为他们不存在了似的。

当然，李雄不是菜鸟，知道北上跟石勒搞动作，他会反被石勒搞的，因此，就来个向北防守，向南发展。

本着这个原则，咸和七年（332 年）的九月，成汉大将军李寿决定攻打晋国的宁州，派费黑为先锋，从广汉带大军出发；又派镇南将军任回带兵从越嶲方向出击，主要用来分散宁州的兵力。

宁州在现在云南境内，离晋国的核心地带很远，本来就很难得到朝廷的援助，而且长期以来，晋高层都在动荡中艰难地走着，把精力都投放到内斗之中，就更没有关注那边远山区了。李寿显然是看准了这个时机。

现在宁州的第一把手是尹奉。

十月，李寿和费黑的部队抵达朱提郡。朱提太守董炳没什么兵力，当然不敢兵来将挡、水来土掩，不能带着那几个兵打开城门与敌人在城外对决，而是死死地闭城紧守，然后不断向他的上级领导尹奉告急。

尹奉派建宁太守霍彪带兵去救他。

李寿见霍彪带来的部队不多，而且又刚狂奔而来，体力消耗已经不少，就想来个迎头痛击，取得一场胜利来刺激一下。可费黑却不同意，说："咱们的目标是这座城而不是打这个野战。现在城中的粮食不多，我们更应该把霍彪的人马放进城里，消耗他们的粮食，让这支援军成为他们的负担，为什么现在要打他们？这不是帮他们精简机构是什么？"

李寿一听，有道理。

霍彪的脑子很简单，一点没有考虑到这个环节，看到敌人没有拦截，没有发生一点点流血冲突就可以大喊大叫着进城，与兄弟部队胜利会师，觉得高兴都来不及，哪知却是上了大当。

成汉大军继续围攻，但进展却一点不大，李寿有点急躁起来，准备加大力度，全力硬攻。费黑又反对。

李寿宣布这次反对无效，命令全体战斗人员全力攻击，进城吃晚餐，可连攻多天都未攻破。李寿这才知道，费黑这个名字虽然不怎么顺眼，可脑袋的想法却很正确，就把军事全部委托给他负责。

费黑很有耐心，一直围到第二年的正月，董炳和霍彪终于在体会到坐吃山空这个成语之后举手投降。李寿的人气马上高涨，南中一带的人一听到李寿的名字，都表现出仰望的态度。

李寿继续向尹奉发动进攻。

董炳被欺负时，可以派人向尹奉求救，尹奉这时却不知道向谁叫苦了——当然，他可以向朝廷求救，但他比谁都知道，朝廷现在要是有能力照顾到他这个边远山区，也就不是现在这个朝廷了。他硬着头皮死撑了一个多月，终于撑不住，也向他的老部下董炳和霍彪学习，向李寿高举白旗。

南中就这样跟晋国割断了关系，从此成为成汉帝国领土中不可分割的一部分，李寿兼宁州刺史，成汉帝国的国土面积因此战而增加了差不多一倍。

晋国因为内乱，成了谁都敢欺负的软蛋。

咸和八年（333 年），又是一个不平凡的年份。

石勒那颗消失了锐气的脑袋突然老练了起来，觉得晋国虽然有点软弱，没事时可以捏他们几下，找点刺激，提一下精神，可这个集团拥有江南一大块土地，不管人力资源还是其他资源都还雄厚得多，要想真正把他们摆平，实在是不容易的事，最好的办法是先把北方那些大大小小的割据政权全部搞定，让北方地区变成铁板一块，再转过头来跟晋国决战，才有最后胜利的把握。否则，以现在的形势，跟这个强大的集团对决，也讨不到什么好处，白白四面为敌，到处作战，虽然积累了很多战斗经验，可收获却没什么，而且累得要命——不是聪明人的做法。

石勒这么一思考，马上派使者来到建康，要求与晋国建立友好邻邦，从今之后，大家和平相处。晋国高层那几个高管，把读书人的性格表现得很到位——虽然进取心没有长进，但很有骨气，根本不跟石勒的使者对话，把石勒送过来的礼品全部当场烧毁，弄得石勒一点脸面也没有。

这一年的不平凡主要表现在，几个在历史舞台上大出风头的牛人又先后死掉了。这些牛人活着的时候，都极大地影响着历史的进程，而他们的死，也是历史的转折点。

第一个死的人就是那个东北牛人慕容廆。他原本并不是最牛的人，很多人看到他那丁点的实力，都不把他当一回事，可后来他硬是制定人才政策，大量引进人才，努力打造慕容氏的品牌，坚持高举晋国的旗号，凭借自己的软实力，用好用活手中的那点有限力量，打败了包括段氏和宇文氏在内的实力比他雄厚数倍的部落，成功地成为东北的头号牛人，开创了慕容氏的基业，同时也有效地为晋国牵制了石勒的力量，使石勒不能把全部力量投入南方。

作为慕容氏事业的奠基人，他跟他的很多前人一样，在全部落当中魅力四射，所有的人都听他的指挥，上下一致，铁板一块。

他死时已经六十五岁，没有发生什么权力之争，他指定的继承人慕容皝顺利接管权力。慕容皝在老爸死了之后，也举行了个高规格的接班仪式，在本地区范围内大赦，然后任命了几个高管：以长史裴开为军谘祭酒，郎中令高诩为玄菟太守，带方太守王诞为左长史。王诞说辽东太守阳骛比我强多了，左长史的位子还是让他来干吧。慕容皝“从之，以诞为右长史”。

东北这边的丧事才刚结束，更厉害的一位牛人又死掉了。

这个牛人绝对是超重量级的牛人。

这个牛人就是赫赫有名的石勒。

石勒是在五月时，原本很强健的身体突然发起病来。

石虎早就期待石勒的这一天。他赶紧跑到宫里，说是要亲自给石勒服务，为他捧药捧汤——谁都能从他的这个动作中，看出他的心思。

石虎进去之后，他捧不捧药，捧的是什么药什么汤，谁也不知道。大家只知道，自从他进去之后，别人就再也进不去了。而且，现在石勒的身体到底怎么样了，是越来越好，还是越来越差，大家只能在心里猜测，真正的情况，一点也不清楚。

但石虎却清楚得很，他从石勒身体的发展情况判断，这个天天压在他头上的大山就要倒下去了，自己的出头之日马上就要来临。他这时想得最多的就是如何把那些平时不跟自己保持一致的人杀掉。他长期掌握兵权，比谁都知道“枪杆子里出政权”的大道理，因此，首批要搞定的人，不是那些靠嘴皮混饭吃的反对党，而是那几个带兵在外的牛人。

石勒这时身体病了，脑子更不够用，看到这些天只有石虎做他的护士，早就应该警惕才对，可他居然一点意见也没有，每天被粗手大脚地侍奉药汤，照样喝得咕咕响。而石虎却造了几份假的圣旨，把石宏、石堪叫回襄国，说是有重要事情要商量——这几个家伙要是留在他们的军营里，以后麻烦就大了，但他们要是回到襄国，身边就只有几个警卫人员，要解决起来容易得多。

石虎做完这些动作之后，脸上正浮上一层高兴的色彩，哪知，石勒的病情突然好转起来，就出来接触一下新鲜空气。可新鲜空气还没有全面接触，却先接触到石宏。

石勒能放心地让石虎侍奉药汤，估计就是因为做了让石宏带兵在邺城的安排——只要这个儿子手里握着兵权，而且在邺城当老大，就不怕石虎做什么小动作。哪知，石宏却突然出现在这个地方，他大吃一惊，问石宏："我让你带兵在外地，为的就是防止我死后首都出事。你为什么回来？谁叫你回来的？赶快查出来，把这个家伙砍了。"

如果这时，石宏能抢到发言权，把事情简单地向石勒作个汇报，后面的历史就不是我们看到的那些情节了，可石宏却慢了半拍。

石虎看到石勒脸上全是要杀人的神态，知道要是让石勒知道前因后果，自己可就得满门抄斩，一个不剩，马上说："石宏他想念老大，想念得不行了，就跑回来看望。明天他会马上回去的。"

到了这时，再笨的人都可以看得出，石虎这么急着跳出来帮石宏回答这个问题，而且神态慌张，肯定是心中有鬼。可石勒的脑袋在突然清醒之后，又突然发晕，居然收起杀气，而且不再问下去。而石宏就更差了，事情都到了这个地步，居然在那里紧闭着嘴发呆，一点没有看出问题的严重性。

石勒把后事寄托在这种政治菜鸟的身上，结果如何，可想而知——即使石宏今天不回襄国，还是在邺城正常上班，可等他一挂，这个石宏仍然会被石虎收拾的。虽然会有点波折，可这个波折绝对阻挡不了石虎夺权的步伐。

当然，如果石勒现在就把石虎彻底清除，那就是另一码事了。但石勒却没一点这个想法。

石虎虽然惊出了一身冷汗，但他坚信石勒已经活不过多久了，因此，在石勒叫石宏回邺城时，他又偷偷叫石宏不要走。

石宏再次把自己的菜鸟水平发挥出来，觉得石虎的话对得很，就留了下来。

石虎看石勒父子都在自己的忽悠之下，心里爽得要命。

过了几天，石勒又记起这个事来，问石虎到底是怎么回事——石勒虽然聪明一世，可现在年纪越大，智商越弱，在这件事上开动了这么久的脑力劳动，居然没一点效果。

石虎当然不会实话实说，而是继续忽悠石勒："皇上啊，那天你吩咐之后，石宏就回去了。现在正在路上呢。"

石勒一听，就彻底地放心了。他这么一放心，就等于放心地把他的后代推向了深不可测的深渊。

石虎的动作还在继续。

这时，广阿一带发生大规模的蝗虫灾害。灾区人民的报告上送到中央，石虎马上派他的儿子石邃带骑兵三千到灾区那里，说是帮灾区人民捕蝗。其实捕蝗是假的，真正目的是让这支部队保持机动，随时准备接应首都里的事变。

到了七月，石勒终于觉得自己的身体已经不行了，估计这辈子就这样到头了，只要把后事一交代，就可以画上一个句号了。如果到了这时，再不发表遗诏，那这辈子就没办法完成这个最后的任务了。

石勒遗诏的原文是这样的："三日而葬，内外百僚既葬除服，无禁婚娶、祭祀、饮酒、食肉，征镇牧守不得辄离所司以奔丧，敛以时服，载以常车，无藏金宝，无内器玩。大雅冲幼，恐非能构荷朕志。中山已下其各司所典，无违朕命。大雅与斌宜善相维持，司马氏汝等之殷鉴，其务于敦穆也。中山王深可三思周霍，勿为将来口实。"

这个诏书要求，他的丧事要尽量办得节俭一点，过程要简捷一些，死后三天就可以把他埋掉，不要等到尸体发臭了，才找到一块风水宝地。员工们在他入土为安之后，就可以脱掉丧服，不要老穿着那东西，既难看又不方便。更不要在丧事期间禁止人家结婚、不让人家做其他活动，不让人家喝酒。地方"一把手"也不要离开驻地到首都奔丧。埋葬的时候，就穿平时的这些衣服，更不要放什么值钱的陪葬品。

诏书最后强调，石弘兄弟一定要精诚团结，不要像司马氏那样，专门拿自己兄弟开刀，而且这刀一开，几十年了，还没完没了。石虎要向那个伟大的周公姬旦学习，不要让人家笑话你们。

石勒这个遗嘱，希望他的儿子们能把他的事业做强做大下去，希望石虎能团结在石弘的周围，继续像为他服务一样为石弘服务。可他没有想到，石弘不是他，石虎更不是周公。

石勒把遗诏发表之后，到了七月二十一日，终于咽了他人生的最后一口气。这年，他正好六十岁。他出身卑微，最后做到皇帝级别的牛人。他的一生可以说是一部很典型的个人奋斗史。他也很自信，总是以刘邦为榜样，觉得这历史走到今天，刘邦是史上第一牛人，他是第二。就在他死前的那年正月，他在招待两个外国使者的宴会上，酒喝了八九成，心情就开朗起来，笑着问徐光："朕方自古开基何等主也？"

徐光跟他干了这么多年，对他心里想的是什么跟他一样清楚，马上回答："陛下神武筹略迈于高皇，雄艺卓荦超绝魏祖，自三王以来无可比也，其轩辕之亚乎！"你的智慧比刘邦要高出那么一根指头，风度气质远远超过曹操。自古以来，只有黄帝可以跟老大平起平坐，走路时可以跟他搂着肩膀了。

石勒一听这话，很高兴，不过，他还是大笑着说："你老徐这话捧得太过离谱了，我知道自己有几斤几两。如果不幸碰上刘邦，我就老老实实当他的员工，跟韩信、彭越他们一起比谁的功劳多一点。如果碰上刘秀，就跟他平等竞赛，谁胜谁负，那是很难说。但我坚决鄙视曹操和司马懿父子，他们专门做欺负人家孤儿的勾当。总的说来，我只能在刘邦和刘秀之间，离黄帝远多了。"

大家一听，都大叫老大英明。

其实，真的比起来，也许在个人的军事能力上，石勒可以跟刘秀不分上下，而且个人的武力指数要高于刘秀，但综合能力差刘秀远多了。刘秀的出身虽然比他好一点，但人生事业的起点却不比他高多少。他接过老哥的班时，四面楚歌，危如累卵，但最后靠自己的手段，拉拢了一大批立志"攀龙附凤"的人才，不断把事业做强做大，最后全面统一全国。这一点，石勒差得很远。石勒虽然也拼命招聘人才，可招来招去，除了那个短命的张宾外，却招不到几个可用之才。重用的就更不多了，每次带兵出征的，全是姓石的人，最后大权落到石虎的手中——虽然早有警觉，但一点防范的办法也没有。石勒另外一个方面，也是最本质的一点，就比刘秀差得多了。那就是他太过血腥，动则挥刀屠城。至于手下的人，谁要是在他心情不好的时候说了一句即使正确但他觉得对听觉神经不利的话，他就有可能把这人的脑袋处理掉——从这方面看，他完全可以放到暴君行列。而刘秀却是历史上有名的仁慈之君——当然，这个仁慈是“秀”出来的，但他秀得很好。

因此，要是石勒碰上刘秀，两人面对面对决起来，笑到最后的，仍然是刘秀而不会是石勒。

## 你乱我也乱

石勒一死，后赵帝国就直接进入石虎时代。

石虎马上派警卫人员控制住石弘，把石弘带到金殿前的平台上，然后立即派人把程遐和徐光这两个多次劝石勒搞定他的家伙抓起来。

大家一看到这个阵势，知道石虎大动干戈的时候到了，个个都怕人头落地，因此都抢在前面四散奔逃。

整个襄国马上笼罩在一片黑色恐怖之中。

石弘满脸都是惧色，觉得世界末日就要到了，对石虎说：“我的能力太低了，把握不了大局，当不了这个皇帝，还是老大有魄力有能力……”

可他的话还没讲完，石虎的眼睛已经瞪得像张飞一样，大吼起来：“你有没有能力不是你说了算。现在是什么时候？现在不是讨论这话题的时候。”

石弘只得闭嘴，在石虎的安排下，怀着恐惧的心情举行了登基大典。

石弘满脸刷白地宣布大赦时，心情肯定很复杂。他可以赦免天下所有的犯人，可以后谁来赦免他啊。他就知道他这个皇帝是不好当的。

石弘宣布大赦之后，还按照石虎的意思宣布了一个命令，就是把他的舅舅程遐和徐光全部处死。

石聪和谯郡内史彭彪也觉得石虎不是他们合作的好伙伴，石虎迟早要把他们打倒在地，再踏上一只脚，让他们永世不得翻身，因此决定紧急跳槽，向晋国投降。

这两个家伙虽然知道大祸临头，可居然还派人先到晋国那里做跳槽申请。晋国高层当然同意，并派督护乔球带兵过去接应。哪知，石虎的动作快得要命，乔球的部队还在半路行军，他已经把石聪的脑袋砍掉了。

到了八月，石虎加快了夺权的步伐，让石弘任命石虎“为丞相、魏王、大单于，加九锡，以魏郡等十三郡为国，总摄百揆”。这个“总摄百揆”，就是让所有的人知道，现在石虎就是后赵帝国真正的独裁者，石弘只是个典型的傀儡。

石虎现在享受的待遇跟当年的曹操没什么两样，就连封国都是“魏”。他宣布在他的“魏”国境内大赦，立他的老婆郑氏为王后，并提拔他的儿子们。

然后进行一次彻底的官员大调整，原来石勒用过的员工全部靠边站，那些石虎手下的员工都被提拔到重要的工作岗位上，个个掌握实权。就连宫廷内也进行了调动：先把太子宫改成崇训宫，然后把皇太后刘氏以下的所有人员全部迁到太子宫里，这就等于变相把皇太后打入了冷宫。这家伙也把前赵刘聪的招数学得点滴不漏——原来石勒宫中那些老了的美女，就跟刘氏去太子宫守寡，长得还水灵的美女，都带到他自己的府上。

刘太后到底是石勒的正妻，自己被石虎逼到这个地步，往后的日子恐怕更加难过了。这个前第一夫人，越想越觉得不能再这样下去了。当然，她现在手中只能指挥几个会打灯笼的小宫女和几个端尿盆的太监，其他人员一概没有，拿石虎一点办法也没有。她想了几天，最后找了个机会，对石堪说：“先帝才刚刚走，石虎就嚣张到这个地步。照他这么干下去，国家不久就会玩完。你有没有别的办法？”

在石勒还活着时，石堪手里有兵有枪，牛哄哄的，可现在他跟个襄国的财主没什么差别，吃喝嫖赌不用愁，可什么权力也没有了，人家也不再像以前那样围着他团团转了，每天看着原先只在石虎手下混饭吃、级别远比自己低的那些家伙在自己面前耍大牌，一点不把自己放在眼里，心里很生气。这时听到皇太后的话，雄心就被激发出来，说：“先帝的旧员工，现在都被靠边站了，部队全掌握在石虎的手中，我现在就是找商量的人都没有。这样吧，我决定跑到兖州，让石恢当带头大哥，号召各地牛人联合起来，共同打倒石虎。我觉得这还是可行的。”

刘太后倒是很果断，马上说：“现在事情已经到了这个地步，你要赶快行动。”

石堪把自己装扮成平头百姓出了襄国，然后带着一支人数不多的部队去袭击兖州。哪知，由于兵员太少战斗力太弱，却没有夺取兖州——如果他不用袭击的办法，而采取政变之类的措施，可能成功的机会要大得多。可他却硬是用攻城的办法，最后只能是失败了。

石堪攻不了兖州，目的达不到，后果很严重。

他想跑到谯城避难，可石虎能放过他吗？

石虎派郭太去追，追到城父就一把抓住石堪，押回襄国。

石虎下令生起一堆大火，把这个脑后长反骨的家伙架到火堆上，把他烧死了。

石堪跟石聪一样，本来跟石勒没什么血缘关系，石勒看到他们有水平，就让石聪姓田，收石堪当养子。

不久，刘太后跟石堪的密谋也被挖掘出来，石虎马上毫不客气地废掉她的皇太后称号，然后把她处死。据说刘太后的水平真不错，连石勒也常常让她参与决策，而且她人品巨好，从不在后宫专政，比那个吕后强多了。如果石勒把后事交给她，应该局面好多了。

到了十月，后赵帝国的另一个牛人石生跟武卫大将军石朗宣布起兵勤王，讨伐石虎。

当然，石生也知道，凭他手中的力量，远不是石虎的对手，因此必须来个内外结合，才有胜利的可能。他自称秦州刺史之后，派人向晋国投降，请求晋国派人接应他。而那个曾被石虎看好的“氐王”蒲洪，这时也对石虎举起了造反的大旗，带着自己的人马向张骏投降。

石虎当然不能让他们闹下去，马上作出部署，叫儿子石邃看好襄国，自己带兵七万去攻击这些反对派的部队。他首先进攻石朗镇守的金墉城。

石生和石朗虽然同时宣布起兵，但显然还没有做好协调工作，因此，在石虎进攻石朗时，石生并没有什么对应的动作，只有石朗一个人在那座早就成了倒霉代言词的金墉城里硬撑。撑不了几天，就被石虎生擒。

石虎对敢于造反的人从来是不客气的。他抓到石朗之后，先砍断石朗的双脚，让石朗痛叫连天之后，才砍掉他的脑袋。

搞定石朗之后，石虎向长安的石生发动进攻。

石虎派他的儿子石挺为前锋大都督，直指长安。

石生当然不是石朗。他看到石虎大军前来，一点畏惧的心理也没有，派郭权带鲜卑部众为前锋，迎战石挺。双方在潼关大战。

结果，郭权大胜，斩掉丞相长史刘隗（传说此公就是当年从晋国逃到石勒手下的那个刘隗）。

石虎也赶紧逃回渑池，保住老命。据说，此战石虎的部队“枕尸三百余里”，说是损失惨重一点不过分。

如果这时，石生能把握机会，让头脑保持清醒状态，稳住局势，扩大战果，历史就可以在这里改写一笔。

可他也是个很浮躁的人物。

在郭权取得辉煌胜利的时候，那个鲜卑部落的老大涉贵居然改变立场，又跟石虎勾结起来，造石生的反。

而让人不理解的是，石生这时居然不知道前方已经取得巨大的胜利——一个统帅信息居然闭塞到这个地步，不失败真的没有理由了——此时，郭权已经斩了石挺。石生只看到涉贵的叛乱，内心就恐惧起来，以为前方已经大败了，现在只有狂奔而逃为妙，因此，竟然丢下大军，独自跑回长安。

石生一跑，郭权的声势马上就跌了下来，只得集结残留下来的部队，退守渭汭。

如果这时石生稳定情绪，仍然还有机会。哪知这个身经百战的家伙这时却控制不了心里疯长的害怕情绪，在长安喘了口气之后，又觉得长安也已经变成最危险的地方，就又宣布放弃长安，逃到鸡头山里躲藏起来。

他手下的那个蒋英就自然成了长安城里的老大。

石虎想不到自己居然在大败之后这样逆转过来，当然不会放弃这个机会，马上带兵向长安进军。

到了这时，长安城里的士气已经降到了极点，蒋英虽然拼命死守，但也挡不住历史的步伐。

石虎没费什么力气就攻破长安城，斩蒋英。

石生虽然逃到山中，但却被立功心切的部将出卖，没几天就被揪了出来，当场杀了，拿着他的人头去向石虎请功——他本来可以轰轰烈烈地改写一下历史，可在大胜之后居然落到这个地步，最后死得十分窝囊。

郭权看到大势已去，就自己逃命去了。

石虎又派麻秋去讨伐蒲洪。

这个蒲洪看到石虎大军力量雄厚，知道论自己怎么英勇善战也打不过人家，便又举手投降。

石虎对别人很残忍，可对这个蒲洪却宽大得要命。他不但轻松地接受了蒲洪的投降，而且还让他当光烈将军、护氐校尉。

蒲洪还特地跑到长安去面见石虎，建议把关中的人才以及各个少数民族部落都迁到中原一带，以充实国家的人力资源，而且表示自己会以身作则，其他的人就会大步跟进，一点阻力也没有。

这一建议跟石勒历来的方针是一致的，石虎也曾长期执行石勒的这一政策，因此同意了蒲洪的建议，强行把秦州、雍州一带包括汉人、羌人在内的十多万户都迁到关东地区，然后任命蒲洪为龙骧将军、流民都督，驻扎在枋头。他又提拔羌族的老大姚弋仲当奋武将军、西羌大都督——当然提拔之后，就叫他带着所部几万人离开原住地，迁到清河滠头，再一次来个民族大融合。

石虎这时靠着自己的实力和运气，把内部最坚强的反对党基本搞定，返回襄国。

石虎一回到襄国，就宣布大赦。接着，叫石弘授权他组建魏国政府，像曹操一样，以后可以在魏国政府里处理所有国家大事了。这个政府一成立，等于向天下宣告，石弘这个皇帝现在除了皇帝的头衔之外，已经一穷二白。

石勒的继承人还没有继位就疲软到了探底的地步，而慕容廆的继承人慕容皝却是牛得很。

慕容皝全面掌管了老爸遗留的权力之后，个性就释放了出来，觉得还像老爸以前那样治理这个国家，发展太慢了，因此就对犯罪分子统统重罚，不管什么罪，都从严、从重、从快处理。他以为，只要亮出大法来，那些腐败分子就无处藏身了，天下就太平了。他的主簿皇甫真认为，治理这个社会，不是这么简单地“以法治国”就好了，而且“以法治国”也不是从重、从严这么简单的。

可慕容皝一点也听不进去。

其实谁也看得出，他的所谓“以法治国”，全是幌子，其实全是按他的意志行事，谁违反他的话谁就是违法，谁就得从严、从重、从快，弄得所辖区的官员和老百姓个个都怕得要命。

他的这个“以法治国”其实就是要树立自己绝对的权威，怕自己的地位不稳而到处打压别人。

他现在最防备的不是别人，而是他的那几个兄弟。他的这几个兄弟，一个是他的庶兄慕容翰，一个是他的弟弟慕容仁。这两个兄弟都是人才，是他们老爸的得力助手，慕容皝能把事业做到今天，这两个兄弟的功劳应该是最大的。在慕容廆当政时，这两个人就已经大大地出了风头，因此人气超级高涨，很得民心和军心。另外一个小弟慕容昭，虽然因为年纪不大，没有多大的战功，但现在表现出的水平已经不一般。

慕容皝觉得这三个兄弟对他的威胁越来越大了，内心总想着如何摆平这三个兄弟。

慕容翰不是傻瓜，一看兄弟的脸色，就知道他的这个弟弟心里装的是什么东西，长叹：“再这样下去，我的人头可就不保了。”

他知道，他再也不能留在这里当弟弟的员工了，就带着他的儿子，一个招呼也不打，就直接跑到辽西段家的势力里，投奔段家的老大段辽。

段辽一看是慕容翰来了，他可是东北地区最优秀的人才啊，马上好好招待，好让他在这里成为自己的高级员工。

而另外那两个兄弟就不像慕容翰这么“顾全大局”了。

在慕容翰逃跑之后，慕容仁和慕容昭也知道，局势将越来越严重了。

慕容仁现在是平郭第一把手，回到首府奔老爸的丧事时，顺便去找慕容昭，说：“我们几个平时很不检点，常常鄙视慕容皝，很不给他面子。现在他大权在手，又这么严酷，我们什么错误都没有犯时都还怕他来找我们的麻烦，要是不小心给他抓到了一点把柄，那可就不好玩了。”

慕容昭一听，就咬着牙说：“我们两个都是老爸的嫡子，都有资格继承老爸的政治遗产。你带了多年的部队，向来很得军心，我现在在首府，他们不会对我产生什么怀疑。我们只要抓住机会来个里应外合，搞定慕容皝也不是什么难事。现在你赶快回去，带兵前来攻打首府，我做内应。事情成功了，大家就一起共享胜利果实，我只要辽东的地盘，别的都是你的。大丈夫做事就要干脆利落，不成功就去死，怕什么？千万不要学慕容翰那样，一觉得危险到来就逃跑。”

慕容仁一听，猛拍大腿，叫道：“对头！”

马上回平郭，组织部队，做好战斗动员。

到了闰十月，慕容仁的部队大步向西进发，准备去和慕容昭里应外合。

哪知，在慕容仁信心满满的时候，这个里应外合的密谋却被泄露出去，而且一下就传到了慕容皝的耳朵里。而慕容皝刚听后反应很迟钝，居然说，没有这回事吧。肯定是谣言。

人家说，千真万确，不信你可以去调查。

慕容皝就真的派了个小组去平郭进行调查。调查小组才来到黄水，就碰上慕容仁的大军浩浩荡荡地开来。如果是脑袋灵光点的人组成这个调查小组，这时看到慕容仁的部队气势磅礴地开到，早就往回狂奔报告了。可这几个家伙居然走进慕容仁的指挥部，问慕容仁是要做军事演习还是要造反？

慕容仁一听，原来密谋已经一点不保密了，再进军只能是送死，就把调查组全体成员一起砍掉，然后退军平郭，做好迎接慕容皝前来围剿的准备工作。

慕容皝这才知道这个消息还真不是空穴来风，马上杀气布满脸上，先去找慕容昭算账。

慕容昭知道他哥哥这话绝对没有一点水分，是说到做到的，因此就自己动手，了结了自己年轻的生命。

慕容皝先派封奕去辽东做稳定辽东民心的工作，然后派高诩为广武将军，带五千人的部队跟他的另外几个弟弟建武将军慕容幼、慕容稚、广威将军慕容军、宁远将军慕容汗以及司马佟寿一起去围剿慕容仁。

双方在汶城北摆开战场，大打了一场。结果，慕容仁取得完胜。慕容稚、慕容幼、慕容军都成了慕容仁的俘虏。那个司马佟寿原来就在慕容仁手下当过员工，本来跟慕容仁关系就不错，这时就干脆投降了老领导。

那个前太守孙机这时干脆把辽东作为礼物献给慕容仁，东夷校尉封抽、护军乙逸、辽东相韩矫一致觉得大势已去，就都把地盘丢给慕容仁，自己逃走了，使慕容仁的势力突然猛增起来。

封奕这时正好赶到辽东，知道辽东已经划归慕容仁的版图，当然不敢再进去了，跟那个慕容汗一起，带着剩下的几个士兵稀稀拉拉跑回首府向慕容皝报告：我们真的辜负了老大和人民的期望，让敌人胜利了。

而且这时，段氏部落以及鲜卑部落都积极声援慕容仁，到处高喊“打倒暴君慕容皝”的口号。

慕容皝这才知道自己这个“以法治国”的方略原来是在祸国殃民，是自己把自己搞死的方略，就怀念起那个皇甫真来，马上提拔他当了平州别驾。

当然，这家伙虽然作了一翻批评与自我批评，可那些反对派到了现在却一点不领情，该怎么干仍然怎么干。

第二年，也就是咸和九年（334 年）的二月，慕容仁宣布辽东为自己的势力范围，任命了很多官员。那个段辽就更不讲情面了，先是派部队去袭击慕容皝的徒河，没有成功，又派他的弟弟段兰与慕容翰一起去攻打慕容皝的柳城——徒河不好打，柳城总可以拿下吧？

哪知，柳城的守将石琮和城老大慕舆泥却强悍得很，硬是带着民兵跟段家军死磕到底，弄得段兰他们白白发起多次进攻，却一点进展也没有取得。段兰觉得再打下去已经没有意义了，就下了退兵的命令。

可段辽却不同意退，连一个由民兵镇守的柳城都拿不下，段家还有什么脸面？马上向段兰大吼："你带着个专业队，却连一群业余队也搞不定，还有什么脸面回来见我？你们要是攻不破柳城，就不用回来了。"

段兰和慕容翰休整了二十天，又带着更多的部队向柳城冲上来。

这一次，段兰是下了血本的，每个战士都穿着双层铠甲，头上顶着盾牌，武装得比特种兵还要厉害，还到处架着云梯，从四面八方向柳城进攻，而且轮番作业，二十四小时不间断，把专业队的作战作风狠狠地表现出来。

可城内的业余队在石琮和慕舆泥的带领下硬是超水平发挥，越打越有感觉，打退了敌人无数次冲锋，把敌人的一千多颗脑袋砍掉。

段兰仍然没有拿下柳城。

这时慕容皝也知道，光靠柳城内那支业余队死守是守不住的，因此急忙派慕容汗和封奕带着正规军去救援柳城。

慕容皝掌权以来，虽然一直以暴君的形象出现，可这时他的头脑还是清醒的，在慕容汗出发时，就对他提出"贼气锐，勿与争锋"的方针，要这个汗弟弟稳扎稳打。

后来的事证明，慕容皝的这七字方针是完全正确的，唯一不正确的是他用错了人，不该让慕容汗这样的人去完成这个任务。

慕容汗说保证完成任务之后，带着一千多人为前锋以最快的速度向柳城方向狂奔。

封奕认为这是在冒险轻进，后果会很严重的。可慕容汗却认为一点不严重："你以为慢点走，敌人就怕了？迟早都得跟敌人接触，晚打不如早打。”

说话间，就在来柳城北的一个叫牛尾谷的地方与段兰的部队相遇。

段兰这些天来猛攻柳城一直攻不下，心情正超级郁闷，突然碰上这么一支部队，当场就红了眼，大叫：“兄弟们，先把这支部队干了。”带着大军迎着慕容汗的那一千名士兵猛扑过去，大砍大杀。慕容汗向来只以为自己是世界上不怕死的硬汉，哪知对方也都是不怕死的角色。他这么一发呆，部队就被砍了一大半。幸亏封奕赶到，重新组织战斗，拼命抵抗，这才没有落得全军覆没的下场。

段兰看到慕容汗逃了回去，决定来个乘胜追击——攻不破柳城，能彻底打败慕容汗的部队，回去也有个交代。

可这时，慕容翰却突然冒出了满腔的爱国心，怕这么乘胜追击下去，很有可能直接打到慕容氏的首府，他的政权可就灭亡了，他虽然恨慕容皝恨得想生吃了他，但他对自己的政权还是很有爱心的。

他对段兰说：“带兵打仗的老大，怕就怕‘慎重’两个字，要反复权衡双方的力量，没有百分之百的把握，是不可冒险轻进的。现在，咱们取得了一场胜利，其实也只是打败了他们的一小股力量，属于偏师而已，对全局并没有决定性的影响。慕容皝是我的兄弟，我最知道他的风格。他最拿手的把戏就是设埋伏。到时他肯定带着全部家当来跟我们决战。我们只是这么一支部队，再追下去，先是孤军深入，接着是寡不敌众，是危险得不能再危险的事啊。而且，咱的任务，其实就是只要这场胜利，现在已经取得了。如果再打下去，万一打了败仗，还有什么脸面回去交差？”

段兰虽然攻城水平不高，但听慕容翰说了这么大半天，马上就知道他心里想的是什么，说：“这些人已经注定要成为我们的俘虏，没有第二条路可选择了。现在，只要我们下令进军，慕容皝就一定会成为咱的俘虏。老兄现在怕的不是我们打败仗，而是怕老兄的祖国灭亡而已。这个，老兄就不用担心了。现在慕容仁在辽东刚刚开张，做得正红火。咱们这次要是取得彻底胜利，我一定把他叫过来，让他当上你们的老大，绝对不会做对不起老兄的事。”

慕容翰一听，虽然有点脸红，但在这个大是大非面前，他还是不让步，说:“我既然出来当你们段家的员工了，那个政权已经跟我无关了。现在只是为了咱们的共同利益，这才反对冒进而已。”

他说过这话之后，就向自己的部属下令回去。

段兰一看，知道他的部队一回去，只剩下自己的部队追下去，力量远远不够，因此也没有办法，只得接着下了撤军的命令。

# 第三章
# 权力永远是大乱的根源

## 仍然挂靠原单位

说起来，司马氏还是个很幸运的集团。

建立这么多年来，除了培养了一批又一批的名士型腐败分子外，司马氏没做出几件对人民有利的事。而且除了司马炎之外，中央核心都处于弱势状态，致使内乱一个接一个地发生，根本没有精力去管京城外的事，终于造成了今天这个模样。

可即使偏安江东，形势危急，晋国高层却仍然发扬窝里斗的光荣传统——才来江南没有几天，就连续发生了两起大规模的牛人叛乱事件，而且每一次都让首都沦陷、皇帝被控制。

可就是这么一个完全可以打入弱势群体行列的集团，因为披上了一件正统的外套，很多牛人硬是还在打着他们的招牌。而且这些牛人还隔着其他敌对势力，不断地派使者到首都来，表达他们的忠心。

当然，这些满脑子正统观念的牛人打着大晋这个旗号，大多是为了自己的利益，像东北的慕容氏。不过，那个张骏现在倒是很诚心诚意地高举着司马氏的那一面已经一点不伟大了的旗帜。他现在是西平公，虽然在西北一带作威作福，谁也不放在眼里，所作所为，生老病死，已经跟晋国完全脱钩，可他的心里还是惦记着这个他爷爷曾经打过工的老单位。

他很想派人到建康去面见一下晋国的高层，向他们表示，西北的张家永远是司马氏最坚定的手下。可因为中间有石勒那片幅员辽阔的地盘隔着，恐怕人还没走几天，就会被后赵的人抓住，然后石虎就会生起气来，派部队前来把他痛扁一顿，那后果就说不清了。

后来，他的这个愿望越来越强烈，就派人跟李雄通融一下。

李雄不同意。

张骏还是不死心，就派张淳为使者去见李雄，说："你要是让我通行，我的老大愿意归属你。"

李雄这才答应。

张淳准备出发时，有人又对李雄出了个馊主意：派人在三峡扮成强盗，等张淳"即从巴峡穿巫峡"时，就把船底凿穿，让他连同船只一起沉到江底，然后就说，张淳被强盗先抢后杀了。

李雄一听，也对！反正张骏不惜代价也要派使者去建康，说明他心里只有司马氏。

可他想不到，张淳在这个地方居然有个酒肉朋友。这个朋友叫桥赟。桥赟居然不知道从什么渠道知道了这个凿船的"三峡"计划，急忙去告诉了张淳。

如果是别人听到这个消息，肯定会吓得两腿一软，大头嗡地一响，然后什么办法也没有。可张淳却一点不怕，而是直接去找李雄，当着李雄的面说："我老大派我从这个以前西凉人从没有走过的地方去建康，是因为相信你是个鼓励忠贞的老大。哪想到，你的真正面目却是这个样子。如果你想杀掉我，何必让正规军去做那种偷鸡摸狗的勾当？不如现在就直接庄严地宣布：这个张淳居然怀着耿耿忠心去见晋国皇帝，这是我绝对不允许的。然后把我五花大绑起来，押赴刑场。砍头之后，老大的威名就可以传遍四方，人气就会无限狂涨，大成事业就会走上无比的兴旺发达之路。如果让强盗把我沉到江底，老大的威名一点都不显著，实在没什么意思。”

李雄一听，耍这种小聪明实在要不得，就假装大吃一惊说：“哪有这回事？你放心地去。我统治的地方，绝对不会有什么强盗。”

李雄手下的司隶校尉景骞说：“老大，这个张淳不简单啊，是个人才，我们人虽然多，可没几个这样的人啊。应当想办法让他留下来，当老大的得力手下。”

李雄摇摇头说：“谁也留不住他的。不过，你可以去试试。”

景骞找到张淳，说：“张兄，你的身体这么胖，最受不得热。现在天气热得很，你就留在这里，先派一个兄弟前去，等天气凉了你再动身。”

张淳一听就知道景骞的意思，马上说：“我老大派我去建康，要报告的事都是重要的事。如果派个兄弟过去就能解决，就不用派我过去了。我领了这个任务，就是杀头都不怕，还怕什么天气炎热？”

李雄说：“你们老大现在要地盘有地盘，要人有人，要枪有枪，势力也雄厚得很，完全具备做皇帝的条件，他为什么不做皇帝，却非要去当人家的手下？”

张淳说：“我们老大自从他爷爷开始就当晋国的员工，世世代代永不变心。现在国耻未雪，我老大天天枕戈待旦，哪有别的心思？”

李雄听其言观其行，居然脸红了起来，说：“我们李家的祖先也是晋国的员工，后来天下大乱，被推举为老大。如果司马氏能光复中原，我也会带着所有人重新当他的手下。”当场奖给了张淳一份隆重的礼物，然后隆重地送他上路。

如果在这个环节上，张淳处理得稍微有点偏差，他这条性命就会稀里糊涂地死在长江里了。但他却凭着个人的智慧和勇气赢得了李雄的佩服——当然，如果他碰上的不是李雄，而是石虎之流，他就是有再多的勇气也是没用的。

其实，这时晋国高层虽然从没有把目光放到凉州那么远，但仍然有人记得这块远在西北的热土。

这个把西凉地区一直放在心底的人就是耿访。耿访也是西北人，后来一路南逃，先到汉中，再到江东。他不但对司马氏忠心耿耿，而且家乡观念也很浓厚，一天没事可干，就天天上书，要求中央派大员到西凉去视察工作，大力宣传朝廷的各项方针政策，表示朝廷没有忘记他们，希望他们回来。

那几个高管早就被弄得焦头烂额，连酒喝得都不那么流畅了，哪还记得凉州那个边远地带？天天收到耿访的上访信，心里也烦了起来，就任命他为侍书御史，然后任命张骏为镇西大将军，选了以贾陵为首的十二个凉州人士作为随同人员，跟耿访到凉州代表朝廷进行视察工作。

耿访也真有点本事，带着这十几个人出发，居然一路无事来到梁州。到了梁州，就不好走了，他只好把司马衍的诏书交给贾陵，让贾陵扮成小生意人蒙混过关，这才把诏书送到张骏的手上。

转眼到了咸和九年（334 年）。

对于晋国来说，这年的开局还是不错的。

先是张骏愿意继续当朝廷的部下，那个郭权也选择晋国。郭权本来是石生手下的一张王牌，曾经为石生把石虎打得遍地找牙，正想乘胜追击，直接打到襄国，取得全面的胜利。哪知，石生却头脑突然发晕，当场把大胜逆转成大败。他只得逃了出来，跑到上邽，然后派人到晋国来，请求投降。他打起大晋的旗号后，很多心里还怀着正统观念的人又在心里点燃了激情，觉得又找到了组织，便纷纷起来响应。一时间，京兆、新平、扶风、冯翊几个地方都有人带兵出来，愿意跟郭权一起在西北把大晋事业进行到底。再加上张骏的合作态度，西北地区突然形势一片大好起来。

当然，晋国马上任命郭权为镇西将军、雍州刺史。

没过多久，那个西部地区麻烦制造专家杨难敌的生命也宣布结束。他的儿子杨毅继承了他的位子，当上了第二代领导人，自己把自己提拔为龙骧将军、左贤王、下辨公，任命杨盘为冠军将军、右贤王、河池公。他没有他老爸那么调皮，觉得老是这么上蹿下跳太累，因此也向郭权学习，向晋国投降。

这几个牛人接连加盟大晋帝国，也让晋国高层那几个高管的神经升温了起来，觉得也该主动笼络一下这些爱国人士——尤其是张骏这样的牛人，只让他当个镇西大将军，实在有点对不起他，就又把耿访叫来：“耿访，你就再辛苦一次，把这张委任状送到他的手中。”

他们这一次是让张骏当上大将军，都督陕西、雍、秦、凉四州诸军事，成为晋国在西北的代言人。

不过，司马氏集团的领导到底都是一些没有雄才大略的书生。这时虽然西部形势大大有利，而石虎又正在为巩固自己的地位跟内部政敌作殊死的斗争，根本无力管别的事，他们就应当抓住机会，把西部的这些势力重新整合，把这些零星力量打造成铁板一块，也成为一支有战略意义的力量。

可现在晋国的决策层里太难找到这样目光远大的人物了。

他们只是向这些眼巴巴地仰望着他们的牛人们送去那些廉价的官衔，至于这些官衔在那些牛人头上戴到什么时候，他们根本不考虑，更不会考虑到这些力量能存活到什么时候。

晋国才把这些任命手续做好，石虎就已经派郭敖和石斌带着四万人的部队出发，拿郭权开刀了。

这时，郭权手下没什么力量，那些响应他的武装都是立场不坚定的家伙，以前虽然举兵呼应，只是凑个热闹。这时看到后赵帝国的部队军容整齐地杀了过来，便重新作了一次评估，觉得不管用什么办法，胜利都不会站在郭权的这一边。大家就当前形势进行了一次严肃认真的分析之后，觉得只有出卖郭权，他们的利益才不会受到影响。

郭权虽然很能打仗，但绝对没有想到，敌人的脚步声还在华阴那里响着，内部的兄弟已经向他举刀砍来，哪里能躲得过？那几个当地的老大，杀了郭权之后，拿着他的脑袋去向后赵投降，表示做坚定的赵国员工，不再玩这种毫无立场的事情了。

石虎下令把秦州一带三万户全迁到很远的青州和并州一带，看他们还敢不敢嚣张。

在石斌大军还没有撤走时，那个陈良夫居然煽动北羌王薄句大带着部众起事，在北地、冯翊一带高调进行打砸抢活动。石斌和石韬一起联合起来收拾陈良夫，把这伙脑子简单的家伙一顿痛扁。薄句大拼命跑到马兰山，投奔这里的同族兄弟。

郭敖以为所有的羌兵都是业余队，只要追过去，就可以大胜而归，因此就带着部队来个乘胜追击。可追上敌人之后，才发觉事情不是那么简单——敌人的战斗力原来还是很强大的，火力还是很猛的，结果被打了个大败而回，部队损失了百分之八十以上。石斌不得不带部队退到三城那里。

石虎接到消息后大怒起来，连几个西北少数民族武装都搞不定，实在太给他丢面子了。他立即派使者过去，把郭敖军法处置。

这时，石勒第二个儿子，也就是石勒生前期望最高的石宏，越来越觉得自己太窝囊了，嘴里就不断地发表埋怨石虎的言论。

石虎本来最看不顺眼的就是石宏，在石勒还活着的时候，就恨他当了大单于，抢了自己的饭碗，老早就想把他干掉了。这时抓到这个把柄，当然不会放过石宏，马上派人过去，把石宏逮捕，准备下一步再处理。



## 陶侃的那些事儿

晋国第一牛人陶侃的身体向来不错，他早年很注重锻炼身体，不但健康，而且比很多人长寿得多。但再怎么锻炼，也扛不过自然规律。这年的六月，他的身体也开始生病了，而且病得不轻。

陶侃在晋室南渡之后，埋头苦干，工作认真负责，是最能忍辱负重，最后做到地方的第一牛人。应该说，在王敦时期，他的思想是很纯洁的，那个胸怀里抱着的是百分之百为民为国服务的热情。王敦倒闭他复出后，因为利益集团的分配不公，他的思想就有点波动起来，大局意识越来越淡薄，后来虽然迫于各方压力，终于摆平苏峻集团，人气、官位、势力都更上一层楼，可那个牛气却也居高不下。

苏峻被搞定后，庾亮在高层中的地位已经彻底丢掉，几朝元老王导再次复出，成为头号大臣。王导还是那个脑筋，仍然坚定不移地坚持“不存小察，弘以大纲”的持政理念，把那副“清静无为”的姿态保持到底，为很多贪官在腐败的道路上保驾护航，得到了既得利益集团的高度拥护，位子越来越稳固。由于王导不但是几朝元老，更是晋室南渡重新开张的头号功臣，在经历了这几次大动乱大震荡之后，变得更加“德高望重”起来，连皇帝司马衍见了他都还要像见到长辈一样行叩拜礼。下给王导的诏书也用特别的形式，开头都是“惶恐言”，如果通过中书下诏，则必有“敬问”两个字。

为了这个仪式，朝中还进行了一场辩论。讨论的主题是：“元旦的朝会，皇帝还用不用向王导行礼？”大家来个知无不言，言无不尽，各抒己见了大半天，无非是在行与不行之间纠缠着。反方说，自古以来，哪有老板拜员工的道理？正方说，皇帝到学校都还拜老师，何况王导是先帝的老师，拜了有什么错？

最后，侍中荀奕认为：“三朝之首，宜明君臣之体，则不应敬。若他日小会，自可尽礼。”这话的意思是说，元旦是三朝之首——这个三朝就是一年的开始、一月的开始、一天的开始，情况比较特殊，因此，应当让君臣的名分界定清楚，所以皇帝不宜向王导敬礼。以后的朝会，不在此限。

大家一听，有道理，就一致通过。

司马衍也常去王导家，见到王导的老婆曹氏，也都把文明礼貌做到位，礼节跟王家的晚辈一样。王导年纪一大，也跟很多人一样，身上的毛病也多起来，其中最严重的是手脚麻木，行动不方便，常常不上朝。司马衍就带着高层员工们到王导家吃喝玩乐，搞得大家都很开心之后才散场。大家散场之后，还用豪华座驾拉着王导到宫中，继续玩乐。

王导被司马衍这么招待，心头快乐得很。

可有人看不得他这么快乐下去。这个人就是孔坦。

孔坦在平定苏峻的事件中是个预测大师，几次都能准确地预测到苏峻的下一步行动，可庾亮却不把他的预测当一回事，错过了几个历史性的机会。现在他的官职是侍中，每天跟在司马衍的后面当顾问，他觉得堂堂一个皇帝，天天这么在王导面前像个孙子一样实在有点不像话，就偷偷地向皇帝建议，皇帝是不宜向臣子下拜的。

司马衍当然没有听他这个意见。可这个秘密的话，没几天就不成为秘密了，只转几个弯就传到王导的耳朵里，让王导极度不爽——觉得大大地伤了他的自尊。他愤愤地说："王茂弘驽痾耳，若卞望之之岩岩，刁玄亮之察察，戴若思之峰岠，当敢尔邪！"这话的意思就是，我王导现在老了，残了。如果我像卞壶那样清高、像刁协那样傲慢、像戴渊那样锋芒毕露，孔坦还敢说这些话吗？

在王导说了这话之后，孔坦的脑袋还在晕晕地向司马衍建议，国家大政不应当只让王导一个人说了算，要依靠大家的智慧。

这话无论从哪个角度去看都是很正确的。

可司马衍听过之后，不但不听孔坦的话，反而把政事干脆全丢给王导，让王导爱怎么办就怎么办。王导虽然历来笑着脸，对那些腐败分子不闻不问，能提拔时就提拔，可当听到孔坦这个话时，他一点不"清静无为"了，马上利用职权，撤掉了孔坦的侍中一职，把这个多嘴的家伙从皇帝的身边踢开，改任为廷尉。

孔坦知道自己真的惹祸了，王导以后肯定还要给自己颜色看。他越想越觉得心理负担沉重，最后干脆不干这个公务员了，以病为由，要求提前退休。

大家看到孔坦这个下场，哪个还敢多嘴。

人家不敢多嘴，不等于陶侃没意见。

陶侃认为，王导已经有点过分了。陶侃出身不高贵，又吃过王敦的苦头，对王家的意见已经很大，这时看到王导居然这么牛，就打算带着部队杀到建康，把王导彻底打倒。

郗鉴知道后，急忙出面劝住陶侃，要陶侃千万以大局为重，不要再把国家搞乱，现在国家已经经不起折腾了。陶侃这才恨恨地叫停了这次行动。

到了这时，陶侃也知道，自己的实力已经不怕任何人了。然后心里也有些波动起来：要是带着手里的这些力量，完全可以杀到建康，把司马衍连同王导那些令人讨厌的家伙一下端掉，建立一个陶家王朝也不是什么难事。

如果是别的人有这个念头，历史绝对可以改写。可陶侃却不一样。他是个绝对的唯心主义者。郗鉴费了好大的力气才叫停了他讨伐王导的行动，而一个梦就叫停了他推翻司马氏的想法。

据说陶侃曾做过一个很离奇的梦。在那个离奇的梦中，他突然生出两个翅膀，然后像个鸟人一样飞了起来，一直飞到天上，看见天上有九道门，他连门卫也不看一眼就往里走，连续走了八道。但最后一道门，他怎么叫门，那门也不开，他想抬脚踢开，可脚却抬不起来。最后门卫大概看到他行为越来越不文明，就用手中的拐杖打了他一下。他就直直地从天上掉了下来，一直重重地落在地上，断了左边的翅膀。当然，如果这个梦就到此为止，也算不得什么好玩的梦——梦见自己变成鸟人能飞的实在太多了。可他醒来之后，居然觉得左边的肋骨剧烈疼痛，要是再过那道门，这辈子就不是这个样子了。这叫天不作美。



除了这个梦外，他后来一次上厕所的经历也是与众不同。那次，他内急起来，就去上茅厕。可他才一进厕所，前期工作还没有做好，突然发现一个穿红衣服的人在那里，态度和蔼可亲地看着他，倒不像是个在厕所里埋伏搞定他的坏人。他还没有开口说话，那人却先开了口，说："老大是个好人，所以前来跟老大透露一个消息。不久的将来，你可以封公侯，当八个州的第一把手。"然后就不见了。那些看相的人也不甘落后，对他说："老大，你中指的指纹是竖的。这就注定了老大可以封个公侯。如果你那个竖纹能够贯通到背面来，老大这辈子的前途就不用讲了。"

陶侃一听，忙看自己的手指，还真的是这个样子——当然，如果只是有一道竖指纹，那也算不得什么，奇怪的是后来的事：陶侃回到家之后，想把那条指纹扩大一下，就用针头在那里一挑，鲜血马上就狂喷出来，一直喷到墙上，他抬头一看，墙壁上居然有一个血红的"公"字，他用纸抹手上的血，同样看到有一个"公"字清清楚楚地印在上面。

后来，他果然封公，而且成为八个州的第一把手。他也像很多枭雄一样，站在长江上游向东望去，然后雄心勃发，想狠狠地顺流而下，直指建康，把司马氏搞定，自己当全国第一把手。可那个断翅的梦老干扰着他的这个雄心，使得他终于没有迈出这个历史性的一步。史书上是这样描述他的这个心路历程的："及都督八州，据上流，握强兵，潜有窥窬之志，每思折翼之祥，自抑而止。"

陶侃的自控能力实在太强悍了。

他觉得既然不能打过江东去，建立陶家王朝，年纪又这么大了，还不如把这个人民公仆做到头，因此多次向朝廷上书，说他已经老到这个地步了，请同意他退休。但朝廷不同意，他就把自己打扮成一个老老实实的官僚，每天在家里喝酒，朝中的事一概不参与。不久，他身上的病越来越重了，他决定回长沙他的封地去，所有的物资全部封存，然后把钥匙交给那个王衍期。当时是名士型社会，如果是别的牛人，到了这个时候，一定会把这把分量很重的钥匙交给自己的儿子。可他却交给这个姓王的。大家都一齐开口，对他的这个行为大放赞歌——其实他这么做，只不过是照章办事而已，可在那个时代，能照章办事的人实在太少了。

你千万不要以为，陶侃把八个州的仓库的钥匙交给王衍期，博得大家一片叫好声，就证明这家伙是个清官，那就大错特错了。据说他家的财产"珍奇宝货富于天府"——比皇帝家里的东西还多，而且生活也很腐败，家里"媵妾数十，家僮千余"，跟皇家工作人员的编制也差不多了。如果他不当这么大的官，他能有这么多的财富吗？如果他一点不腐败，他能富可敌国吗？

但他会做人，虽然手中财富可比当年的石崇，但大家却一点闲话也没有——估计那时的人，思想很单纯很可爱，一点仇富的情绪也没有，对腐败分子的行为也很看得开。

咸和九年（334 年）六月，他离开驻地要回长沙等死时，觉得身体摇摇晃晃，就对王衍期说："现在我都成了这个样子，还当这个官，都是因为你们老拉着我赖在这个位子啊。"就这么一句话，又让人气大涨了几个百分点。

六月十三日，他坐船来到樊溪时，身体就撑不住了。一代牛人就这样逝世了，终年七十六岁。陶侃是晋室南渡之后少有的聪明人，也是为数不多的超级牛人之一，握着全国最牛的军事力量，面对一个弱势的中央系统，能够守节到死，实在难得。因此，大家对他的评价还是很高的。

那个梅陶对他的评价是："陶公机神明鉴似魏武，忠顺勤劳似孔明，陆抗诸人不能及也。"说陶侃是曹操和诸葛亮合成出来的牛人——虽然有点胡扯，但也有点道理。

而另一个牛人谢安是这样评价他的："陶公虽用法，而恒得法外意。"如果把这个评价与王导的作一对比，王导显然能跟陶侃同在一个档次上。作为王谢家族的领头牛人说出这个话来，也充分说明，陶侃不是一般的人。他的死，完全可以说是晋国人民的巨大损失。



## 连锁反应

历史似乎就有这么一条规律，牛人们总会集中起来，一起死去。

在陶侃与世长辞之后，四川牛人李雄的身体也出现了状况。他的头部生了个疮。本来这个疮不是什么大病，绝对不会要了人的命。可这个疮一出，却带动了他身上其他地方的创伤，一起向他发难。原来他在年轻时候打了很多仗，身上早就伤痕累累。在他身体还强壮时，这些伤口一点事都没有。他也一点不在意，只是有时拿来当成功勋章向人们展示一下，说明自己是身经百战的。可当他身上的免疫系统老化时，这些伤口突然开始溃烂，身上脓血交流，惨不忍睹。

他虽然靠打拼出来，多次死里逃生之后才当上这个皇帝，可他的儿孙们却都是一出生就过着幸福的新生活，平时只要有时间，就拼命吃喝玩乐，好像他们来到这个世界上的首要任务就是享受。这时看到老爸的身体突然变成这个样子，个个都感到恶心得连血都差不多吐出来，都急忙跑开。只有太子李班老老实实地坚持在现场，陪着老爸。

人家说，老大伤口里的脓血要用嘴吮出来才好。李班马上就照办，而且天天如此，从不离开。

虽然李班努力吸吮着他老爸身上的脓血，但仍然挽救不了他老爸的生命。

李雄终于觉得自己撑不下去了，他把大将军李寿叫来进行最后的交代，要他以后好好地辅佐李班把李家的事业继续开创下去，然后就彻底闪人——那天是咸和九年（334 年）六月十五日，李雄六十一岁。

这个李班并不是李雄的儿子，而是李雄哥哥李荡的儿子。

李荡活着时是个不怕死的猛男，可他的这个儿子性格懦弱得要命。

他当上皇帝之后，任李寿为录尚书令，大事小事全交给李寿和那个司徒何点、尚书令王瑰处理，让这三个家伙成为大成帝国政坛的“三驾马车”，然后自己躲在宫里，穿着丧服，天天痛哭，那些政事好像与他这个皇帝一点关系也没有。

本来，刚刚即位，李班应该做好安定团结、打牢权力基础的工作，显示出作为皇帝的政治能力，让大家心服口服。可他居然表现得这么窝囊。而且，他成为继承人，李雄的儿子们在内心里已经非常不爽，他们认为，只有他们才有资格接他们老爸的班。

最先不服的人就是李越。他现在是大成帝国的车骑将军，带着部队驻防在江阳。李雄死后，他来到首都参加李雄的丧事。他看到李班一下就成了他们李家的带头人，就恨得咬牙切齿，马上去找他的老弟安东将军李期，商量着要把李班搞定。

李班的老弟李玝要比李班精明多了，看到李越那个神态，就知道如果让他继续在这里混下去，后果很严重，就向老哥建议，赶紧把李越赶回他的防地去，然后让李期当梁州刺史，镇守在葭萌关，隔断李越跟成都的联络。

对于李班来说，这绝对是个正确的建议。

李班也认为这个建议没有错，可他却硬是帮李越找到了个理由，没有把李越遣返。他认为，李越到底是李雄的亲生儿子，老爸尸骨未寒，实在不宜把亲生儿子马上赶走。所以，李班不但没把李越调开，反而还跟李越推心置腹，当成倾诉心里话的最佳对象。他以为这样一来，李越就会打消心中的那个坚硬的堡垒，他们就可以好得比兄弟还亲，就可以按照李雄期待的那样，齐心协力带着四川人民奔小康。

李班为了让李越彻底相信他，还做了一个大大错误的动作，把他的弟弟——那个建议他防范李越的李玝调到涪县去，免得以后又啰啰唆唆，说出不利于团结的话来。这样一来，他身边连个亲信也没有了。

李越当然不会因此就放弃他那个政变的计划。

转眼到了十月，李班居然还没有让李雄入土为安，而是还设着灵位，他的主要业务仍然是在那里为李雄守灵。

十月二十三日的夜晚，李班还在阴森森的灵堂前守灵。

李越进来，带着满脸杀气。

但李班根本没有看到这股杀气，还在怀着悲痛的心情，像往常一样坐在李雄的灵位前，烧香焚纸。

李越就在这时举起了大刀，把李班砍死在李雄的灵位前。

李越杀死了李班之后，连夜宣布已经全面接管政权，要求全国人民情绪稳定，继续生活，李班的死跟别人无关。然后又杀死了李班的老兄——领军将军李都。

当然，李越也知道，杀了李班就是政变，不管怎么嘴硬，到头来都是讲不过去的。人家会说，李班再怎么有罪，也由不得他去杀，而且还是通过恐怖手段搞出来的。一般到了这时，最有用的招牌就是李雄的那个未亡人——皇太后。

李越知道，如果找不到一件合法的“外衣”穿，他的下一步就不好走了，因此，马上就伪造了皇太后的诏书，在上面罗列了李班一连串的罪状，每一条罪名都足以判处李班死刑。

这时，大成帝国里面也没有一个可以说了算的牛人，大家看到他成功地搞了宫廷流血政变，谁也不敢有什么意见。

李越做梦也想当这个老大，但他知道，他现在要是当了这个老大，人家仍然会说三道四，以后他仍然不好过，因此他就推举李期来当皇帝。

李期不是任太后亲生的，算起来不是李雄的嫡子，但他是任太后从小抱养长大的，历来就享受着嫡子的待遇，而且他的智商很高，多才多艺，名声向来很好。李越说，这样的人才最适合当我们大成帝国的英明领袖。

大家一听，当然没什么话说——反正话语权现在掌握在李越手里，他说谁行，谁就行。

在李班死后的第二天，也就是十月二十四日，李期就成为大成国的第一把手，李越当了相国，封建宁王，还加授为大将军，大权全集中在他的手里。李寿当大都督，改封为汉王，跟李越一起主持工作。同时，还重用了几个自己的兄弟。然后才于十月二十六日举行国葬，把李雄埋了。

李越不服李班，安东将军李始也不服李期。李始认为，既然你们可以谋害李班，我为什么不能谋害你们？

他当然也知道，凭他的能力是搞不定李越和李期的，因此，他就决定去做李寿的思想工作，请他跟自己合伙——他主观地认为，李雄死的时候，把后事都托付给李寿，让李寿辅佐李班，曾经是权力最大的牛人。现在李越搞了这个政变，除了李班之外，李寿是伤得最严重的人，因此心里肯定不爽，只要他去跟李寿一说，他肯定会跟自己同心同德，把李越他们搞定。哪知，李寿这时胆子早已缩水，一听这个话题，马上摆摆手不同意。

李始一听，这才知道他彻底看错人了。他回到家后，越想越生气，越生气心理就越阴暗。他去找李期，打了个小报告，说李寿准备谋反，请李期一定要赶在前面，搞定李寿。

李始以为，他这样一来，李寿就马上完蛋。哪知，李期的智商实在不低，并不上当，听了他的举报，脸上一点表情也没有，只是对他说，不会有这回事吧，一定是那些敌人造的谣吧。

李期当然不把李寿当成自己人。但他现在最大的敌人不是李寿，而是那个曾经劝李班警惕李越的李玝。他现在早就有了一套方案，想让李寿去对付李玝。

他派李寿带兵去进攻涪县，一定要全歼李玝。

李寿在军事方面确实有一套。他的大军还没有出发，就先派个口才不错的人去见李玝，向李玝分析了大半天，叫他想一想，到底是坚守有利还是逃跑有利？并告诉他，现在他已经预留了一条逃命的路线，如果认为逃跑有利，就赶紧逃跑吧。

李玝当然知道自己手下这几个兵肯定不是李寿大军的对手，现在不逃还真的无路可逃了，马上收拾行李，一路狂奔，最后跑到晋国，向晋中央递交了避难申请书。

晋国对他的到来表示热烈的欢迎，当场任命他为巴郡太守。

李寿这一招确实漂亮，一来可以放走李玝；二来不费一兵一卒，就和平解决了这件事，避免了一场血腥的战斗。

李期就让李寿当梁州刺史，驻防在涪县。

牛人一块儿死去，宫廷政变似乎也有连锁反应。

李期这边的事才搞定，石虎那边又举起政变的大刀。

李期的这个皇位夺得很容易，手续简便得很。石虎却还是讲究一下形式的——他虽然恨不得把石勒的后代全部搞定，可在这方面上硬是得到石勒的真传，虽然大权在握，什么事都是自己说了算，而且心里也想当皇帝想得要命，可硬是不敢一步到位。

石弘虽然现在坐在皇帝的位子上，但他知道他现在的性命全掌握在石虎的手中，只要哪天石虎不高兴，就会拿他开刀。他知道石虎最拿手的就是杀人。因此，他天天都在害怕中度过。这时，他觉得他不能再这么害怕下去了，就带着皇帝的大印来到石虎的王府里，对石虎说："你就把这个拿去啊，我不是当皇帝的料。"

石虎却冷冷一笑，板着那张杀人脸说："这可是帝王的大业，哪能这么随便乱来？更不能想不干就来个'禅让'，丢担子了事。快快回去。"

石弘没有办法，只得又拿着那颗大印回去。他现在的心情有多低落可想而知——连皇帝的大印都推销不出去，做人做得也太失败了。他回到宫中后，就去找他的老妈，说："老爸看来真的没有后代了。"他的原话是"先帝种真无复矣！"——他知道，石虎就要下重手了。

可他老妈又有什么办法？对石虎有办法的只有石勒，可石勒早就死了。

这时，那些马屁精也纷纷去找石虎，劝石虎应该接受石弘的禅让。

石虎大叫："他有什么资格禅让？他在老爸的丧事期间专门做违背礼法的事，连最起码的道德都丢掉，早就应该被废掉了。"

他把这话说完之后，就派郭殷带着部队进入皇宫，直接宣读石虎的命令，免去石弘皇帝的职务，从当天起，石弘是大赵帝国的海阳王。

石弘老早就知道有这么一天，已经做好了心理准备，因此听到这个命令，脸上的表情没什么变化，很从容地上车，然后平静地对前来送行的员工们说："我早就说过，我无能得很，哪能继承老爸的位子？我说得没有错吧？"大家本来还能忍住悲痛，听他这么一说，脸上就全是伤感的色彩。宫中大大小小的美女这时也都哭成一片。

那些文武官员在送走老领导之后，便集体来到魏王府，进行规定动作——劝进。他们以为，这次石虎肯定会当上皇帝了。哪知，石虎的回答让他们大跌眼镜："皇帝是天下最崇高、最伟大、最光荣的称号，我还真不敢当。还是先当当'居赵天王'。"他下令把石弘、程太后、石宏、石恢都关在崇训宫里。没几天，就把他们全部杀掉——这时，石弘才二十一岁。石勒的后代就这样全部没了。

石虎虽然对石勒的后代采取了灭门的手段，但他仍然是石勒的粉丝，他不但崇拜石勒，也是个坚定的唯心主义者。他不知道从哪个地方得到一本预言书，上面有这么一行字"天子当从东来"。就连夜跑到东边的信都出差，在那里吃喝拉撒了几天，这才西回，算是从东边回来了。

石虎大概认真地总结了一下石弘失败的原因，知道石弘之所以被他轻易地做掉，主要是石勒对他培养的时间太少，在自己身体健康的时候，天天让接班人去读书、学理论，一点事务也不让他去做，等发现身体不行了，这才急忙交权，可已经来不及了。

因此，石虎在掌握大权之后，马上叫他的法定继承人石邃参与决策，可以签发国家文件，很多事务都由他全权处理，自己退居二线，只有祭祀天地、宗庙以及关键的人事任免、战争等事情才由石虎最后拍板。

石虎虽然精明得很，可在挑选接班人这个事上却做得很差。这个石邃绝对不是什么好人，而且人很变态，放着那么多美女不爱，偏去喜欢他的那个“乳娘”。当然，只是迷恋一下也算不得什么，可他居然封这个叫刘芝的奶妈为“宜城君”，让她干涉国家事务。

那些员工眼睛雪亮得很，一看这个女人是现在最有权势的人，马上全力去巴结她，都往她身上投资。弄得很多官员都是她推荐出来的。

石邃却一天到晚笑呵呵地在那里不作声。而石虎这时居然也不哼一声。他大概也像很多老爸一样，开始时，眼里只看到儿子的优点，对儿子的那些缺点总是忽略过去。这么睁只眼闭只眼，为后来的惨剧埋下了伏笔。





晋国似乎从来没有总结过自己的历史，到现在仍然没有搞清楚，这么多年来，乱子像长江后浪推前浪一样，搞得全国人民都很疲劳，是因为那些牛人太牛，最后牛得冲破了底线，于是麻烦就大了起来。全国各族人民好不容易团结起来把王敦搞定了，苏峻又起来，再团结起来，弄得差点儿“国破山河碎”了，这才把苏峻摆平，然后又造就了那个陶侃。陶侃是一个人品不错的人，可一成为全国头号牛人之后，脑子里也多次想大大地突破那个底线，最终能让他守住那道脆弱的底线的，居然是一个梦，而不是其他。

这个柔弱的帝国，靠一个梦幸运地躲过一场更大的浩劫。

在陶侃活着的时候，整个司马氏的高层个个都活得不轻松。他们都知道，陶侃要是发起脾气，要比王敦、苏峻之流难对付多了。

好不容易等陶侃死了，那座压在王导他们头上的大山人间蒸发，大家集体松了一口气。

然而，这口气松过之后，他们又打造出了另一个牛人。

这个牛人就是曾经的牛人庾亮。

陶侃的眼睛一闭，朝廷马上就下文，提拔庾亮为征西将军，假节，都督江、荆、豫、益、梁、雍六州诸军事，而且兼江、豫、荆三州刺史，办公地点设在武昌。一看这个内容就知道，庾亮只差两个州就是另一个陶侃了。

庾亮的水平当然比陶侃差多了，在他接过陶侃的权力成为新的牛人后，也换上了自己的人。不过，他是名士出身，平时跟他打交道的都是那些嘴里“之乎者也”的读书人，除了酸腐的语言可以像滔滔江水之外，别的能力却有限得很。

当时他重用的几个人一个是殷浩，一个是褚裒，还有一个是杜义。这几个家伙都是刚冒出来的新锐名士，当了大官之后，别的事没做出什么，但都齐心协力，互相吹捧，不断地把名士事业做强做大。如果这事只发生在一群吃闲饭的专业作家身上，那也没什么。可现在是需要大家担负起政治责任、光复大晋事业的非常时期，掌权的人居然每天嬉皮笑脸地干这些行当，晋国能光复起来，那简直是历史的奇迹。

如果只是某个牛人如此，朝廷主要决策层还清醒一点的话，那也还有拨乱反正、从头再来的希望。可现在朝廷的实际最高领导人王导就是全国头号大名士，他是名士们巨大的保护伞和模范人物。

咸和九年（334 年）一结束，司马衍已经十几岁，按传统惯例，可以行加冠礼了。

这年开春的第一天，司马衍正式举行加冠典礼，宣布大赦，改年号为咸康。

如果说，去年是牛人死亡年，那今年却是集中改元年。

司马衍抢了头条，李期马上跟进。李期改年号，是因为他当了这个皇帝之后，还没有办这个手续，现在趁新年到来之际，也来个新年新气象，跟着把年号改成玉恒。

石虎看到这两个国家都改了年号，自己也不能落后，也在当年的正月，大叫一声，把年号改为建武。

从三个国家的年号上就可以看出三个老大的性格。司马氏只求从今之后大家平平安安，你不惹我，我不惹你，把这个局面做到地老天荒；李家在成都势力相对弱小，真正对抗起来，谁也打不过，更觉得这个状态能保持到永远，就可以欢呼万岁了；石虎却不同，他对自己的实力超级自信，他做梦都想把周边势力一股脑儿全部打倒，让自己最后一枝独大，成为真正的老大。

现在这三个集团中，真正大权在手的老大只有石虎，那个李期大事小事都得李越点头之后才可拍板。至于司马衍就更不用说了——一个十几岁的小孩，哪能管理这个乱成一团的国家事务？大事小事，都得听王导的。

王导是少有的聪明人，一直以来，人气都高居榜首，不管天下怎么乱，别人怎么血流成河，尸积如山，他却什么事都没有。

这时，王导虽然吹起治国之道、用人之道来都有自己的一大套理论，他也是个笼络人心的高手，但却不会用人，所推荐的人大多是只会耍嘴皮子、不会做实事的人，甚至关键位子也执行这样的用人政策，有过多次用错人、办错事的前科。可他至今仍然没有反省一下自己这方面的问题，他不但没有改正他的这个原则，反而把那个桓景当成自己最亲密的战友。



桓景现在的职务是丹阳尹，相当于首都市长，位子很重要。他最大的特长不是治理政务，而是溜须拍马，常常拍得王导舒服受用，全部身心都沉浸在那种快感之中。大家想把桓景的人品跟王导说一说，劝王导要像远离毒品一样远离桓景，可一直找不到机会。

正巧咸康元年（335 年）的正月，气象部门报告：荧惑守南斗经旬——荧惑星连续十天紧靠着南斗星。你不知道什么叫荧惑星吧？其实荧惑星就是妖星，而南斗星则是宰相在天上的位置。按照当时的天文知识，只要这个荧惑星在空中出现，国家就会出现乱臣贼子。现在这个星紧紧地巴着南斗星，就说明，老天爷已经知道，宰相正相信一个乱臣贼子。

王导接到这个报告后，就对领军将军陶回说：“据我所知，南斗跟地面对应的地方就是扬州。看来，我应该辞职，接受上天的批评。”

陶回一听，这是什么话？当场说：“这跟扬州有什么关系，而是直接跟宰相有关。老大凭着个人魅力和水平，成为皇帝的头号员工，现在却整天跟那个谁也看不顺眼的桓景在一起，把他的话当作享受，荧惑星不出现那才不正常了。”

王导一听，顿时脸红起来——从他的这个表现上看，就知道他也知道桓景的本质不是什么好东西，可他现在觉得自己太需要那些拍马屁的话了，因此脸红之后，却没一点悔改。

而除了陶回的这次劝说之外，基本没有谁再对王导说些什么了，只要王导说谁行，谁就行。

## 石虎开始消沉

晋国把年号改为咸康才几天，石虎突然觉得老待在襄国里有点无聊，就临时决定来个南巡。他从襄国出发，一直跑到长江北岸，到处观望。石虎警卫团里有十几个骑兵，不知什么原因，硬是骑着战马跨过晋赵地界，直入晋国的历阳。

历阳太守袁耽是个胆小鬼，突然看到敌人的骑兵，怕得要命，也不再观察一下，就赶紧派人飞奏朝廷，说石虎要大举进攻了，现在先头部队已经到达历阳，请朝廷赶快采取措施，否则，我过不几天就要死了。

朝廷高层一听，全都吓得脸色发白，个个呆望着王导。

王导的心理素质还算不错，马上请皇帝下令发兵还击。

四月，司马衍任王导为大司马、假黄钺、都督征讨诸军事。

晋国高层对这次出征可以说是高度重视——这些年来，晋国的仗是打了不少，可都是自己人跟自己人干，很少跟外部势力进行过大规模的流血冲突，这一次听说是石虎亲自前来，知道局势很严重。为了表示对这次战争的高度重视，四月十六日，司马衍在建康的广莫门举行了一次盛大的阅兵仪式，检阅之后，才派各路大军出发，在援救历阳的同时，还进驻慈湖、牛渚、芜湖一带，准备全面迎战石虎的入侵。同时，令郗鉴南下，保卫首都。

可没几天，准确情报传来，原来那天进入历阳的只有十几个无组织无纪律的士兵，早已没有踪影，大家还打什么仗。

大家这才松了一口气，最后，下令解除戒严，王导同时也解除大司马之职。当然，还追究了袁耽的责任，将其开除公职。这家伙实在也不宜当边关守将，这种心理素质加上这样的水平，如果再当下去，以后不被打死也会被人家吓死。

在晋国高层集体松一口气时，石虎早已回到襄国。

他有个爱好，就是爱建豪宅。他把国家事务都交给太子之后，就专心去大搞基础设施，为自己兴建豪宅。这家伙大概最恨的就是“豆腐渣工程”。这年年初，铜雀台突然发生崩塌事故，也没什么人员伤亡报告，而且这个工程是当年曹操修建的，跟现在的相关人员无关。可石虎却硬是把主管建设的典匠少府任汪判处死刑。他杀了任汪之后，下令重修铜雀台，豪华超过以前的两倍，表示他比曹操有魄力多了。

石虎的另一个爱好，就是喜欢佛教。

石勒相信佛教，并不是想剃光头发去当和尚，而是因为那个佛图澄。

佛图澄是从印度来的高僧，他有个特长，就是跟那个郭大师一样，对预测学很精通。他在石勒面前表演了几次，就把石勒的佩服之情全部挖掘出来，一股脑儿都奉献给佛图澄。对佛图澄从来都是恭恭敬敬，让他享受特供的待遇。石虎当老大之后，又抬高了佛图澄的待遇，上朝时，还叫太子以及三公一起，扶着佛图澄过来。一干人出来之后，还要有人高叫：“大和尚驾到！”大家听到之后，都得站起来，向大和尚行注目礼，比皇帝来上朝还要隆重。他还指定司空每天早晚都要去慰问一下大和尚，太子和其他高级员工每隔五天也要去朝见大和尚一次。

连续两代领导人都成了佛图澄的铁杆粉丝，全国人民还不都崇拜大和尚？大家都把佛图澄当神仙一样对待，自觉自愿地成为佛教信徒，只要佛图澄去的地方，谁也不敢向那个方向吐口水。弄得佛教突然间盛行起来，到处是大大小小的寺庙。

石虎这时觉得在襄国住着有点腻了，就决定迁到邺城。

咸康元年（335 年）九月，石虎把首都迁到邺城。

石虎本来就不是一个艰苦朴素的人，进入邺城之后，首先要做的就是大兴土木。他虽然离开了襄国，但还是在襄国修建了太武殿，然后在邺城修建东宫和西宫。不到一年，这几个大工程全部竣工，交付使用。而且据说，这些工程规模都不小。太武殿仅殿基就有二丈八尺高，长六十五步，宽七十五步，全是大理石砌成，底层还有地下室，可以容纳卫士五百人，其他装修也是顶级豪华。

石虎这时越来越发现自己有做建筑的天赋，在做完这些工程之后，又立即开建九个殿，这些宫殿完工后，就下令选拔大量的美女和帅哥到这些宫殿里上班，否则，这么多宫殿全空着，建起来有什么用。史书上说，这些美女中“服珠玉、被绮縠者万余人”，彻底刷新了司马炎当年的纪录。

不过有一点，他比司马炎进步多了。司马炎引进了那么多美女，全是用来充实自己的后宫，而石虎却除此之外，还进行了一个改革，提倡了一下女权。他觉得这些美女也是人，也是有头有脑、有手有脚的，因此，他请来教官，来个因材施教，让这些美女学算命、学风水，还学骑马射箭，学跟人打架的本领。对于没有打架天赋的，就让她们上职业学校，学习其他劳动，大大解放了一下生产力。他后来还组织了一支美女队伍，个个头戴紫巾，穿着绸子裤、脚穿五色皮鞋，打扮得漂亮而英武。不过，这支史上第一支女子部队，并不执行保安任务，而是当了军乐团，天天演奏军乐，给大家唱军歌。

石虎觉得自己的这个创意实在太强悍了，不管到什么地方，都要带着这个女子军乐队，天天看她们表演。当时，他的辖区虽然相对其他集团而言也算地大物博、人口众多了，可连年打仗，生产力一点也得不到发展，这时大搞基础建设，又碰上自然灾害，造成了全境通货膨胀，弄得黄金一斤只能买到二斗米，广大民众都饿得只剩骨头。可石虎却一点也不管，继续大搞建设，不断地加大税收的征收力度。而且强迫民工来建造宫殿时，不但没有工钱，反而叫他们自带干粮，即使受了伤，也不给一点医药费。

就是在太平盛世，一个君王要这么做都有亡国的危险，何况在这么一个天下大乱、随时发生战争的年代。

如果石虎的性格好一点，估计那些有责任心的员工会出来劝他一把。可谁都知道，要是向石虎负责，等于不向自己脑袋负责，因此谁也不会出来说一句话，让石虎在亡国的大道上继续高歌猛进。

他觉得洛阳那几口大钟实在太有震憾力了，留在那个地方有点浪费，不如拿到首都来摆摆，好好地打造一下首都的光辉形象，就派牙门张弥过去拉过来。

这些钟都是曹叡当年从长安拉过来或者在洛阳铸造的，个个都重得要命。张弥把钟装到军车上，车轮碾过的车辙宽四尺、深二尺。其中一口钟在运输过程中落入黄河里，石虎仍然不放弃。他招来四百多名潜水人员在黄河里寻找，最后用一百多头牛才把那口钟拉上来。

这些东西运到邺城之后，石虎那张杀气腾腾的脸突然大喜若狂起来。他为了表达他的高兴，居然宣布一次大赦，然后给所有官员都奖励很多东西，给老百姓免费发放一壶酒。

石虎手下的尚书令解飞看到老大这么热衷于搞基建，觉得只有在这方面给他点创意，才有被提拔的可能。他马上向石虎提出，应该在漳河边上再造一座吊桥，以后老大出去就更方便了。

石虎一听，当场采纳。可投了大量人力物力之后，吊桥还远远没有完成，那些工人个个都饿得两眼翻白，就是用刀来逼他们也榨不出一丝力气了。石虎这才叫停这个工程。

正好这时又碰上百年一遇的大旱，各地的求救文书如雪片飞来，要求中央开仓赈灾。可国库里现在没有存粮。

大家都把眼睛盯向石虎，看他这回发布什么英明决策。

石虎却不慌不忙，说："急什么急？家里没有吃的，山里难道没有？发布文件，要求各地'一把手'组织广大人民群众到山里摘野果，到水里抓鱼虾以渡过难关。"

可当大家跟着地方"一把手"上山下河、摘果摸鱼，有了一些收获，脸上开始露出一点喜悦时，马上又被黑社会组织抢走。大家只得继续饿着。石虎却一点也管不着——反正又不是他在饿，他现在过得史无前例地幸福。

这时，他像官方媒体的报道那样，正兴致勃勃地欣赏着成公段发明的一个新东西。这个东西叫“庭燎”——其实这个庭燎就是一个高杆灯，高十多丈，顶端放着一个大盘，然后在盘上放了很多巨型蜡烛，主要是照明用的。这种东西如果放在门外就叫大烛，在房子里就叫庭燎，石虎之所以喜欢这东西，是因为成公段把大盘放在旗杆顶端，而且下面还有一盘，这个盘上可以站多人，这些人相当于蜡烛卫队，个个军容整齐，看上去威风凛凛，能增国威。

所以石虎很高兴。

石虎一高兴，成公段当然也高兴。

可没多久，两个人都高兴不起来了。

转眼就到了咸康三年（337 年）。这年的春天，没什么特别的天象出现，看起来相当祥和。石虎手下的那些员工又加强劝进的力度，说老大再不称帝，实在对不起老天爷，对不起天下的广大人民群众。这些年灾害频发，就是因为老大不称帝啊。老大要是坐到龙椅上，顺天应人，天下马上就风调雨顺了。

石虎一听，叫一声好。

哪知这个“好”太过响亮，使那个庭燎顶端的大盘上突然发生烛蜡泄漏事件，那些滚烫的液体从上盘倾泻而下，当场把下盘二十多个军容整齐的蜡烛卫士烫死。

石虎大为恼火，大手一挥，把发明者成公段拉出去，腰斩。

当然，这个事故并没有阻挡石虎迈向皇帝宝座的步伐。

二月二十五日，石虎终于登上了皇帝的宝座。他虽然大砍大杀，可却是周公的崇拜者。他并没有称为皇帝，而是依照周朝的做法，只称大赵天王，皇后却又叫天王皇后，太子叫天王皇太子，有点不伦不类。可谁敢说他不伦不类？

## 统一东北

在石虎个人事业直冲顶点的时候，东北的慕容家族也在内战中得到大发展。

慕容皝这时已成功打掉了他最坚硬的反对派慕容仁。

本来，慕容仁在和慕容皝的对抗中，得到段氏和宇文氏的声援，算是得道多助，形势还不错，而且慕容皝又受到段家的攻击——如果没有慕容翰的阻止，恐怕现在慕容皝不是被搞定，就是还在逃亡的路上狂奔。慕容仁并没有抓住这个机会，给他这个敌人哥哥最后一击，而是在辽东当观众，一点态度也没有表示出来。

这个机会一丢，就意味着敌人的机会来到。

慕容皝在连败之后，开始来个反躬自省，对自己进行了一次狠狠的自我批评，经过近两年的经营，决定对慕容仁进行一次大扫荡。

揭幕战始于咸康元年（335 年）的十一月。

那时，段氏和宇文氏都紧密地团结在慕容仁周围，派使者到慕容仁那里，全都下榻在平郭城外的茅草屋里。慕容仁这时不知道在想什么，居然丧失了警惕，对同盟军的使者连起码的保护措施也没有，只让使者在那里喝酒泡妞，好像天下已经太平了一样。

慕容皝阵营里的帐下督张英知道后，也不请示一下上级领导，就带着一百多人从小路上狂奔过去，发动突然袭击，把宇文氏的代表团全都杀光，然后把段家的代表团全部活捉，带回大本营。算是取得了一次胜利，给慕容皝增添了一层信心。

这一场袭击对慕容仁来说，除损害了一点外交形象外，没有造成什么直接的损失，但对后来的影响却是决定性的。

真正的决战是在咸康二年（336 年）的正月。当时，东北正是寒风凛冽，连海面都结了冰，是个一点不宜做室外活动的季节。

但慕容皝就决定在这个时候向他的老弟动手。他想直接从陆路向慕容仁发动全面攻击。

司马高诩说:“老大，我反对你的这个做法。慕容仁肯定会料到老大迟早会向他摊牌，一定会加强陆路上的戒备。如果从陆路进攻，肯定要大费周折，咱可从海上进军。”

慕容皝说:“海上进军？咱可没有海军啊，何况现在又没有船只。”

高诩说:“哪用什么船只，更不用什么海军。以前海上很少结冰，可现在已经连续三年都结了冰，这可是上天在帮助老大啊。咱可直接踏冰前进，直取平郭。老大，机不可失。”

高诩的这个方案一出台，马上就遭到全体员工的激烈反对：那冰真的能让咱这么多的子弟兵跑步前进吗？只怕突然轰隆一声，咱的部队全成了那些生猛海鲜的快餐了。

可慕容皝却认为这个方案是可行的，因此在一片反对声中大吼:“吾计已决，敢阻者斩。”

全场一片肃静。

慕容皝派军师将军慕容评从昌黎出发，连续在海面的冰上急行军三百多里，来到历林口放下物资，轻装前进，向平郭城狂奔。而在这个过程中，慕容仁都是躺在温暖的被窝里，一点也不知道敌人已经挥刀杀来。

直到敌人的部队冲到离城只有七里路时，他才知道有这回事，这才“狼狈出战”，一看到这四个字，就完全可以知道这个结果是一个什么样的了。

如果在“狼狈出战”之后，他的头脑还保持冷静，对战局进行一次全面的评估，然后组织战斗，机会还是有的——至少不会败得那么难看，败得那么突然。

这时，慕容皝也已大步赶到现场——也就是说，慕容皝的主力部队已经开到。

而慕容仁那两只眼睛却花了起来，又以为像上次那样，只是敌人的一小股力量前来博侥幸，捡便宜，居然不知道头号敌人就在前面。他很镇定地对员工们说:“今兹当不使其匹马得返矣。”——现在我要杀他个片甲不留，连根马毛也不让它飞回去，把上次丢的面子加倍补回来。

他带着全部家当在城西北摆开战场，要对这支“小股部队”进行一次歼灭战。哪知，那个慕容军却在这个时候知道敌人不是一小撮，而是慕容皝的全部家当，力量对比大大超过慕容仁，心头就害怕起来，带着部队在阵前宣布投降。这家伙一投降，整个慕容仁的部队都情绪不稳定起来。

慕容皝看到对方军心浮动，知道机会已经来临，马上下令发起总攻。

在这样的情况下，慕容仁就是有天大的本事也无力回天了，他只有拼命逃跑。所有部下就在他逃跑的那一刻，全部自觉地向慕容皝举起白旗。变成光杆司令的慕容仁也跑不了多远就被一把擒住，处死。

慕容皝就这样平定了内乱。

在东北这些鲜卑势力中，段军的部队历来以勇猛出名，可很少产生高智商的老大，更没有出现过有远大理想的人物。这些武力指数很高、智商偏低的人有一个共同点，就是经不住别人的几句话，就跟人家去到处惹事。这些年来，东北地区的很多群体事件、流血冲突都有他们的参与。虽然参与的次数很多，可每次都是打败仗，按说教训一大堆，就应该好好地总结一下了，可他们从来没有认真吸取，等下次参战时又大败而归，为那一大堆教训添砖加瓦。在这次慕容兄弟的内部大战中，他们和宇文氏都坚定地站在慕容仁的立场上。本来如果这几个家伙聪明一点，能集中力量，全力出动，统一部署，要搞定慕容皝也不是没有可能的，可这几个家伙虽然一致对付慕容皝，可从来没有协调行动过，这家伙上去了，那两个家伙全坐在板凳上当替补队员，等场上的兄弟被打得遍地找牙之后，替补又上，又继续遍地找牙。搞来搞去，硬是被人家各个击破。

这次慕容皝带着全体人员去平定辽东，总部已经空虚得不能再空虚了，这两家却一点也不抓住机会。等慕容皝得胜归来，段家的老大段辽不知是哪根筋作怪，毫无理由地派他的中军将军李咏去袭击慕容皝。李咏直接向既定目标攻过去，哪知慕容皝的都尉张萌早已埋伏在半路，等他大步过来时就冲杀过来，一点不费力地把李咏给抓住了。

段辽接到报告，一点不服，就不相信搞不定慕容皝，又派段兰带着一万步骑到柳城，准备跟宇文逸豆归联合起来，向慕容皝进攻。这时，宇文逸豆归倒很配合，一接到通知，马上攻击安晋，来声援段兰。

可段兰这次的表现实在是太差了。慕容皝带着五万人前来攻击柳城。段兰一看，这不是五个人打我一人吗？这仗就是叫老大来打也打不赢，连一支箭都没有射出去，就宣布退兵。

他这么一退走，所有的苦头就全由宇文逸豆归一个人消化了。慕容皝带着所有部队去救援安晋。结果只一仗就把宇文逸豆归打得大败而逃。

这段时期，慕容皝的表现确实不错。在取得两场连胜之后，又准确地预料到段辽还会出动，叫封奕带骑兵在马兜山布置了个埋伏圈。段辽果然头脑简单地带了几千个战士冲进慕容家的地界进行抢劫活动。谁知，活动还没有来得及展开，就已进入人家的埋伏圈，被早已等候多时的封奕痛扁一顿，连大将荣伯保也被砍了脑袋。

可段辽却仍然不老实，又制造了几次摩擦，结果都是血本无归。

段家那个五朝元老阳裕看不过去，就提醒一下段辽：咱这些年来，没有哪个月不打仗，而且总结起来，只有教训没有胜利。因此这种仗不宜打下去了。可段辽不但一个字听不进去，反而把他调出权力中心，让他到北平当第一把手，免得天天啰唆，让耳朵不安宁。

这时，经过几次战争，慕容皝的基础打得已经很牢固，完全可以不把另外那两个鲜卑兄弟民族放在眼里了。他本来就是个很有个性的人，看到自己的事业比老爸当政时还要兴旺发达得多，觉得完全可以另立政权了——他们以前虽然在单干，从头到尾都是自负盈亏，但打的却是司马氏的“晋”字旗号。这时觉得老打人家的旗号实在太窝囊了，不如自己打出另一个。

他手下那一干人在他的授意之下劝他称王。他一点也不推辞，就宣布他的国号为燕，他就是燕国第一代领导人——燕王。

这家伙在这方面跟石虎有点相似，就是只称王而不称皇帝。

慕容皝建立政权之后做的第一件事就是主动跟赵国搞好外交关系。这时那个段辽因多次跟慕容氏干仗得不到便宜，就转移摩擦方向，老去骚扰石虎的边界，弄得石虎很不爽。

慕容皝知道，这是搞定段氏的一个好机会，马上派宋回去见石虎，说愿意当赵国的二层机构，而且为了表示此次归顺有着百分之百的诚意，还特地派那个猛男慕容汗到邺城当人质——如果我没有诚意，就请你杀我的老弟。

石虎当然高兴得哈哈大笑，马上同意慕容皝的请求，而且为了表示自己更有诚意，还把慕容汗放了回去——自家兄弟玩人质那一套干什么？双方约定于明年即咸康三年（337 年）同时出兵把段辽搞定。

而这时段辽还不知道危险已经把他包围得死死的。

赵燕联军对段辽的军事行动是在咸康四年（338 年）的正月开始的。

石虎为了一举搞定段辽，紧急征兵，共招募了三万多人，这三万人全是身体强悍的猛男。而这时，段辽还派他的堂弟段屈云去攻打赵国的幽州。幽州第一把手李孟抵挡不住，退守易京。

段辽一看，石虎的部队也没什么可怕，心里高兴得嘎嘎叫。

而这时石虎的七万大军已经猛扑过来。

慕容皝也按照约定，带着部队深入段辽的地盘里见人杀人，见物抢物，满载而归。

段辽大怒，马上下令迎战。

慕容翰说："现在最可怕的不是慕容皝，而是石虎。如果咱带着全部家当去跟慕容皝对抗，南方的石虎打过来怎么办？"

段辽大怒，说："我再也不听你的话了。上次要不是你，这个慕容皝早就没有了。上了你一次当，你还想叫我上你几次当？"带着部队全力出击。

慕容皝对段辽的智商早就了解了，知道他会大步杀来，早就设下埋伏圈。段辽带着他的勇气、带着他的愤怒果然不计后果地冲了过来，干干脆脆地进了埋伏圈。

慕容皝一声令下，伏兵四出，大破段辽，杀了几千人，然后还"掠五千户及畜产万计以归"。可说是战果辉煌。

这时，赵国的大将支雄也从南部大举进攻，长驱直入，声势浩大，还没有砍出一刀，段辽"渔阳、上谷、代郡守相皆降"，他连取四十余城。

那个刚到任没几天的北平相阳裕只得退到燕山固守。

赵国很多人都认为，这家伙是个人才，如果不趁这个时候把他搞定，只怕后患无穷。可石虎却笑着说："阳裕只不过是个读书人，知道段家迟早要玩完的。他现在不肯投降，完全是爱面子的心理作怪。咱完全不用理他。直取段辽的老窝才是正道。"

他下令大军直赴令支——段家的首府所在地。

段辽刚吃大败仗，这时看到赵国的部队比燕国的还多，军容还要整齐，队伍还要雄壮，就觉得头大了起来，头一大起来，胆子就大大地缩水，不敢再接仗，决定带着一家老小放弃令支，逃往密云山。他做人还算厚道，在出发时，握着慕容翰的手说："老兄，我要是听你一句话，就不会有今天这个局面了。我能力低下，玩完了自己，也连累了你。我对不起你。"

慕容翰逃奔宇文部落。

石虎派兵继续追击段辽，威风凛凛地来到密云山下，进行一次大围剿，杀了三千人，"获其母妻"。段辽拼掉老命逃出来，但心里已彻底地灰暗下来，知道再硬撑下去，恐怕没几天，这条性命也就没有了，于是"遣其子乞特真奉表及献名马于赵"。石虎全盘接受，同意他投降。

于是，北方鲜卑三大部落中的段氏就这样玩完了。

段氏一玩完，慕容皝的势力就大涨起来。

## 父子成仇

再来说说赵国的那些事儿。

现在按国土面积而言，赵国虽然比不过晋国，但它还是北方的头号势力，兵力也足，战斗力是目前最强的。如果石虎有曹操的能力，最终统一全国是没什么悬念的。可这些年来，不知是什么原因，虽然天下大乱，是造就英雄的黄金年代，但就是没有一个英雄出现——石勒虽然可算是一个英雄，但也只是相对于同时代的人来说而已。石虎更是一个暴君，在他的意识中，暴力是第一生产力。而他选定的那个接班人石邃的性格也有点像他，只是个敢打敢杀的猛男。石虎对这个儿子很满意，觉得自己生了个了不起的儿子。

也不知道是什么原因，石虎在没话时，居然常对大家说这么一句话："司马家兄弟内斗，搞得轰轰烈烈，才让我做到今天这个地步。司马氏的教训，我会永远记住，所以绝对不能拿我的继承人开刀。"谁一听这样的话，都会觉得心寒。

石邃本来就是个胆子比老爸还大一圈、残忍比老爸更狠一层、腐败比老爸更深入的人，得到老爸保证不杀他的话后，胆子就更加壮大、残忍就做得更绝起来。

他居然有一个爱好——吃美女。先叫人把一个美女带进来，首先让她穿上最华丽最性感的服装在大家面前展览一遍，把大家的眼球隆重吸引住、热血在身上滚烫一番之后，然后手一挥，幕后突然跑来一个职业刽子手，把盛装美女带走，只片刻之间，就砍下美女的头，然后洗得干干净净，放在一个精美的盘子里，带了出来，让大家看看，死美女跟活美女有什么区别。在大家目瞪口呆后，他又叫东宫的大厨赶快把美女的肉做好端上来，让兄弟们吃新鲜的。因为这家伙做得公开透明，因此谁都知道，现在碗里的肉就是刚才那美女身上的肉，但谁都不敢不开口——你要是不吃，估计不久人家就要吃你了。

石虎不但喜欢这个石邃，也喜欢另外两个儿子石宣和石韬。石邃虽然一天到晚吃喝嫖赌，可仍然怕他地位不稳，看到两个老弟在老爸面前越来越得宠，就有被威胁的感觉，对这两个老弟就生起气来，这气越生越重，最后恨不得马上把他们都进行无情打击。

而这时石虎的性格也朝着更加变态的方向发展，完全忘记了全国第一把手的职责，而是把所有的时间都放到喝酒泡妞的事业上，好像皇帝的本职工作就是努力开创吃喝玩乐新局面。而且，他还变得喜怒无常，性格常常让人摸不清。要命的是，他变态起来，居然对石邃也毫不客气。

父子矛盾就在这种变态中猛然拉开。

石虎为了吸取石勒的教训，老早就让石邃主持日常工作。石邃有时向他报告，在他心情不爽的时候，就把那张脸一板，骂道：“我不是叫你主持工作吗？连这点事也要问我？你这是在主持工作，还是来当机要秘书？”

有时他无可事事时，突然发现石邃好像很久没向他汇报工作了，很多事都下文了，他还不知道，又把石邃叫来，大骂：“我还活着，脑子还好用得很，这些事你为什么不报告就下文了？”如果这些事只是在他偶然发晕的时候出现也算不了什么，可这些事每月都发生几次，而且，有时他郁闷起来，不但骂石邃，而且还会狠狠地抽几下。

石邃就是木头人，这时也会叫几声苦，何况他也是个身上兽性比人性多的人。他挨了多次鞭子，觉得不能再这么过下去了。在一个天气阴沉的日子里，他很阴沉地对中庶子李颜说：“我老爸实在太不好应付了。再这么下去，我马上就要崩溃了。看来只有采取果断措施，我才有活下去的路子了。”

李颜是个胆小鬼，一听这话，这不是要谋反吗？这真的不能做啊。可他只是脸色刷白地看着石邃，一言不发，后来，全身都伏在地面上，趴在石邃面前。

石邃跟很多变态的人一样，虽然手中权力很大，可以任意杀人砍人，但却没有一个铁杆死党在关键时刻为他分析形势、提出对策、把握机会，然后劝他是该悬崖勒马，还是大干到底。只有他一个人在那里发狂发疯，决定采取行动，去砍他老爸的人头。

他虽然脾气火暴，一想到老爸的那张脸就忍不住咬牙切齿，但他也知道，凭他现在手中掌握的力量，是搞不定他老爸的，因此他就去向老爸请假。石虎虽然动不动就骂他打他，但那只是在变态发作的情况下做出的举动，其实内心还是喜欢这个儿子的，当场画了个大圈，说准假。

其实，现在石邃的身体强壮得很，他现在就是想放下一切，把手下的官员和卫士五百多人集中起来，宣布要发动一场暴力革命，把老爸拉下马，革命要是成功了，大家都能做高官，现在咱们大吃大喝之后，马上到冀州去，先杀石宣。

大家一听，连饭都吃不下。

石邃绝对不是这方面的高手，居然看不出他的这些手下没有一个跟他是一条心的。虽然在大伙面前摆了大鱼大肉，可没几个在放开肚皮吃吃喝喝，倒是他自己一个人吃得很爽，不一会儿就喝多了。

他在喝多了的情况下，居然还记得他的使命，带着这五百个人向冀州出发。

才走了不到几里路，大多数人都骑着马脱离队伍逃得不知去向。只一会儿，队伍就只剩下几个人了。

李颜一看，觉得再不说话，实在太对不起中庶子这个职务了，就跪下来，劝石邃不要一失足成千古恨啊！

这时石邃也觉得头有点痛，就决定往回走——你想想，这样的人能把政变成功举行吗？

他的老妈知道这些事后，心里急得要命，马上派个太监过去批评了他一通。这个太监也是倒霉，代表皇后过去，话还没说几句，石邃就发起火来大骂，我是什么人，你也敢来教训我？直接就要了这个太监的命。

本来，对石邃这个家伙，很多人都已经看穿了他的面目，但谁也不敢说。只有那个佛图澄仗着有佛祖保佑，常对石虎说："老大，别的地方你都可以去，只有太子宫你去不得。你要是硬去那是你的事，到时你别怪我没提醒过你。"

这时，石虎正走在去太子宫的路上，想去探望一下石邃的病情，突然想起大和尚的话来——他和石勒之所以成为大和尚的铁杆粉丝，就是因为大和尚的预测学太牛了，因此，他可以把任何人的话不当话，但绝对不能不听大和尚的话——他马上就下令掉转方向回去。

他回到宫中后，又觉得这天下是什么道理？便大喊大叫："我是皇帝啊，是天下最大的官啊，现在怎么连父子都出现了信任危机？"

他狂叫过后，还是不敢亲自前往，让那个他最亲信的女尚书代表他前去探望，回来再向他汇报。

石邃这时的变态已经到了完全失控的地步，也不看看这个漂亮的女人是老爸目前的红人，一看到她漂亮地前来，就一招手把她叫到跟前。女尚书当然不会想到，这么向前一跨就跨进了鬼门关。石邃等她来到跟前时，拔出佩剑一挥，女尚书惨叫一声，永远闭上了美丽的眼睛。

石虎这时才知道事情真不简单了，马上把李颜等人逮捕起来。李颜本来就是个怕事的家伙，这时被逮捕，人家还没有审问，他就已经把石邃出卖了。本来，石邃的这些活动跟他没有一点关系，而且他曾劝阻过石邃，才没有让事态扩大化，算起来应该是有功人员。可石虎哪管得这么多，李颜是中庶子，负责管教督促太子，现在太子变成这个样子，他不负主要责任谁负？叫人把李颜连同三十几个人拉下去砍了。

到了这时，石虎仍然没有把石邃杀掉的想法。他把石邃关在太子宫里，几天后，又把他放了出来，想把这事来个大事化小、小事化了。如果石邃这时头脑正常一点，做人再低调一点，认错态度诚恳一点，事情估计也就到此为止了。可这家伙到了这个时候，居然还没有醒悟，被免除责任之后，来到太武殿与老爸见面时，只是板着那张面孔向老爸行了一个普通的礼节，然后就觉得此地不可久留，马上掉头就走。

石虎这时仍然没有生很大的气，派人跑过来提醒他说："老大让我对你说，太子到这里后还应当去见见皇后才对啊。"——石虎既然还叫他太子，说明石虎现在仍然看好他，想原谅他。

可他却理也不理，依然一身牛气，大步走开。

这一下，石虎心头的怒火被点燃了，马上下令废除石邃的太子职务，而且就在当天半夜，派几个武士过去把他杀了，而且把他的大大小小的老婆和子女二十六人一起杀掉。还做了个史上最牛的棺材，把二十多具尸体全装在里面埋下。最倒霉的是太子宫中的那些工作人员，在石邃还当太子时，他们都天天怕他拿他们开刀，跟石邃根本不是一路人。可现在石虎一生气，把这两百多人统统抓起来，全部处死。

最后，石邃的老妈也被一起处分，免去皇后的职务，降为东海太妃。

接着封石宣接任太子之位，成为新的接班人。

这是咸康三年（337 年）下半年发生的事。

## 蜀中之变

而咸康四年（338 年），对于成都的李家集团来说，绝对可以算是极不平凡的一年。

李期通过不正当手段当了皇帝之后，只与李越分享权力。当然如果只是分享一下权力，而在执政理念上真正一心一意带领四川人民奔小康，同样能够把这个皇帝做得有滋有味。可他却认为自己现在是皇帝，是皇帝就是爱怎么样就怎么样，抢谁杀谁全凭心情，弄得很多官员都觉得天天生活在恐怖之中，不知道哪天脑袋就会落在地上。

现在心里危机感最强烈的是那个李寿。李寿此前曾是李雄的亲密战友。李雄死的时候，他是唯一的托孤之臣，不管是水平还是人气，在四川盆地里都是数一数二的，后来虽然立场不坚定，没有完成李雄交给他的任务，让李期和李越夺了权。李期和李越现在也怕李寿，恨不得马上干掉他，免得心里老是不舒服。可李寿不是李班，只会流泪不会搞政变，他手中掌握着实实在在的兵权，没有绝对把握，千万不能过分地刺激他，因此就只有怀着复杂的心情处处提防他了。

李寿觉得再在这两个家伙的忌惮下生活，不但一点不幸福，而且说不定哪天会被他们搞定，因此也是处处小心，每次来到首都，都事先叫部下派人前来报告敌人入侵了，然后就以此为借口，像逃荒一样逃离首都。

他拍着脑门儿想了很久，还是想不出一条保命的办法来。这时他记起了那个龚壮。这个龚壮是四川一带有名的隐士，却成为著名人士，变成了公众人物。我想，他是有自己的目的的。这家伙的上面两辈人都被李氏集团的第一代领导人李特杀死，因此他恨李家恨得要死，时时刻刻都想报仇雪恨。他在老爸被杀的当天就开始穿孝服，发誓不报仇绝不脱掉——现在李氏都换了几代领导人了，他还在穿着那身孝服。

李寿知道他是个人才，曾多次请他出来，保证待遇很高，可他就是不接受。

龚壮这时也看到自己的机会来了，在李寿没想到他的时候，就主动去找李寿。

李寿一见，当然高兴得要死，马上把所有的人都打发出去，然后悄悄地把自己的担心向龚壮和盘说了，问他现在该怎么办。

龚壮是有备而来的，早就打好了腹稿，见对方发问，马上就说："老大，四川这个地方原来是晋国的地皮，人民也是晋国的人民。后来你们李家强占过去，可人民仍然怀念着晋国。如果老大敢于下定决心，带着部队杀向成都，宣布重新回归大晋的怀抱，一定会得到大家的拥护，还用担心什么性命之危。"

李寿一听，看来只有这么做了，就叫来长史罗恒、解思明，宣布了自己的决心，叫他们一起做好进攻成都的计划。

这时李期也隐隐约约地听到了些风声，觉得有点不妙，就派中常侍许涪前往李寿的大本营，看看李寿到底有什么动静。他本来很聪明，可这事做得很差——既然怀疑对方了，就应该秘密观察，暗中做好准备。可他不但派个太监带着个中央检查组到李寿的司令部，看看人家是不是有反动活动，而且，他还派人去把李寿的弟弟安北将军李攸毒死。他认为，把这个李攸干掉了，李寿就没有了得力的帮手，就会软下来。

哪知，李寿听说老弟被毒死，知道李期已经向他亮出底牌，不干到底他就没有活路了，马上创作一封他妹夫从成都给他的来信，说李期已经宣布要将他逮捕法办。

他把这封信向所有的部下公布出来。他历来很得军心，这些部下向来愿意为他卖命，觉得要是这个老大被抓，他们的日子也到头了，因此都大叫不能把老大给抓走啊。

李寿深知时间就是生命的道理，这事宜早不宜迟，马上就作了战斗动员，然后带着步骑兵一万多人从涪城出发，奔袭成都。他到底是李骧的传人，骨子里保持着流民的传统，在大军出发前对大家说："只要攻入成都，兄弟们就可以大肆抢劫一次，不管是百姓家的还是官员家的，统统没有禁区。"大家一听，有财发了，信心一片高涨，士气指数直达顶点。

他任命李奕为前锋，轻装上阵，到成都开饭。

李期那颗脑袋还没有开窍——连人家的老弟都毒死了，竟然还没有做好准备，看到人家的大军喊杀连天而来，这才知道李寿真动手了。可此前一点准备工作都没有布置，这时哪还来得及做什么。

这时，李寿的儿子李势是翊军校尉，听说老爸的部队打了过来，马上打开城门，欢迎大军入城。李寿就这样兵不血刃地占领了成都。

李期一点动弹不得，只得派人代表朝廷对李寿的部队进行亲切的慰问，希望李寿还承认他这个皇帝。

李寿上书先罗列了李越、景骞、田遐以及许涪等人一大堆罪状，说他们“怀奸乱政”，不杀不足以平民愤，当场诛杀。这些人一成断头鬼，李期就彻底孤立了。




李寿在控制成都之后，兑现了“自由抢劫”的诺言，士兵们带着大刀长矛在成都城里大肆劫掠，每个人都盆满钵满后，这才叫停活动。

接着，李寿制造了太后的圣旨，把李期废为邛都县公。虽然保留了个贵族的头衔，但却被关在宫里，一点自由也没有。然后为李班平反，追认为“哀皇帝”。

李寿就这样把成都的大权全部接管。那几个助力手罗恒、解思明、李奕都劝他自称镇西将军、益州牧、成都王，带领大家回归大晋的怀抱，把李期送到建康，当成见面礼。可那个任调和司马蔡兴、侍中李艳却建议他不用怕，把这个皇帝继续当下去，李期能当得，他为什么当不得？

李寿一听这话，心头又活跃起来，可看到那么多反对的人，知道要是硬着头皮称帝，肯定不会讨好的，就想了个办法。这个办法其实小儿科得很，就是请个靠算八字运程的人过来，请他们把他的八字算一下，他这个命适不适合当皇帝。

那个算命的一看他的脸色就知道，如果说他不能当皇帝，自己那颗脑袋就保不住了，就在现场掐着手指头说：“完全可以当几年的皇帝。”

李寿还没有发话，任调就首先鼓掌大叫：“能当一天都够了，何况可以做几年皇帝呢。”

解思明还在反对：“如果当几年天子，还不如当世世代代的贵族好啊。”

李寿这时马上背诵了那两句孔子语录："朝闻道，夕死可矣！"他在这里是活学活用了孔子的话，意思是说，只要这命运里真的能当上皇帝，死去又算什么？

他马上宣布登极，成为四川的新领导人。不过，他却把国号从大成改成大汉，称为大汉帝国，大赦，年号兴汉，然后拉了一车礼品到龚壮那里，请他出来当太师。可龚壮做惯了隐士，过惯了自由生活，硬是不愿做官，把那张委任状和全部礼品都退了回去。

李寿对成都官场进行了一次全新的整顿，以前的当权者包括李特时期的元老全都换掉，把自己手下的死党都推到领导工作岗位上来。

李期这时仍然当着那个县公，享受着贵族的待遇，但他的心态已经无法平衡，终于长叹："天下主乃为小县公，不如死！"堂堂一个皇帝，现在变身成一个县公，还有什么脸活在这个世界上？他跟很多要脸的人一样，觉得脸面比性命贵重多了，因此找来一根绳子，上吊了事。他总共在这个世界上活了二十五年。如果他不当这个皇帝，凭他的水平，这辈子的日子肯定过得红红火火——到了这时，才知道，皇帝也不是个好职业。

## 绝地反击

在四川地区上演改朝换代的大戏时，石虎和慕容皝的蜜月也全部淡化。他们再一次用行动证明了那句"只有永远的利益，没有永远的朋友"的名言。

把段辽彻底挤出历史舞台之后，石虎对这场战争进行了一次深刻的总结，得出一个让他十分不满意的结论，那个燕王慕容皝在这场战斗中并没有带兵前来跟他会师，而是提前对段辽采取军事行动，最后让赵国的军队在正面作战，他的大军却游而不击，只顾掠夺人口和财产，摘取胜利果实比谁都卖力。石虎这么一想，就觉得上了慕容皝的当，被他那个假投降冲昏了头脑，去当了他的炮灰。这么一个小小的集团，居然也敢来吃他的豆腐，这不是把他看扁了吗？别的当可以上，但上这种当实在是太没有面子了。

石虎本来就非常容易生气，而一生起气来就要杀人，就要战斗。他这次一生气，马上就叫嚣着把慕容皝扁死。

太史令赵揽说："老大，不是我向你泼冷水。这段时间看星相，看到本年的星座正巧成了燕国的保护伞，如果老大出兵，恐怕不成功啊。"他的原话是这样的："岁星守燕分，师必无功。"

如果那个佛图澄说出这个话来，石虎绝对不敢不信，赵揽竟然敢乱说这种话。这话分明是妖言。抡起鞭子就在赵揽的身上猛抽几下。

慕容皝听说石虎要拿他开刀，马上进行一番调整，动员所有能够动员的力量，准备应对燕国有史以来最严酷的战争。

没过多久，赵国几十万大军就已经密密麻麻地开了过来。

燕国人长期在关外生活，虽然动不动就干仗，流血场面倒是经常看到，可从没见过这么大的场面，个个都吓得脸色刷白。

慕容皝看到部下个个都是这个脸色，心头也有点波动起来，就悄悄地问高诩："你说我们该怎么办啊？"

高诩却一点没有惧怕，说："赵国的部队虽然很强很暴力，但也没有什么可怕的。咱只要死死地守住，他再多的兵力也没有什么用处。让他们在城外热热闹闹吧，咱当观众。"

石虎这次是铁定了心，想像吃掉段辽一样一口吃掉慕容皝。他在大军压境的同时，还派出很多人深入燕国，做群众的思想工作，号召大家起来反抗慕容家族的压迫，投奔赵国，享受幸福新生活。

石虎的这个政治攻势还是很成功的，一时之间，"成周内史崔焘、居就令游泓、武原令常霸、东夷校尉封抽、护军宋晃等皆应之，凡得三十六城"。没多久，另外一些人也一点不看好慕容皝，觉得改换门庭的时机来了，便都想背叛燕国，夺取燕的地皮，向石虎作贡献。冀阳太守宋烛本来是个坚定的主战派，守城也很认真负责，可对内却疏于防范，硬是被几个不知从哪个地方跑过来的人杀死，然后举城向赵国投降。营丘太守鲜于屈跟他的名字一样，也是个容易屈服的人，这时看到这么多地方都投降了，也决定紧跟形势，向石虎的军队献上一份投降书。

本来，投降为的就是想改个环境，把生活过得更幸福一点，而且投降的成功率是很高的，只要一举白旗，大多都能顺利过关。可鲜于屈是个倒霉的家伙。他的倒霉是因为，他属下的武宁县县令孙兴是个死硬的主战派，听说他的上级领导要投降，就号召大家誓死不当亡国奴，然后把鲜于屈抓起来杀掉，关闭城门，死守到底。

朝鲜县的县令孙泳也是个不怕死的，表示坚决打击赵国侵略军。地头蛇王清却不同意，竟秘密跟赵兵里应外合，想搞定孙泳。可孙泳却精明得很，很快就识破了王清集团的意图。他当然不放过王清，一把抓起来，斩立决。王清的同党都怕得要死，排着长队前来投降。孙泳摆摆手，没有你们的事，都给我守城去。

咸康四年（338 年）的五月九日，赵国侵略军已经逼到棘城城下。燕国的首都变成了最前线。

慕容皝看到城外赵国大军云集，而且战斗还没有正式打响，燕国各地都纷纷易帜，现在只有首都还掌握在自己的手中，其他土地都成了赵国的地皮。慕容皝的内心也充满了恐惧，打算弃城逃走——至于逃到什么地方，心里根本没有底。

帐下将慕舆根坚决反对做这种蠢事：“现在赵国侵略者强悍而得，把我们的首都层层包围，我们已经变成纯粹的弱势群体。老大如果要逃跑，只怕你的脚一动，他们就取得全胜。然后他们就会把我们的老百姓组织起来，势力就更加强大，谁也不能跟他们对抗了。我认为，现在赵兵最希望的就是老大开门逃跑。老大为什么一定要中他们的计？我们现在只能坚守这座城，拼命挡住他们的进攻，他们短时间内肯定奈何不了我们。我们在守城的过程中密切观察形势的变化，说不定还可以抓到某些机会，取得胜利。如果实在守不住了，再跑也一样。为什么现在就做蠢事？”

慕容皝一听，只得叫停逃跑的念头，可心里那一堆恐惧却一点没有减少，害怕的神态全天候布满脸上。

如果照他的这个状态发展下去，没几天就会彻底崩溃。他的幸运是有一帮既不怕死，又有胆量，更有水平的死党，在生死存亡的关键时刻都能跳出来，帮他出主意，鼓励他坚持下去，天天跟他说坚持就是胜利。

玄菟太守刘佩觉得老大的这个脸色对城内军心民心是一种打击，就对他说：“老大，现在城外敌军千万重，城内军心乱如粥。个个害怕，人人慌张。全城的安危全靠老大一个人了。既然到了这个地步，老大就应当拿出做老大的样子来，尽老大的责任，带头树立起必胜的信心，鼓舞全城的斗志，不要老让大家生活在绝望之中，要让老百姓看到一点希望。因此，请老大从现在开始，把脸上的这种神态收起来，一点不能露给人家看。现在情势已经万分危急，人心即将崩溃。请老大赶紧命令我出城，进行一次攻击。即使不能取得胜利，也可以稳定一下城中军民的情绪。”

到了这个时候，脑子已全方位迟钝的慕容皝当然只得听从这些最铁杆部下的建议了。

刘佩精选了几百个大力士，组成一个敢死队，突然喊杀连天地打开城门。

城外的赵兵都知道，城中的燕兵数量少得可怜，估计早已进入惶惶不可终日的地步，离没精打采地举着白旗出来投降的日子已经不远了。因此，个个都像胜利已经来到一样。这时看到城门大开，都以为敌人比预期的还要脆弱，提前出城投降了。

大家正准备热烈欢迎投降的燕国同胞，哪知城门一开，冲出来的是一群喊杀连天的敢死队。

这几百个敢死队员举着兵器，杀向一点没有心理准备的赵兵群中，一时间，燕国部队“所向披靡”，获得了一场巨大的胜利，然后还安全返回城中。

城中的人心这才稳定下来，原来赵国兵虽多，其实一点不可怕，属于“纸老虎”而已。

当然，这只算是一场小胜，对整个战局而言，实在起不了很大作用。

慕容皝的信心仍然鼓不起来，他又问封奕：“你说，下一步该怎么办？总不能老这样组织敢死队去冲击一下吧？”

封奕说："石虎这个人的特长就是残暴，而且残暴得太过头。一个统治者到了这个地步，什么灾祸都有可能在他的身上发生。现在，他带着赵国的全部家当远征，虽然牛得要命，可咱们是守，他是攻，虽然战斗力很强，但一点不可怕。屯兵坚城之下，时间一久，内部就会有问题。现在我们要做的，就是什么也不做，只是严防死守，等待机会。要相信，机会总会有的。"

慕容皝一听，情绪这才稳定下来。

也有人劝慕容皝投降，现在投降过去还是有点资本的，还是来得及的。可现在慕容皝已经不是前几天的慕容皝了。

赵兵终于忍不住了，这么多的部队在城下围了这么多天还取不了这个孤城，也实在太丢赵国父老的脸了——于是发起了声势浩大的攻城战役。总攻令一下达，赵兵杀声震天地冲向城墙，密密麻麻地爬上城头。史书上的描述是"赵兵四面蚁附缘城"。

燕兵在慕舆根等人的带领下，在城头上没日没夜地死守，连续打了十多天，硬是把城头守得稳稳的。

赵兵这才知道，这个孤城坚硬得很，再打下去也是啃不动这块硬骨头的，而且如果老在这个地方跟慕容皝纠缠，国内哪个牛人突然发难起来，只怕老窝都被人家端掉了。因此，不管从哪个角度看，这场战争应该到此为止了。

五月十三日，石虎发布了撤军命令，庞大的赵兵开始向后撤。

可在撤退的过程中，赵兵居然只顾找回头路，完全忽略了城中燕兵的存在。

慕容皝这时头脑已完全恢复正常，一看，这可是好机会，马上派他的儿子慕容恪率骑兵两千人出城追击，在赵兵的屁股后猛砍一顿。

赵兵虽然人多，但却乱了阵脚，一点反抗能力也没有，大败。慕容恪只以两千人马居然打败了对方三万多人。赵兵的大营瞬间崩溃，各路人马都四散而逃，连手中兵器也丢下了。

在赵兵全军溃散的情况下，只有石闵一军还保持完整。

这里有必要介绍一下石闵。石闵的老爸叫石瞻。石瞻本来也不姓石，而是姓冉，是那个陈午手下的死党。后来，石勒剿灭陈午，冉瞻成了俘虏。石勒觉得这个战俘看上去很顺眼，就叫石虎收他做养子，从此冉瞻就变成了石瞻。石瞻后来生了石闵。石闵比他的老爸厉害多了，武力指数和智力指数都很高。连石虎也特别喜欢这个假孙子——石虎当然不知道，他的这个可爱的孙子是他们石家后来的掘墓人，而且掘得比谁都深，连全民族都给灭得一干二净。这时，石闵的职务是游击将军。

石虎吃了这个大败仗之后，回到首都，又大量提拔了一批人。其中那个蒲洪拜使持节、都督六夷诸军事、冠军大将军，封西平郡公。

石闵对石虎说："这个蒲洪绝对不是个简单的人。他的几个儿子也都个个强悍，而且现在他手里还掌握着五万大军，防地就靠近首都，这是很危险的。我认为，对这样的人就应该让他人间蒸发，免留后患。"

石虎却不同意，摆摆手说："不要想得太复杂了。我现在正想依靠他打过南方去，灭了晋国和汉国呢，哪能杀了他。"此后，石虎对待蒲洪比以前更好了——他彻底忘记了蒲洪曾经背叛过他，后来不得已才又向他投降。

慕容皝在石虎大军败退之后，派出部队，讨伐那些叛变的城池。不用想就可以知道，那些还没有打仗就先投降的人有什么战斗力？只几下就捷报频传，收复了丧失的全部国土。慕容皝大力表彰了那些有功之臣后，马上就来个秋后算账，诛杀了很多立场不稳的人。后来功曹刘翔看到老大实在不像话了，就出面劝了一下慕容皝。慕容皝一听，觉得还真的有理，就放下了屠刀，很多人这才保住了性命。

当然，石虎打了这个败仗后，心里一点不服，还在准备着跟慕容皝大打一场。

# 第四章
# 庚氏家族时代

## 庚亮又牛了起来

晋国这几年来很平静，这个已没有强悍牛人的集团，倒是有了不折腾的几年。

这时，司马衍越来越大，但大权仍然掌握在王导的手里。王导这时虽然很牛，但他只是甘当腐败阶层的保护伞——只要你不触及利益集团，他是很宽宏大量的。不管你有没有水平，他都乐于跟你交个朋友，努力把与人为善的传统美德发扬下去，而从没有其他野心，因此，司马衍手中基本没有什么实权，但位子的安全系数很高。

我们无法知道，司马衍在内心里对王导的真实想法，但从外表上看，他对王导的尊重，在中国历代皇帝中是少有的。咸康四年（338 年）的五月十六日，他又下诏，王导升任太傅、都督中外诸军事，郗鉴为太尉，庚亮为司空。到了第二个月，又任王导为丞相，撤销司徒府，把原司徒府的人员和事务都并入丞相府，使王导成为名副其实的政坛一号人物。任命之后，司马衍还特意发表了一篇表彰文章，说他向来命苦，才当上皇帝，就接连碰到灾难，幸亏有王丞相带领大家齐心协力，帮助他把天下平定，功劳比天还大，可以跟那个伊尹相比。请王丞相“永为晋辅”，不要辜负人民的期望啊。

这一年，王导被大力提拔之后，他的那个大老婆曹氏死了。

这个曹氏长得如何，史书上没有记载，但她的嫉妒心却是史上有名的，伴随着强烈的嫉妒心，往往就是那副人见人怕的悍妇形象——像当年贾充之妻一样。曹氏不但嫉妒心很强，而且性格极为强悍。王导可以不怕皇帝，不怕苏峻手下那些见人就杀的暴徒，但却很怕这个老婆。

王导是大名士，大名士的共同爱好就是喜欢美女，因此他也像很多人一样，买大量的美女。可他怕曹氏知道后会惹出麻烦来，就偷偷摸摸地又租些房子，让这些美女在那里住。

可这么大规模地收购美女，保密工作就难以做到位，何况曹氏又不做别的工作，所有精力只用在防范老公与美女的这个事业上，两只眼睛把王导盯得死死的，没几天，她就知道王导已经“营别馆，以处众妾”。心头那个气就马上狂涨，叫人跟着，马上去那个“别馆”，看看老家伙到底这段时间瞒着她养了多少个女人，看看这些女人都长得怎么样。

王导一看，这个老婆娘一到那里，场面可就不是一般的惨了，急忙登上座驾——其实也就是一部牛车，前往别馆，先把那一群美女藏起来。牛虽然已经提速到极限了，但王导仍然怕赶不及，不断地“以所执麈尾柄驱牛而进”，想快牛加鞭，争取早到一刻是一刻，牛跑得气喘吁吁，他也气喘吁吁，把大名士的风度全丢在大街上了。

后来，蔡谟知道这事后，就决定要一下这个全国头号名士，他很严肃地对王导说：“王老大啊，朝廷要给你加九锡了。”

王导当然没有发觉蔡谟这是在戏弄他，听了这话之后，就赶忙发扬谦虚谨慎的优良作风，说他有何德何能，哪敢受什么九锡，请朝廷收回这个决定，不要拿这样的荣誉开玩笑。

蔡谟接着说：“这个九锡很特别，没有别的东西，好像只有一驾牛车和一根长柄麈尾。”

王导一听，这才知道被这个家伙玩了一把，心里大怒，对他说：“我当年在洛阳跟大名士们一起吹牛的时候，连蔡谟是什么东西都还不知道。”不过，他也拿人家没办法，只是生生闷气而已。

曹氏一死，王导在个人生活上得到了大大的解脱。

可那个庾亮却一点没有解脱的感觉。他对王导的意见越来越大，认为现在该死的不是曹氏，而是王导。

王导自从专政以来，所任用的官员没有一个是遵纪守法的，个个都在贪污腐败，除了吹牛聊天就是贪赃枉法，正经活儿一件也干不了，因此很多人都觉得这个国家再这样下去，会有亡国的危险。

庾亮的权势已成为陶侃第二，认为不能再让王导这么做下去了，准备跟郗鉴联合起来，粉碎王导腐败集团。他给郗鉴写了一封信，信中说，这个天下是皇帝的天下，以前皇帝年纪还小，辅政大臣可以说了算。可现在皇帝已经长大了，王导把大权拿得比以前还稳固，而且还利用职权之便，大量提拔流氓分子。我们两个都是托孤重臣，这时还不起来高举反腐大旗，把这些人彻底赶下台，实在是对不起人民，对不起死去的先帝啊。

郗鉴一看这信，知道庾亮又牛了起来，他牛气来得快，但水平却有限得很，曾经一不小心就把国家搞得大乱了一场，好不容易有几天和平的日子，现在正是稳定压倒一切的时候，哪能又搞什么运动？你要搞是你的事，我的态度很明确——坚决反对。

这一盆冷水泼下去，庾亮的热情就全部蒸发，从此不再提起此事。

可那个陶称却把庾亮的这个阴谋出卖给了王导。

那些王导派的骨干分子知道后，都过来劝老大要提防庾亮，王导却说：“这有什么好提防的？我跟庾亮都是利益集团的中坚分子，哪能互相防范？这种话是没有根据的话，有脑子的人都会把这话过滤掉的。就算真的发生这样的事，我也不在乎。庾亮要来就让他来吧。我现在觉得很累，正想把担子放下，从这个位子上退出呢。”

接着又给那个告密的陶称写了一封信：“庾公帝之元舅，宜善事之！”

从这封信上看，王导的气量倒是大得很。

可他真正的内心世界却酸痛得很。

当时在排名上，除了司马衍，没有谁的名字排在他的前面，可庾亮身为地方牛人，却牢牢地掌控着朝廷大权，而且因为手里有枪杆子，又虎踞首都的上游，是权势和实力兼有的人，大家一看，就都跑过去巴结他，让王导感觉很不舒服。

有一次，王导在跟很多人喝酒的时候，一阵西风吹来，他举起扇子，挡住鼻子说："元规尘污人。"元规是庾亮的字，这话是说，这风把庾亮的污尘吹了过来，污染人啊。王导是史上有名的老好人，很少讲人家的坏话，这时忍不住说出这几个字，说明他恨庾亮的程度已经很严重。

当然，如果庾亮能下大决心把王导除掉，重整晋国的吏治，晋国的复兴也不是不可能的。不过，再转过头来看看庾亮，制造麻烦的决心很大，但掌控局势的能力却很有限，如果真的由他来替代王导，对晋国的中兴也没什么帮助，只会白白地掀起一场大乱，给当时的人民造成一次动荡而已。

庾亮不再为难王导，王导就继续把他的用人原则贯彻下去。

庾亮不能打倒王导，大概觉得老在武昌住着，手里握着全国最雄厚的兵力，不干出一番事业来，实在有点说不过去，就决定北伐。而且这时——也就是咸康五年（339年）的正月，广州刺史邓岳出兵，攻打汉国的宁州。汉帝国的建宁太守孟彦觉得当晋国的员工比当李寿的手下有面子多了，就把他的上级领导宁州刺史霍彪抓起来，向邓岳投降。这样，宁州又回到大晋帝国的怀抱。

这也大大地鼓舞了庾亮对外作战的信心——人家也不怎么样嘛。

庾亮为了北伐，先进行了一次大规模的人事调整：桓宣为都督沔北前锋诸军事、司州刺史，镇襄阳；又表其弟临川太守庾怿为监梁雍二州诸军事、梁州刺史，镇魏兴；西阳太守庾翼为南蛮校尉，领南郡太守，镇江陵；皆假节。以上这项人事任命中，只有桓宣是外姓的，其他两人都是他的老弟！他利用北伐的机会，大力打造了他们庾家的权力基础。

当然，他也知道，仅靠他的这几个比他还菜的兄弟是做不出什么伟大的事业来的，伟大的事业是靠有水平的人来帮他开创的。因此他又辞去豫州刺史的职务，让那个在平定苏峻之役中有上佳表现的毛宝接任，而且毛宝还监扬州、江西诸军事，跟西阳太守樊峻一起带着一万人驻防邾城——他雄心很大，但却犯了个极大的战略错误。当年，陶侃还活着的时候，就曾有人劝陶侃在邾城派个加强师去镇守。可“侃每不答”，那几个建议的人就不停地在陶侃的耳边讲，讲得陶侃也烦起来，就带着大家渡江过去，顺便打了一次猎，然后对大家说：“我在这里能够挡住敌人，是因为有长江。现在邾城在什么地方？在长江的北岸，跟内地连接不起来，却直接地面对敌人的势力。敌人都是贪小利之辈，一定会天天来骚扰。我们就得天天跟他们纠缠。以前，东吴就在这个小城里常年驻军三万多。咱们要是在这个地方驻军，对江南的防守一点帮助没有。如果胡人大举打来，咱去跟他们拼命争夺，实在划不来，不如来个搁置争议、共同开发的好。”

也许很多人这时会想起陶侃的话来，但庾亮即使想起这话来，也不会把这话当话。他对陶侃一直怀恨在心，只是当时陶侃太过强大，又是他的救命恩人，他再怎么恨也不能表达出来——不但不能表达，反而要在陶侃面前做出友好亲切的脸色，好像自己跟陶侃的感情是铁板一样。直到这时，他才拿到有分量的发言权，虽然不能把陶侃怎么样，但可以把陶侃的战略构思打倒，也可以把陶侃的后代拿来泄恨一下。

这个时代好像也是个容易泄密的时代。庾亮想阴谋推翻王导方案的腹稿都还在修改，就让陶称知道得清清楚楚，然后把情报告诉了王导。而陶称告密没几天，庾亮就知道陶称干了这个勾当——偏偏这个陶称又是陶侃的儿子。

本来，庾亮对陶称那种华而不实的工作作风和做人态度就有点讨厌，再加上他又是陶侃的儿子，这个讨厌就更加深了一层，再后来，陶称又做这个吃里爬外的事，他的火气就井喷出来了。不收拾一下陶家的人，这辈子算是吃亏到底了。

这时他仍然任命陶称为南中郎将、江夏相。

陶称是个性格不稳定的家伙，一得到提拔，马上就牛起来，去武昌面见庾亮时，居然带着二百多个武士，显得威风无比。却哪知，庾亮这次召见他的意图是要拿他的小命。当他大大咧咧地走进庾亮那里时，庾亮一挥手，两边武士尽出，把他捆得严严实实，同时拿出一张纸，上面密密麻麻写的全是他的罪状。

他大叫："我哪有这么多罪？要是真犯这么多罪，需要多少时间和精力啊，我有那么多作案时间和精力吗？你们罗列人家的罪状也要有点根据好不好？"

庾亮只是冷冷一笑，一挥手，武士把他的头当场砍掉。这是什么年代，杀人还需要那么多理由吗？

庾亮北伐的雄心很大，可战略计划和其他工作却一点也不大气，而且更在北伐的旗号下打造庾家势力。本来，他让他的弟弟庾怿在魏兴当老大。可他的老弟一到那个地方就向老哥诉苦。

庾亮当机立断，马上把老弟调回，改到半州那里当太平官。

庾亮的决心是很大的。他现在决定先拿成都的李寿开刀——这个新生政权无论从哪个方面来说，都相对软弱一点，取得成功的可能性要大一点。

## 毛宝之死

故事开头的情节也确实跟庾亮的设计一样。

他首先任命武昌太守陈嚣为梁州刺史，派这个新任刺史率部向汉中进军；派参军李松向巴郡、江阳进军。

李松一点也没有辜负老领导的期望，战斗一打响，马上就捷报频传，俘虏了汉国的荆州刺史李闳和巴郡的太守黄植，直接把两个家伙送到首都，让全国人民沉浸在胜利的喜悦里。

李寿马上任命李奕为镇东将军，接替李闳，到巴郡镇守。

庾亮以此为契机，要求朝廷批准他进行北伐，光复大晋故土。他说，打赢了蜀汉一场战斗算不得什么。李寿就那点力量，想什么时候摆平就可以在什么时候摆平。现在最大的敌人是石虎。我准备带十万大军把大本营放在石城前线，把各路大军开到沔水、长江一带，向石虎大举北伐。

司马衍这时很民主，接到这个报告后，马上交给大家讨论。

王导认为可行，应当批准。

郗鉴却坚决反对，理由是：“后勤远远跟不上，哪能采取大规模的军事行动？”

那个蔡谟的反对理由更是长篇大论：“打大仗最需要看的就是时机。现在这个时机是怎么测量呢？很简单，就是看看胡人是处于什么样的状态，而胡人的状态却完全取决于石虎的状态——也就是说，石虎强悍时，胡人就强，石虎弱下去时，胡人就跟着大跌。咱就来分析一下这个石虎吧。石虎早年是石勒最牛的悍将，石勒的江山一大半都是他打下来的，现在他们的国土面积跟当年曹操时的差不多。石勒死后，石虎就采取血腥手段残酷打击内部敌人，把所有的反对党全部搞定。他的那些反对派，以前也都是牛得很，可他收拾起他们来，轻松得很。现在大局牢牢地抓在他的手中。现在很多人认为，前段时间，胡人向襄阳进攻时一点成果也没有取得，就认为石虎的名字虽然可怕，但实际也牛不到哪里去。这种观点是大错特错。当时在襄阳跟他们对抗的是桓宣，而胡人的主将是石遇，两人都不是双方的重量级人物，不管胜败，意义都不算重大。现在是征西大将军亲自出马，带着全国的大军高调北伐，口号是席卷河南，打倒石虎，光复大晋，石虎还能坐得住吗？他肯定会亲率全部的军队出来，跟庾亮一决胜负。请问大家一句话，按实际军事水平来看，庾亮比得上那个石生吗？他真的能够抵挡得住石虎吗？如果他能挡得住石虎，为什么连个苏峻也挡不住？……”

大家一听，蔡谟这话实在是有水平，凭庾亮那个愤青头脑要跟石虎对抗，实在是没得比，因此，都投了反对票。

连王导也没话说了。

司马衍马上下诏，叫停庾亮的北伐行动。一场大战就在这场辩论中打不起来。当然，如果司马衍的脑袋多点牛气，局面肯定就不一样了。可他虽然年轻，头脑却冷静得很。

司马衍的性格虽然不错，可手下的员工没几个是像样的——王导虽然政治能力很强，但却生就一副不愿得罪人的性格，最后就成了广大腐败分子最大的保护伞，半壁江山就变成一帮腐败分子的天堂，到死也没有帮司马衍制定出一个光复中原的战略决策来。而且，没多久，这个腐败分子的保护伞也死掉了。

王导是在咸康五年（339年）七月十八日，也就是在刚刚否决庾亮的北伐意见不久后死去的。他的丧事办得很隆重，规模和级别都跟当年霍光的待遇一样，而且还使用天子特有的礼仪。

王导虽然是全国腐败分子最大的保护伞，可他的生活却不算腐败。他当了三任皇帝的宰相，当世没有谁的权势比他大，按道理来说，财产肯定数不清。可他死时，大家一看，他的粮仓里没几颗存粮，平时穿在身上的也没几件好衣服。他当腐败分子的保护伞，并不是他赞同大家腐败，只不过是不想得罪人家而已。可他没有想到，他不想得罪腐败分子，放过那些贪赃枉法的贪官，却得罪了广大人民群众，为大晋日后的更加衰败奠定了政治基础。

从此，晋国的官场朝着更加腐败的道路大步前进。

王导一死，显赫了几十年的王氏家庭的事业终于开始从顶峰上回落。庾亮的家族已经直蹿上来，成为当时最牛的优质股。

司马衍在办完王导的追悼会后，根据王导的意愿，提拔丹阳尹何充为护军将军，进入中央工作，同时下诏任庾亮为丞相、扬州刺史、录尚书事，全面接管王导遗留的权力，再一次成为实际最高领导人。

可庾亮却坚决推辞。他以前在朝廷貌似权力大得很，可最后决心下了多次，最后却被一个地方牛人痛扁得小命差点儿丢了，深知在这个时代，不是谁的官大谁就厉害，而是谁拿枪杆子谁才是最牛的。因此，他宁愿当他的地方牛人，而坚决不到朝廷工作。不过，他不到朝廷工作，并不表示他放弃了那个最高位子。他又向司马衍推荐他的老弟庾冰上去。司马衍马上任命庾冰为中书监、扬州刺史、录尚书事，主持朝廷日常工作。

庾冰同样是愤青一个。他初掌大权时，也跟很多人一样，相信手中的权力是万能的，只要自己舍得下决心，没有办不成的事。而且他刚上任时，也属于想为人民谋利益的那种官僚，没日没夜地工作。

他还大力整顿了一次用人制度，对有水平的人能够彻底放下架子，还下令只要有水平的人都可以破格提拔，他刚采取的整顿措施让人觉得大晋政坛气象一新，王导的风格被彻底扭转。如果照这个方针政策实行下去，晋国的复兴也还有一点希望。

但他的本性跟他的老哥没什么差别，出发点都不坏，否定王导的用人制度更是件大好事。问题是他在否定王导时，否定得过了头。原先王导在处理犯错误的官员时宽大得无边无际。庾冰老早就不满王导的这个做法了，因此他一上任，马上就来个重典治吏，谁犯了错误，都得来个严惩不贷，无不从重从严，几乎天天搞严打运动。丹阳尹殷融觉得他这么做有点太过了，就劝他不能这样下去了。

庾冰板着脸说：“王导那么有水平，都已经受不了那个宽大的后果。我就这点水平，要是放松下去，哪能收拾得了？”

那个范汪又从天象的角度上说，近来天象有点异常，再这样做下去可能要不行啊老大。可庾冰这时三把火烧得正过瘾，哪管什么天道。

很多人以为，庾冰要变成彻头彻尾的酷吏了，以后大家都战战兢兢地过日子、老实巴交地做人了。哪知，没过多久，他就累了下来。他这一累，就露出了他那个虎头蛇尾的本相来——原来的工作态度突然来了个一百八十度的大转弯，对作奸犯科者的宽大比以前王导的尺度还要大。再后来，就干脆凭自己的心情，爽的时候，谁都没事，烦的时候，谁惹他谁就死定了。那些他辛辛苦苦制定出的条款全都作废——司马氏集团摊上这样的舵手，能把整个集团带入正常轨道那才是怪事。

没几天，专门为王导而设的丞相府也宣布废除，恢复司马徒府。

过了几天，郗鉴的病也重了起来。

客观地说，郗鉴是晋室南渡以来不可多得的人才，不光立场坚定，而且有能力有水平，在平定王敦、苏峻的叛乱中起了重大的作用。他从来没有野心，立了大功，也不伸手要官，为自己谋取利益，在关键时刻成功地让陶侃和庾亮向王导发动兵变的图谋只停留在想法上，使还没有在内乱中喘过气来的晋国避免了两场大动乱，这种功劳是说有多大就有多大，这种意义对于晋国而言，也是说有多大就有多大。可惜，他太过淡泊，虽然是政坛的“三驾马车”之一，算是决策层的主力成员，可一直只当方面大员，很少参与朝廷决策，更没有出来主持朝廷工作，不能发挥更大的作用，为司马氏作出应有的贡献。这对他来说，也许没有什么，可对司马氏而言，却是巨大的损失。

郗鉴知道自己这一病，肯定不会再好起来了，就把大权交给他的长史刘遐，然后上书请求退休，还建议朝廷在处理他的部属上要多些理智少些冲动，同时推荐那个敢于戏耍王导的蔡谟当都督、徐州刺史。

司马衍绝对是个厚道的皇帝，一接到郗鉴的信，一句话也不说，马上下召，任蔡谟为太尉军司——相当于郗鉴的参谋长，还加侍中，算是满足了郗鉴的最后心愿。

郗鉴没多久就死去了。司马衍马上任命蔡谟为征北将军，都督徐、兖、青三州诸军事，徐州刺史，假节。

这时，左卫将军陈光不知什么原因，突然给朝廷上书，要求朝廷批准他带兵北伐，去猛扁石虎一顿，为国为民建功立业。

司马衍看到那张请战书，也觉得热血沸腾起来，当场下令陈光去攻击寿春。

蔡谟得知后，赶紧上书，说明现在北伐的时机仍然不成熟，寿春更不是想打就能打得下的。因为寿春城池不大，但工事质量过硬，而且他们需要急行军五十多天才赶到，他们还在行军途中，敌人其他地方的援军早已抵达。而且陈光的部队是国家最精锐的部队，他们用最精锐的部队去攻打一个小城，即使得到了，也没什么利润可赚，要是搞砸了，后果会很严重的。

司马衍耐心把蔡谟的信看完，身上的冷汗已出了不少，这才紧急收回成命。

而恰在这时，庾亮的北伐部署又遭到了重大的挫折。

他一上来就以否定前任政策为能事，硬是把陶侃早已论证过不能在邾城驻军的决策不当回事，派晋国最得力的军事人才毛宝到邾城当最高指挥官。他以为，有毛宝在，什么鸟都飞不过邾城。

石虎听说晋国派部队在邾城驻扎，就觉得心情超级不爽，马上下令出兵攻打。当时，他派出的首发阵容是：总指挥是尚书令夔安，主力队员是石鉴、石闵、李农、张貉、李菟五人，共五万人，南下攻打荆州和扬州，另出两万人进攻邾城。

这个阵势可说是现在石虎能排出的最佳阵容了，拿下邾城的决心之大可想而知。

毛宝看到敌军势大，来得凶猛，靠邾城的力量实在难以抵挡，急忙向庾亮求救。毛宝是当时少有的智勇双全的军事人才，既有水平，也有敢拼的大无畏精神，在苏峻之役中已有多次精彩的表演，现在他都觉得问题已严重了，这个问题是真的严重了。

可要命的是，庾亮却认为一点不严重，邾城的城防工事坚硬得很，毛宝的水平高得很。因此，他很乐观地认为，赵国的军队要在短时间内攻破邾城，那是白日做梦。因此，居然没有派出援军，让毛宝再好好地表演一次。

大战在咸康五年（339 年）的九月拉开帷幕。

那个后来成为史上有名的牛人石闵首先在沔水之南大显身手，一战而大破晋军，斩杀将军蔡怀。

接着，夔安、李农陷沔南；朱保再败晋兵于白石，杀郑豹等五将军。最后，张貉猛烈围攻邾城，一战而下之，守城士兵六千人被杀。毛宝和樊峻突出重围，夺路渡江南逃，可却被淹死在长江水中——一代战将就这样被庾亮置于死地。

夔安继续扩大战果，攻取了胡亭，向江夏大步而来。晋国的义阳将军黄冲、义阳太守郑进看到连毛宝都死了，这仗还有什么可打的？在敌人还没有开到时，就赶在前面向赵国投降。夔安进而包围石城——庾亮曾信心十足地要把总部放在这个地方，如果没有朝廷的制止，现在庾亮的麻烦可就大了。

幸亏竟陵太守李阳在关键时刻稳住阵脚，敢于出战，硬是把一路胜利而来的夔安打败，歼灭敌人五千多人，一举逆转了战场形势。夔安这才不得不后撤。不过，他在撤退时，仍然把汉水以东的七千户人家全部带走，都安置到幽州一带。

虽然前线已经完全可以用兵败如山倒这个词来形容了，可庾亮仍然在死硬着脸皮——跟当年和苏峻对垒时一样——信心十足地上书要求允许他带大军进到石城，准备北伐——他在上这个书时，居然还不知道邾城已经彻底丢失，毛宝早已死掉了。

朝廷的回复还没有到，他就听到了邾城失陷的消息。

他刚一听到这个消息，有点不相信，那个邾城不是坚不可摧吗？毛宝不是英勇无敌吗？但后来，他不得不相信了。这个消息最后像一根从天上突然打下的闷棍，一下就把他击垮。

他知道，这次大败，主要责任应该由他来负，如果真的追究起来，免掉他的一切职务也不算量刑不当。于是，他又做出一副可怜相，上书朝廷，请求贬谪三等。

如果是一个强悍的皇帝，肯定会乘着这个机会把庾家的势力一下打掉。可司马衍大概受王导的影响太深了，最大的特长就是做个老好人，当然不会拿下庾亮的乌纱帽。下诏恢复庾亮舅舅的职务，而且还提拔那个怕死的庾怿为豫州刺史，监宣城、庐江、历阳、安丰四郡诸军事，假节。司马衍的这个举措实在是太雷人了——庾亮当了这么多年的全国一号牛人，战功没有立下一点，最后打了个著名的大败仗，不但一点事也没有，居然还提拔那个怕死的老弟来安慰一下他。

不过，庾亮在这么多次失败之后，心情也郁闷不已。到了第二年，也就是咸康六年（340 年）的正月初一，在人们共庆新春佳节的时候，庾亮却咽掉了最后一口气——这年，他才五十二岁。他靠美女妹皇后当上大官，走的是外戚路线，但并不像历史上的那些外戚一样把皇帝外甥的天下当成自己的天下。他还算是有心为自己的外甥保驾护航的，可能力太差而又自以为是，最后不但没有帮助外甥把天下搞成太平盛世，反而弄得天下大乱，连妹妹的性命也丢掉了，是典型的志大才疏之辈。他上台后，对内搞乱，对外失败，简直一无是处，但对庾家却大有贡献。

## 兄终弟及

司马衍在骨子里肯定知道，他的这几个舅舅也不是什么好人，但碍于面子，在庾亮死了之后，仍然让庾家的人继续掌权。他在让何充当上中书令、录尚书事后，仍然提拔庾亮的弟弟庾翼接管庾亮的权力，当上都督，司雍梁益六诸军事、安西将军、荆州刺史，在武昌办公。这年，庾翼三十六岁。

庾翼虽然年纪不大，跟庾亮是兄弟，但他比庾亮实干多了。

他刚上任时，很多人并不看好他，觉得他这个年龄，接过庾亮的这个担子，恐怕还是太粉嫩了。可庾翼硬是彻底抛开吃喝嫖赌业务，全心全意投入工作当中，什么口号也不提，只是老老实实工作，认认真真办事，军政大事两手抓两手都要硬，做得有模有样，只几年时间，当地的民生就大有改善，财政收入节节攀升，比他的哥哥强多了。

司马衍对他的舅舅们虽然不断地重用，但心里对这个局面还是很不爽的。他在庾亮死后，大力提拔王导的死党何充，就是意在平衡庾家的势力。有一件事，可以让我们知道司马衍真实的内心世界。

咸康八年（342 年）正月，庾怿派人送给那个曾经举报过王敦的王允之一坛名酒，说是给王允之送一点春天的祝福。王允之的智商不低，一听是庾怿送的名酒，马上就把两家的关系从头到尾回忆了一遍，得出结论，庾、王两家的关系是貌合神离。庾亮要以暴力的手段搞定王导的事早已公开，王导对庾亮的不爽，也很少有人不知道。现在庾怿突然给自己送来这坛酒，恐怕不是什么好酒。

王允之心里觉得不踏实，就让人牵一只狗过来，然后把酒倒给狗喝。这狗一吃到名酒，连叫一声都来不及，当场毙命。王允之在心里吓了一大跳，身上的冷汗到处都是，但却不动声色，把狗埋掉之后，偷偷跑到司马衍面前，把这事很低调地说了。

司马衍再也忍不住了，对庾怿说："以前大舅多次把天下搞得大乱，现在小舅是不是要接过大舅的接力棒，再乱一次心里才爽？"他的原话是："大舅已乱天下，小舅复欲尔邪。"

庾怿做梦也想不到他的这个外甥会讲出这样的话来，这才知道，自己兄弟几个在皇帝的心目中是大大的不得分。他虽然敢于向王允之下毒，但那个胆子却小得不能再小了，给这话一吓，精神压力越来越大，最后彻底垮了下来，把毒药一喝，走完了人生最后一步。

另外一件事，也说明庾家跟司马衍的关系不是那么铁的。

咸康七年（341 年），慕容皝派刘翔到建康，想争取晋国封他一个大将军的官，还要给他发一枚燕王的大印。他这些年在东北一带上蹿下跳，把燕国打造成东北第一强，不管是他们鲜卑族的内部势力，还是石虎的赵国大军，都被他扁得遍地找牙，个人野心也越来越膨胀。可他也是个很自卑的家伙，觉得自己出身不那么根正苗红，虽然自称了燕王，总觉得这个王的底气太薄，不管怎么看，总有点来历不明的感觉，因此就想请晋国按照程序给他一个封号，这才派这个刘翔过去。

刘翔的口才很不错，到建康后，到处去拉关系，天天去做高层人士的思想工作。哪知，晋国的那些高层这方面讲原则得很，说大将军都是主持中央军委工作的，哪能像慕容皝那样天天在边疆的军营里？而且从汉代以来，只有宗室的人才可以封王，我们不能打破这个先例。刘翔的姐夫诸葛恢也是个坚决反对者。

最后刘翔走了中常侍彧弘的门路。彧弘直接就去找司马衍。司马衍听了彧弘的话，觉得有道理，心里就有点松动起来。

但现在真正的决策人不是司马衍，而是庾冰。

庾冰现在主持朝廷日常工作，生杀大权全握在自己的手中，也没拿过"王"的印章，因此内心里很不愿意让慕容皝当什么燕王，所以一直不表态，只在一边摆着大领导的样子，看大家争论。估计慕容皝也知道这家伙不开口，他这个燕王就永远没有合法的时候。刘翔白白辛苦走那么多的路，累得腿差不多断了，却一点功劳也没有，他就写一封信给司马衍，说现在大晋帝国全由庾家帮掌权。这些年来，国家乱成一锅粥，全是姓庾的搞出来的，这样的人适合当政吗？同时，他还写信给庾冰，说你就会抓权，对国家一点贡献也没有——如果慕容皝是在江南，庾冰只把这封信读完一半，就一把撕掉，然后大笔一挥，将他就地免职，之后就会找个理由让他人头落地。可现在，慕容皝远在东北，他的手再怎么长，也伸不到那里。又得知慕容皝同时也给司马衍写了这么一封信，内心就怕了起来——怕慕容皝以此为号召，叫大家把庾家帮打下来——他深知，他这些年来仗着手中的权力，玩权术弄死了很多人，现在他的冤家对头多得很，最怕的是这些冤家对头团结起来，跟司马衍上下一致、勾结在一起，他就什么都完了。

他只得去找司马衍，说，还是同意慕容皝当燕王吧，免得他天天来这里烦人。

司马衍当然没意见。

从这件事上看，庾冰对司马衍还是有一层墙纸隔着的，否则，他完全不用那么恐惧。

我想，此时，司马衍对他的舅舅们的意见在心里的发酵也到差不多成熟的时候了——他虽然即位多年，也算得上是资深皇帝了。以前大事小事都由王导说了算，那时可以说是年纪太小了，脑子还处于发展阶段。可现在都二十几岁了，天天穿着皇帝的龙袍，却还只能开展盖公章的工作，而什么事都由这个变态的舅舅来拍板——性格再怎么柔弱，也会觉得不爽的。

如果这种不爽长时间下去，后果是很严重的。

可司马衍不爽没多久就病了。

咸康八年（342 年）的五月，司马衍的龙体开始欠安，吃了一个月的药，病情却越来越重。到了六月五日，司马衍都觉得这个日子有点不妙了。

不光司马衍觉得自己不妙了，连身边某些天天喊他万岁的人也知道，这个帅哥的日子不会长久了。司马衍估计平时也是王导式的人物，对身边的工作人员从来都是采取平易近人的态度，因此身边的工作人员也不怎么把他放在眼里。到了这个时候，不知是哪个身边工作人员野心突然冒了出来，做了份假公文，关闭了宫门，连宰相级别的大官都不让进来。这个消息一传出来，大家的脑袋都同时轰的一声巨响，不知发生了什么事，更不知道要怎么办了。

倒是庾冰的脑袋这时还保持清醒状态——如果他这时不清醒，他就不是庾家帮的带头大哥了。他大声宣布："肯定有阴谋！"亲自挂帅，一查，果然是那些别有用心的人干的。

到了这时，司马衍的继承人的问题也被紧急地提上了议事日程——他现在才二十出头，按现在的标准，才刚好符合法定结婚年龄。不过，他是皇帝，历来有早婚早育的特权。这时他已生有两个儿子：司马丕和司马奕，都还让奶妈天天抱着过日子。按照惯例，只要是男的，只要是司马衍生出来的，不管年纪有多小，他们其中的一人都有资格继承这个皇帝的位子，至于大政方针，估计又是司马衍的老婆从幕后走到台前了——庾冰最怕的就是这个局面了，因为，那时他就得退居二线，从一号人物变成靠边站的人。当然，如果他也像王导那样，从来都做老好人，再怎么靠边站，也照样过着幸福生活。可他的对头太多了，他一靠边站，就会靠到刑场那里去。

因此，在讨论接班人的时候，庾冰说，现在咱们的国家还处于非常时期，几个强大的敌人还在天天看着我们，因此，我们必须推出一个成熟的最高领导人。所以我推荐司马岳当我们下一代的英明领袖，带着我们走向新时代。

司马衍本来就是个没有原则的老好人，而且人又病到这个地步，再一听这话好像也很有道理，因此在咳嗽几声之后，艰难地点点头，同意舅舅大人的这个意见。

庾冰一看，心里长长地松了一口气。

可何充却认为，皇位父传子是历史惯例，如果改变这个惯例，会造成动乱的。以前，武王的老弟周公是史上少有的人才，可武王仍然只传给他的小孩，而没有传给周公啊。另外，皇上想过没有，如果把皇位给了司马岳，以后皇上的儿子怎么办？

可这时，庾冰的胆子已经壮了起来，底气也足了起来，当场否决了何充的意见。

司马衍刚才点过头，这时就更不好反悔了，只得下诏，任司马岳为皇太弟，但叫司马奕去当琅琊王司马安的养子，想通过司马安来当他儿子的保护伞。

办完这些事后，司马衍把庾冰、何充、司马晞、诸葛恢叫到病床前，说，我估计活不过明天了，看在这些年我做老好人的分上，以后你们帮我照顾一下老婆和孩子，别的也不多说了。

司马衍这话说得倒是很及时——六月七日刚说，六月八日就“驾崩”，才二十二岁。他五岁当皇帝，当了十八年，在位的时间倒不算短，而且经历了几个著名的历史事件，但因为他一来年轻，二来是个弱势老大，因此这些事件都与他有直接关系，但他却从不起决定作用，每个事件的过程，他只是在其中当个最专业的观众，没力量也没能力发挥出他应有的作用。他在这十八年的皇帝生涯中，没做出什么可圈可点的事，唯一能让人称道的就是有着克勤克俭的传统美德——这种美德去当一般平民家庭的家长倒是很合格，但对一个要在乱世中崛起的君王而言，用处接近于零。

那时的人虽然个个都是唯心主义者，中央还设置相关部门专门看天象，用他们所理解的天文知识来制定很多政策，但在皇帝即位的这个事上，从不翻老皇历，老皇帝今天咽气，新皇帝半夜就做好龙袍，第二天早上就举行仪式当上皇帝。

司马衍六月八日死掉，司马岳马上就接过权力大棒，于次日即皇帝位。

司马岳为了安慰一下刚死去的老哥，当上皇帝之后，下的第一个文件就是封司马衍的儿子司马丕为琅琊王、司马奕为东海王。他的名字虽然很大气，但做人却小心得很，登基大典一结束，他所做的事就是把所有的国事都交给庾冰和何充全权处理，自己却全心全意地去为老哥守灵，而且在守灵期间，一句话也不说。到了七月一日，守灵期满，他决定把司马衍安葬。司马岳步行送葬，一直走到阊阖门，这才上车来到墓地。

司马岳为哥哥入土为安办完所有的手续之后，这才把大家召集到金殿上，宣布自己将正式上班。他看了看所有的人，最后把目光定格在庾冰和何充的脸上，说："我能有今天，都是靠两位老大啊。"

庾冰一听，心情超爽。可何充却实事求是得很——他知道，现在的江东是庾家的天下，而且司马岳能坐到龙椅上，也确实是庾冰一个人的力量，如果硬去沾这个光，庾冰一不高兴起来，后果就说有多重就有多重，因此马上就说："皇上能有今天，应该归功于老大庾冰。如果先帝采纳我的建议，现在可不是这个局面啊。"

司马岳也是个脸皮很嫩很薄的人，一听这话，心底的那股羞愧就快速地翻腾上来，脸皮跟着有"溧色"起来。从这件事上也可以知道，司马岳的性格跟他老哥也是同一个档次上的，这种人如果当个守城之主，带头提倡一下勤俭节约的传统美德是不会错的，但在这个天天战火纷飞、你死我活的动荡时代中，掌握着这个方向盘，绝对勉为其难。

何充绝对是个政坛老人。现在他是朝中仅次于庾冰的人物，在局外人看来，这一定是个可以呼风唤雨、放声说话的牛人，可何充却清楚得很，他的名字虽然排得很靠前，但真正说了算的只有庾冰，庾冰一有什么决定，谁也动摇不了。他这个二号权力人物，根本插不上嘴。而且他也清楚地知道，庾冰正在努力打造庾家的权力大厦，庾冰要是觉得谁对他造成威胁——哪怕只有一点点嫌疑，他也不会放过的。何充知道，如果再在这里跟庾冰当同事，下一步就不好说了，因此，马上就要求下到基层去。庾冰一看这个报告，觉得也很不错，这个碍手碍脚的家伙能主动离开权力中心，还算有点头脑。他马上就批准，下了个文件，任命何充为骠骑将军，督徐州、扬州之晋陵诸军事，领徐州刺史，镇京口。

司马岳在立皇后这个环节上比别的皇帝似乎慢了一点——很多皇帝在即位的时候，就把皇后这个编制搞定——当然除未婚皇帝之外——他六月即位，到十二月底才立他的妃子褚蒜子为皇后。

这个褚蒜子的名字看起来很土，其实她的老爸就是那个褚裒，当时的大名士，那个在苏峻之役中成为烈士的桓彝刚一见到他，只看了他的脸面一下，马上就下了这个评语：“季野有皮里春秋。”季野是褚裒的字，这话是说，褚裒对很多事物，表面看起来好像很麻木，其实他心里比谁都明白。那个后来在历史上大名鼎鼎的谢安也说：“裒虽不言，而四时之气亦备矣。”

褚裒现在是豫章太守，不管是人气还是水平都还算不错，因此，司马岳就决定把这个国丈调到朝廷，担任侍中、尚书，跟庾冰一起分享权力。如果是别的人，一接到这个消息，马上就会丢开所有的事连夜向首都赶路。可褚裒却冷静得很，老早就知道朝廷不是一个宜于生存的好地方，而且历史经验也在不断地告诉他，外戚掌权到头来都没有好果子吃，因此就坚决推辞，不要在朝廷任什么职务。司马岳只得答应，提拔他当了建威将军、江州刺史。

褚裒是个不可多得的国丈，而他的女儿褚蒜子也是晋国不可多得的皇后。在两晋的皇后名册中，最有名的两个皇后，大概就是那个贾皇后和这个褚皇后了。一个在西晋司马衷时代指手画脚，让司马氏直接从最辉煌的时代走向衰败，而这个褚皇后却恰恰相反——当然，这是后话，暂且按下不表。

褚裒不愿参与朝政，对于庾冰来说肯定是一件可以让他笑歪了脸的好事。现在的情况是，他在朝廷掌握大局，他的另一个兄弟庾翼在外面带着大军当地方牛人，一里一外，把权力拿得稳稳的。

不过，庾翼的人品还算不错，工作认真负责，做人也比较踏实，而且做人很大气，脑子里满是建功立业的强烈愿望，一谈到“北伐”两个字，就血压升高，全身温度急剧飙升。他北伐的热情不比他的哥哥庾亮差，但他却比他的哥哥务实多了。

庾翼知道，光靠自己的热情以及手下的实力，想把石虎打倒那是不可能的，要北伐必须有得力的人才。

他很快发现了一个人才。

## 桓温出场

这个人就是桓温。

桓温是桓彝的儿子。据说他刚出生不久，还没有起名字，那个温峤到家做客，看到这个小孩，觉得眼睛一亮，脑袋一响，毛孔也舒张起来，心头被打动了一下，就说："此儿有奇骨，可试使啼。"大家把小孩弄哭。温峤用耳朵一听，说桓彝啊，你这个儿子"真英雄也"。

桓彝历来是温峤的粉丝，一听这话，马上就为孩子起名桓温。

桓温长大后，果然一表人才，是帅哥型的猛男，或者说是猛男型的帅哥。后来他的老爸在苏峻事件中被害死。那时桓温才十五岁，发誓为他的老爸报仇，天天"枕戈泣血"，说不把凶手揪出来，一刀劈死，决不姓桓。那个泾县县令江播曾经积极参与杀害他老爸，听到这个消息后，也怕得要命。不久江播就病死了。在江播病死的时候，他的三个儿子怕桓温举着大刀杀进来，要他们的小命，因此天天带着兵器为老爸守灵。



桓温知道后，心里暗骂，带着兵器就怕你们了？看是你们的兵器厉害还是我的大刀干脆。他直接来到江家，说是来吊丧的。江家的那几个守门的居然让他大步进去。

他来到江播的灵前，看到江家三个兄弟正在那里悲痛着。三个人一看到桓温杀气腾腾的大脸，马上就吓得崩溃起来，连原先准备好的兵器也拿不出手。

桓温很愤怒也很从容，先把江家老大一刀当场砍死，鲜血溅满江播的灵位。

另外两个兄弟一见，连救命声也叫不出来，只是披着孝服夺路逃命，心里希望老爸能保佑他们逃得出去。桓温追上去，一刀一个，杀得轻松自如。

按道理说，桓温的这个行为是个彻头彻尾的暴力杀人的行为，把他抓起来，判个杀人罪完全没有错。可那是不讲道理的时代，他这么干之后，不但没有受到一点惩罚，反而到处被赞扬，都说他杀得好，这三刀实在是

"快哉，三刀"，人气马上狂涨起来。

他越长越帅气，越来越英武，最后居然成功娶到了南康公主，成为司马绍的女婿。光靠这个驸马都尉的身份，要当个高级领导干部就已经容易得要命了，何况他本身的才干，再加上身上那股浓重的血气，在当时的官场上混，那不是很容易的吗？

桓温二十三岁就当上琅琊太守，成为琅琊的第一把手。

不过，当时高层让他当上这个官，也只是看在他是驸马的分上，并没有看出他的水平。

真正发现他是个大人才的是庾翼。

两个人的性格都差不多，因此很快就成了好朋友。庾翼觉得只有让桓温的官再大一点、手中的力量再强一点，他的作用才能发挥出来，就向司马岳说："老大，我向你推荐一个人才。他就是老大的妹夫，很了不得，是我们南渡之后少有的人才。如果老大只把他当作一个普通的妹夫看，那就太可惜了。老大最好马上让他成为地方牛人，把大晋中兴的大担子交给他，他一定可以圆满地完成任务。"

可当时，很多人都推荐另外两个名士，一个是杜乂，另一个是殷浩。这两个家伙绝对是合格的政客。他们向诸葛亮学习，老早就玩起隐居的把戏，虽然人家请他们来当官，但他们都嫌那职位太低，因此就硬是不出来。两人这么一坚持，天下的人就都说他们是管仲、是诸葛亮，人气更加狂涨，说如果国家连管仲和诸葛亮都不用了，那还用谁？那个谢尚在殷浩隐居的地方看到他之后，回去就长叹一声："深源不起，当如苍生何。"如果他不出来当官，天下的老百姓就不用活了。

可庾翼一点也不看好他们，淡淡地说："这两个人最好先让他们闲着，等天下太平了，我们再开个大会，慢慢讨论，到底什么职位可以适合他们这样的人。"他的眼光确实很毒，知道这种靠玩隐居把戏的人绝不是什么好人，想靠这种手段来增加当官的砝码，是小人一个，身上除了炒作功夫外，没有别的本领。

庾翼经过几年的准备，认为可以向北进军了。他对整个形势进行了一番调研，认为只有把石虎和李寿的反对力量都联络起来，到处对他们制造麻烦，四面向他们进攻，才有成功的可能。这些年来，张骏和慕容皝都还在打着司马氏的招牌，尤其是慕容皝，多次把石虎军打得遍地开花，不管处于多大的劣势，也都是每战必胜，好像是石虎的天然克星一样。这些力量应该好好地利用。

他派出使者，请慕容皝和张骏一起选好日期，共同向石虎发动军事行动。

不过，晋国朝廷高层的人都觉得，现在国内还困难重重，这个战幕真的不能马上拉开。只有庾冰、桓温和司马无忌投了赞成票。

这时，是建元元年（343 年）的七月——司马岳在去年上半年接位，因此只有到了第二年才改元。主持改元的就是庾冰，他觉得“建元”这两个字不错，就拍板定调了。

哪知，有个记忆力特别好的人突然记起当年郭璞的预言来——郭璞当时说了这么一句预言：立始之初丘山倾。当时庾冰一看，这话就像天书一样，不管怎么研究也研究不出个所以然来。这时，那个人看到这个建元之后，马上对庾冰说：“老大，以前郭璞说的，现在我明白了。‘立’字，就是建立的立啊，‘始’字，跟‘元’字也是一个意思啊。丘山，不是岳字吗？老大，这个建元要不得啊。”

庾冰一听，全身凉了个透，只在那里发呆。虽然想到要改，可事情到了这个地步，改就能改好吗？这是老天爷的意思啊，能让老天爷改变他的决定吗？

也是在这个时候，有个特大喜讯传来，赵国的汝南内史戴开，对石虎产生严重不满，带着几千人来到武昌，向庾翼投降。

戴开的投降大大地刺激了司马岳的血气，下诏把光复中原提到议事日程上来。庾翼的信心就更加雄厚起来，着手进行准备工作，组建了一个北伐团队：任桓宣为都督司、雍、梁三州及荆州四郡诸军事兼梁州刺史，目标是丹水；桓温为前锋都督、假节，率军进入临淮——桓温就是从这里开始正式登上历史的舞台。他后来虽然人品有问题，但这时他绝对是一个爱国的愤青，跟着庾翼一心只想光复中原，别的心态还没有滋生出来。

庾翼知道，要打大仗不光靠人才，不光靠成千上万不怕流血牺牲的士兵，还要有坚强的后勤保障。所以下令在他所辖的六个郡里大量征兵，并把所有运输工具以及粮草都征集起来，准备全力支援前线。自司马氏把江东作为光复基地、让首都在这里落户后，江东就一直处于动荡的不平凡年代，和平时间少得可怜。这些年才刚刚平静下来，庾翼的北伐雄心又冒出来，把大家刚刚存有的一点积蓄又搜刮了起来——老百姓只想过着温饱生活，哪有那么多的雄心壮志，看到自己的东西都被征集了，当然意见就大了起来。

可庾翼现在觉得自己的任务是光复中原，而不是听群众的意见的。

他在做完这些前期工作之后，就打算把自己的大本营迁到襄阳——以前他哥哥想把大本营北移时，司马衍就否决过，所以他这次吸取了哥哥的教训，不直接说到襄阳，而是向朝廷要求移到安陆。

哪知，司马岳在这方面上跟他的哥哥保持高度一致，也在跟大家讨论之后，认为大本营不宜乱动，派人过去紧急叫停。

可庾翼却牛得很，虽然几个使者先后来到，向他宣读朝廷的红头文件，要求他服从朝廷的决定，可他却一点也不把这个决定当一回事，下令司令部出发，来到夏口之后，再上书请求把办公地点设在襄阳。

到了这一步，大家马上知道，皇帝挂在腰间的那颗大印是比不过牛人手里的枪杆子的，因此谁也不再说什么了——说了也完全没用。

司马岳只得下诏，任庾翼为都督征讨诸军事——全国的武装力量都可以调动了。

这时，庾冰觉得老在朝廷发号施令也有些腻了，觉得不如到地方当个牛人，每天带着一群卫队，威风凛凛地过着牛人的生活，只有人家对自己行礼的事，哪像现在，每天得对这个外甥皇帝点头哈腰，累得很，所以就请求把自己也外放去当地方军政“一把手”。

司马岳一见，这个老舅终于要离开自己的身边了，这可是求之不得的事，马上同意，任庾冰都督荆、江、宁、益、梁、交、广七州及豫州四郡诸军事，领江州刺史、假节，镇武昌，作为庾翼的后援。

司马岳显然已对老舅专权有了很大的意见，庾冰一离开之后，马上把跟庾家政见不同的何充调到朝廷，任都督扬、豫、徐州之琅琊诸军事，领扬州刺史，录尚书事，辅政。还把他的那个妹夫桓温也提拔了一下，都督青、徐、兖三州诸军事，兼徐州刺史，最后让他的岳父大人褚裒当了卫将军、中书令。

从这个人事安排上看，司马岳也开始找机会挖庾家的墙脚、培植自己的势力来了。

做完这些动作之后，建元元年也就结束了。



## 庾家开始衰落

历史如期地来到建元二年（344 年）。

这年的正月，石虎的大殿上发生了一件奇怪的事。

石虎这时也想南征一下，集中了一百多万赵国的子弟兵。可他在太武殿请各级领导干部大吃大喝时，突然有一百多只白雁降落在可以跑马的大道上。石虎觉得一点不爽，下令弓箭手放箭，把这些大雁全射下来，给大家下酒。可弓箭手们强箭如雨之后，竟一只也射不中。包括石虎在内的所有人都当场发呆，这到底是怎么回事啊。

那个曾经被鞭打过的赵揽找了个机会，很神秘地对石虎说：“天文知识告诉我，这些东西突然聚集在宫中，表示不久宫中就会成为空壳。最好不要南下。”石虎以前不信赵揽的话，最后吃了个大亏，所以这时就不敢把他的话不当话了，只在首都进行了一次盛大的阅兵式，然后叫大家都复员了事。

他现在越来越相信赵揽了，最后酿成了一桩冤案。

原来，石虎的这个太子也不是什么好人，比他的那个死去的哥哥干的坏事一点也不少。

领军将军王朗觉得这样做实在不像话，就向石虎打了个小报告，说：

“太子不知道是怎么搞的，天天砍伐宫里的木材，还大量毫无目的地引来漳水，被强迫参与的农民工有几万人，大路上到处是哭叫之声。老大应该出面叫停这种工程。”

石虎一听，下去一看，王朗说的果然一点没有错，马上叫太子石宣不要再玩这种游戏了。

石宣一听，当然不高兴，决定整一下王朗。他的脑袋还是会拐点小弯的，并不直接去找王朗的麻烦，而是把赵揽找来，把搞定王朗的任务交给他去完成。

赵揽一听，头马上就大了起来。可他知道他要是不搞定王朗，他的头就有落下去的危险。他拍着那颗已经有点发痛的脑袋，最后只得决定去完成这个任务。

他对石虎说：“老大，近来我看天文，荧惑星一直停留在房星的身边。房星就是天王星，现在荧惑星来到了天王星旁，恐怕天王星会有灾难啊。”

石虎虽然敢于在战场上不怕死地大砍大杀，可到了这个时候也是个怕死的主，一听到这话，神情马上就紧张起来，问赵揽有没有什么办法。

赵揽说：“办法是有一个，只有找一个身份尊贵的姓王的人来帮老大挡这个灾了。”

石虎说：“你就说说吧，拿谁去顶最有效果？”

赵揽说：“现在高层里地位最高的王就是王朗。”

石虎这段时期以来跟王朗的交情很好，不愿他去死，就又说：“另推荐一个吧。”

赵揽一听，这个任务完不成了。可如果不另推荐一个，他自己马上就玩完了，只得说：“按现在的排名往下看，就到王波了。”

王波这时是中书监，本来跟这个事一点关系也没有，仅仅因为赵揽的信口胡来以及这个姓，最后却成为这个事件最大的受害者。

石虎就这样决定把王波当他的替死鬼。当然，杀人也要有个理由才好。石虎把账本一翻，翻出了一个旧事。

这个事是在四年前，李寿那个被晋国俘虏的李闳不知道用了什么办法，居然冲破牢笼，成功越狱，然后一路狂奔，逃到赵国。李寿知道后，写信请石虎把李闳放回去。这时李寿跟石虎虽然算不得是友好邻邦，但也从来没有交恶，因此放一个打了败仗的李闳回去，也不是什么了不起的事——按石虎的性格，这个事肯定会成交。可石虎看到信的开头，写着"赵王石君"四个字，心情就不爽起来——一个躲在大石山区里的小子，居然敢跟他平起平坐？他居然发扬了一下民主，叫大家讨论，该不该放走这个李闳？

大家一看他的脸色，就知道他是不想放李闳的。

可这时那个王波却说："我认为，放李闳是利大于弊的事。我们可以请李闳发个誓，让他回去做李寿的思想工作，劝李寿从今之后，挂我们大赵的大旗。如果成功了，我们什么也不费，就可以摆平四川地区；如果不成功，我们就只是损失一个逃犯而已。"

正巧这时，那个挹娄国给赵国进贡了一个叫"楛矢石砮"的东西——楛就是一种植物，楛矢就是楛树做的箭，砮则是一种可以做箭头的石料。这在当时也算是不可多得的东西。王波在提出那个建议之后，思路更加开阔起来，接着往下展开："干脆连这个东西也转让给李寿，让他知道，现在我们国威远播，连那么边远的地方都归属了我们。"

石虎一听，觉得很对，就照着王波的话去做。

哪知，李闳回到蜀地之后，李寿居然下诏说："羯使来庭，贡其楛矢。"赠送他们的礼物，反而成为向他们进贡特产的把柄，把石虎气得暴跳如雷，当场把王波就地免职。不过，这个免职也不算严重，还让他以平民的身份任原职。后来，又恢复了原来的待遇。

所有的人都认为，这事就到此为止了。

哪知，这时，石虎被赵揽一忽悠，想让王波当替死鬼，一时找不到把柄，就又翻出这个旧案，宣布王波是个罪大恶极、祸国殃民的反动分子，必须严厉处理。于是，王波就这样被押赴刑场，执行腰斩，而且他的四个儿子也同时被杀，所有的尸体全部投入漳水。可没过多久，石虎又觉得，这样杀了王波有点过分了，就又追认王波为中书监，还封他的孙子为侯——几代人为他去当替死鬼，也该有点苦劳啊。

王波死得不明不白，虽然对王家来说是一件不幸的事，但对当时的局势没有什么影响。而接下来另一个人的死，却是与历史的发展有直接关系的。

因为，这个人就是司马岳。

司马氏除了他们的奠基人司马懿活了七十三岁，靠长寿优势击败曹家王朝夺取天下之外，他的其他子孙也都像曹操的几代继承人一样，没有一个活得长寿，而且更要命的是，寿命跟智商成反比——那个司马衷是史上最弱智的皇帝，可却是晋国开国以来，在位时间除司马炎之外，最长的皇帝。司马绍是公认的晋朝脑袋最聪明的人，完全有能力带着大家完成大晋帝国的复兴大业，可才坐了几年的皇位，龙椅还没有坐暖就死了。而他的儿子虽然当了十八年的国家元首，但因即位太早，五岁登基，人才刚刚成熟，就死掉了。后来传位给司马岳。这个司马岳就更差了，才当了两年的皇帝，连班子成员都还没来得及换好，身体就歪了起来。

司马岳刚当皇帝，业务还不很熟悉，手脚也还没有展开，但他比他的爷爷要强多了。他的爷爷司马睿虽然是晋室南渡之后的第一代领导人，算作开国皇帝也勉强说得过去，但却一点进取心也没有。司马岳还是很有点北伐中原的良好愿望的，他支持庾翼北伐。

可庾翼在用人上却犯了个错误，派桓宣打头阵。

桓宣这些年来，以极少的兵力死守襄阳，打退了赵军的多次进攻，增加了大晋帝国的信心，是晋国不可多得的军政人才。庾翼也是把他当作王牌，以为让他一出马，肯定一仗就打出大晋的军威国威来，因此让他去进攻丹水。

可历史早已证明过，桓宣防守反击能力相当强悍，可以说是当世无双，可攻坚夺城的水平却差得很。赵国丹水第一把手李羆看到晋国军队冲上来，也学着桓宣守襄阳的办法，来个防守反击，一下就把桓宣的部队打垮。

庾翼一接到战报，桓宣不是常胜将军吗？不是多年保持不败纪录吗？

为什么现在败了？肯定是打仗不用心，骄傲自大。本来是想让他出马，先捞到个信心，哪知被他搞砸了。一气之下，下了个文件，对桓宣进行了通报批评，然后降为建威将军。

桓宣受到处分之后，心情十分郁闷，想想自己这些年来，以一人之力独守襄阳，在一个没有后勤的前线战无不胜，可就打了这么一个败仗，马上就受到这么大的处分——你们庾家打了多少败仗？弄了多少次大乱？为什么从不见谁受过处理？他越想越不爽，最后由不爽变成化不开的愤怒，终于由愤怒转化为疾病，病了没几天，两眼一闭，与世长辞。桓宣的死，完全可以称得上是晋国的巨大损失。

可庾翼却一点也不觉得是什么损失——这个家伙一死，那个位子正好空出来，然后把自己的儿子庾方之填补过去，直接任义城太守，全面接管桓宣的部下。

在庾家不断抓权的时候，新科外戚褚裒再一次提交辞呈，要求交出录尚书事的大印。

闰八月十四日，司马岳只得下诏，任岳父大人为左将军，兼都督兖州、徐州之琅琊诸军事，驻防金城。

签发这个文件之后，司马岳的身体马上就垮了下来，而且没几天就让大家觉得老大已经到了“不可救药”的地步了。

庾氏家族的两大牛人庾冰和庾翼知道后，马上提出让会稽王司马昱当继承人——他们的意图当然已经很明显了，这里也不用讲出来了。

那个何充这时再次站起来，提出还是按传统惯例，让司马岳的儿子司马聃为继承人。

这一次，司马岳肯定对庾家的专权已经很不爽了，因此，这时他没走他哥哥的老路，而是同意了何充的建议——这个建议对晋国以后的命运起了很大的作用。因为这个建议，为另一个牛人的闪亮登场奠定了坚实的基础。

九月二十四日，司马聃被立为太子。

九月二十六日，司马岳在式乾殿闭上了眼睛——这时，他才二十三岁，比他的哥哥多活一岁。

九月二十七日，何充向大家宣布了司马岳的遗诏——这意味着，司马岳已把朝廷的话语权交给了何充，庾氏兄弟只得站在一边，竖着耳朵听着何充的声音，觉得超级不爽。

这个遗诏的内容其实跟历史上其他遗诏没有很大的区别，无非就是让司马聃接任皇帝，皇后褚蒜子当皇太后。

这时，这个司马聃才两岁，话还没有讲清楚，当然没办法主持大局了。大家就又按传统惯例，请皇太后称制，代理皇帝行使最高权力。于是，大晋帝国，一脚迈进了褚太后时代。

褚太后一到前台，马上按司马岳的既定方针办，让何充出来主持朝廷日常工作，为录尚书事。何充这时也做个表面文章，说既然当这个录尚书事，就不应该再占着那个中书监的位子，改授个侍中就行了。褚太后立即批准。

何充又卖了个乖，说褚裒是皇太后的老爸，按道理应当由他来当权才有利于国家的发展，最好请他来参录尚书，跟自己一起把持大权。

于是，朝廷以皇帝的名义下文："以裒为侍中、卫将军、录尚书事，持节、督、刺史如故。"

可褚裒仍然坚持他的原则不动摇，认为自己是外戚，外戚干政历来是弊大于利，还是让他留在地方。

这样一来，高层只好同意，又下了个诏书："改授都督徐兖青三州，扬州之二郡诸军事、卫将军、徐兖二州刺史，镇京口。"实际权力比以前大了很多，而且首都也在他的掌控之下——从这方面看，这个褚裒的智商绝对不低，史上很多外戚比他差远了。他知道，现在不是在朝廷当了头号人物权力就大，而是谁手里有枪杆子才可以说了算的。王导那么有水平，这个江东集团几乎是他打造出来的，可因为只当个头号政治人物，有几次都差点儿翻了船，如果这不是个名士吃得香的时代，王导老早就被人打翻在地，再踏上一只脚永世不得翻身了。庾家之所以这些年来把握着大晋的方向盘，并不是因为庾冰在最高层能发出最高指示，而是因为庾翼带着全国最强大的部队在地方当牛人的原因。如果没有这一支强大的力量作后盾，庾冰的话根本没什么影响。

褚裒老早就厘清了这个关系，因此就一辞再辞，既博得了名声，让人气狂涨，又捞到了实惠——反正，朝廷高层那里是他的女儿说了算，女儿什么事不请示自己的老爸，难道还去请教别人？这样，他完全可以跟女儿互动一下，把晋国的大权牢牢地控制在褚家，而别人一点也不眼红。

没几天，大家又定了个规矩：以后褚裒在公众场所面见太后时，必须公事公办，跟大家一起行跪拜的礼节，但家庭聚会时，褚裒可以享受老爸的待遇。

不管褚裒辞不辞职，庾家都觉得自己的戏份越来越少了。可这个社会本来就是一朝天子一朝臣——何况庾家兄弟还不是功臣，而是靠外戚当政的，因此淘汰得没人同情。

庾冰这时的职务虽然没什么变化，但显然已没有以前那么热门了，不管看什么东西都觉得不顺眼——人一到这种地步，往往就活不了几天了。

十月还没过，庾冰就病了起来。

在庾冰病得连粥都难以喝下去的时候，皇太后褚蒜子派人过去对庾冰说，庾老大，你还是回朝廷主持工作吧。

庾冰一听，当然知道这话全是套话一大堆，为什么以前不需要我？现在我都动弹不得了，你才来说这话？他当然坚决辞让。到了十一月九日，庾冰就死掉了，享年四十九岁。

庾冰是庾家两大牛人之一，他一倒下，庾家就只剩下庾翼一人独撑局面了，势力马上就显得单薄起来。

庾翼这时的心情肯定很复杂，他去奔丧的时候把大营指挥权全交给他的儿子庾方之，又因为这个儿子太年轻，怕出什么意外，还让毛宝的儿子毛穆之当顾问，为他监护庾方之。而且为了提高安全系数，他还把司令部撤回到夏口，这才前去参加哥哥的追悼会。

褚太后虽然年轻，而且涉足政治还没几天，绝对是新嫩得像根小葱，但她绝对不是菜鸟。她知道，庾家手中的力量还是强悍得很，万万不能明显地得罪他们，因此在庾冰死后，又下了个诏书，把庾冰遗留下来的江州刺史和豫州刺史的位子都交给庾翼。

庾翼把豫州刺史的大印退还朝廷，准备再一次移驻乐乡。但朝廷却在他的报告上批了“不同意”三个字。

庾翼知道，如果再不做出点成绩来，他们庾家的事业就走到头了，因此大力发展军工业，开田垦荒，做好准备下一次北伐的前期工作。

司马岳死后的第二年，就到了永和元年（345 年）。

从这年的正月一日开始，褚蒜子正式到朝堂上班。她在殿上挂了一帘白纱窗，怀里抱着她的那个儿子司马聃，听大臣们的工作汇报，处理国家大事。

## 一对变态父子

在褚蒜子这个外表柔弱的美女着手整顿司马氏系统的时候，石虎却在拼命地大搞基础建设。

他有一天站在灵昌津看着滔滔黄河，心潮马上澎湃起来，灵感就冲进那颗头里面，要是能在这里修建一座黄河大桥，实在是做了一件千古未有的大事啊。他这么一激动，也不作一次论证，马上就下令史上第一座黄河大桥工程上马。民工们把石头投入水中，想堆成桥柱。可黄河水力太猛，石头丢了一船又一船，全被大水冲得没有踪影。石虎总共征调了五百多民工，没日没夜地往河里扔大石头，可连大桥的影子也看不到。

石虎大怒，一气之下，把建桥的技术人员统统杀死。

不过，他杀了工程师之后，也知道，即使让他去做这个工程师，也没办法把这座桥建起来，也就宣布黄河大桥工程到此为止。

有什么样的领导，往往也会有什么样的手下。

石虎这样的老大，他的手下自然也会有几个变态人物。

那个石鉴比石虎还要疯狂。他在自己的辖区内加大税收力度，弄得广大人民群众叫苦连天，可他一点也不觉得苦。他还有个爱好，看到哪个官员的头发一长，就叫人过去把那头发一把一把地拔下来。弄得他那些手下的公务员个个头痛得要命。可石鉴却觉得好玩得很，把这些拔出来的长头发都回工成帽穗，用不完的边角废料，就当奖品发给宫女们用。他的长史实在忍不住了，把被拔下来的头发拿去给石虎看。

石虎都觉得这样做实在太不像话了，让这样的人守边关，谁也不会为他卖命的。如果是别人，石虎肯定不杀也来个严肃处理，可这到底是他的儿子，因此只是发了个文件，把这个儿子调回首都，让石苞去接替他驻防长安。

石虎除了有大兴土木的爱好外，还有打猎的特长。他年轻时是个优秀的猎手，可年纪一大，再加上生活质量越来越好，原先的肌肉就全变成肥肉，体重也在天天增加，最后这个马背民族出身的家伙，因为身体重量的原因，连马背都跨不上去，可他打猎的兴趣仍然浓厚得很。不能上马了，他就生产了一千辆猎车，叫大家都坐着猎车一同出去打猎，弄得一路车轮滚滚，规模让人震撼。

为了打猎，他给自己划拨了一块五百多公里的地皮当作皇家的猎区——这家伙想做个史上最牛的黄河大桥没有做成，但现在这个人工猎区却是史上规模最大的，而且这个猎场正好位于中国人口最密集的地方。他派御史专门负责猎场的安全工作，里面饲养的野生动物享受着皇族人员的生活待遇，谁要是得罪了这些动物，就等于得罪了皇室人员，最高可判死刑。这些管理猎区的御史，每天在猎区周围转几个圈，两只眼睛都骨碌碌地盯着人家的女人以及其他值钱的东西，只要觉得哪个女人长得性感、哪匹马长得健壮，马上就抢过来，如果不乐意，他们马上就说你“犯兽”，告到有关部门，结果就会统统被严重处理——因此被砍下脑袋的，就有一百多个人。

石虎喜欢美女的程度一点也不比司马炎差。他觉得洛阳到底是一座古都，现在破烂到这个地步，实在有损太平盛世的光辉形象，因此决定投入大量的物力财力，对古都洛阳进行一次大规模的基础建设，还要修复那些宫殿。为了完成这个任务，他前后征用了二十五万民工、耕牛两万头。当然，做了这么多的宫殿，如果只有他和一群太监在里面没日没夜地玩当然没有意思。为此，他又下令把大量的美女调进来，而且还进行了一次很有深度的体制改革：皇宫的美女级别增加到二十四等；东宫的增加到十二等；其他贵族的则保持原来的九等。要充实这么多的宫殿，需要的美女量大得惊人。

石虎一下就弄到三万多美女，浩浩荡荡地集中到首都，然后分为三级，一部分安排到大内，一部分送到东宫当太子身边的工作人员，另外一部分就当作奖品，分发给那些贵族。

皇太子石宣和那些贵族觉得只被动地接受石虎分配来的美女实在太缺乏刺激感了，就都积极主动起来，亲自出马把选美女的工作做到人家做不到的地方，又搜到一万多美女，满载而归，人人脸上荡漾着胜利的微笑。

那些地方官一见，也都以百倍的热情投入选美的工作中去——由于以石虎为首的中央精选了一次，接着石宣带着那些贵族又搜刮了一场，美女资源已渐枯竭，这些地方官就把目标锁定在已婚妇女这个层面上——只要他们看中的，不管你的老公是什么人，如果他们过去抢，你不哼一声，只在一边哭鼻子，那就除了悲伤，别的事都不会有，如果你不同意，那就抓起来，给你的出路只有两条：士兵把你的头砍下去：自己动手，了结自己的性命。据不完全统计，被杀和自杀的男人不少于三千人。

这些美女成群结队地被送到首都后，石虎高兴得脸上的横肉全部消失。他决定也像司马炎一样，把这项工作当作目前各项工作的重中之重，亲自对美女进行面试。他做了个检阅台，让美女从他的面前轻盈盈地看过来——当初司马炎的这个工作其实粗放得很，他只是觉得谁性感一点，就用红布在那个美女的手臂上打个结，算是过了面试关，以后就成为皇宫中的美女。石虎的工作却认真细致得多了。他用自己的眼睛，对美女详细地扫描，然后根据自己的感觉，当场给美女评职称、定等级。

石虎对这次史上最牛的选美运动感到很满意，特意为此召开了个盛大的表彰大会，对搜刮美女数量最多、质量最过硬的十二个员工通报表扬、记功，最后都封为侯。

在这样的运动之下，底层人民还能活下去吗？一时之间，很多地方的老百姓都逃难出去，逃得最多的是扬州地区和徐州地区的人民，只几天时间，这些地区差不多变成了无人区。石虎知道后，一点反省的意思也没有，只是强硬地指斥那些地方官员不顾民生，不能安抚百姓，造成了这样的局面。这种地方官要来做什么？杀！郡县长官为此而被判死刑的有五十多人。

金紫光禄大夫逯明实在看不过去，便找了个机会，劝老大不要再这样搞下去了，这可是暴君的行为啊。

石虎一听，大声叫骂起来，叫人把这家伙处理了。

旁边马上跑出几个武士，使出绝技，杀掉逯明。



## 桓温灭蜀

晋国这一年做了一件很不可思议的事，就是不断地下诏任命褚裒为朝廷高官，而且褚裒却总是坚持不到朝廷工作。这时，不知是何充出的主意，还是他的女儿的主张，小皇帝又下诏让他任扬州刺史、录尚书事。

褚裒一看这个诏书，正觉得不好处理，刘遐和长史王胡之对他说："老大，这个大权你不想揽，但又不能落到人家的手中，不如让司马昱来吧。他是皇室，是自己人，而且现在他的人气涨得要命，大家都把他当成当代的周公。"

褚裒一听，马上上书给他的女儿，态度十分坚决地表示辞职，又回到京口官复原职。褚太后当然听从老爸的意见，马上下文把司马昱提拔到领导岗位上来，任司马昱为抚军大将军、录尚书六条事——不是主持全面工作，而是只管六个部委的事务。

司马昱就是从这个时候走上历史舞台的，这年他只有二十七岁。虽然大家都把他看作当代的周公，其实他只是一个专业名士而已。他一点政治野心也没有，脸上的表情永远那么淡泊，心头从来没有激情澎湃过，每天给自己布置的主要任务就是清谈，经常请来刘惔、王濛和韩伯那几个名士到家中聊天喝酒。他当了大官之后，就利用职权，把另外两个年轻名士也拉进他的聊天群里：一个是郗鉴的孙子郗超，一个是谢万。

这两个人都是很有来头的，是世家子弟，出身绝对火爆。尤其是郗超，借着他爷爷的势头，年轻时风头就冒得很突然，而且他长得帅气，气质好得要命，老早就会摆出一副名士的派头，把世俗的东西都冲破得无边无际，跟他老爸的性格完全唱反调。他的老爸叫郗愔，一天到晚紧闭着嘴，很少有人听到他说过话，处处表现得与世无争，可却是个吝啬得很的人。生在这样的家里，又有这样的金钱观，家里的积蓄当然相当丰富了——史书上提到他的富有，是这样写的：积钱至数千万。

郗愔跟所有的中国父母一样，勒紧裤带，身体不病到万不得已的时候绝对不去看病，积累了这么多钱，为的就是给孩子们留下大笔遗产。有一天，他把儿子郗超叫来，一脸神秘地带着这个儿子来到钱库面前，打开保险门，对儿子说，老爸的这些钱其实都是你的，你可以随意用。

郗超一看，他把所有的亲戚以及那些酒友叫来，像发放救灾物资一样全发给他们，只一天时间，就结束发放工作。他老爸节约一辈子的钱就全没了。

那个谢万是谢安的弟弟，也是喝酒聊天群中的精英分子。

这几个家伙跟司马昱最谈得来，司马昱当上了执政大臣，当然也会拉他们一把，让郗超当了抚军掾，谢万则当他的从事郎中，从此可以天天在一起，一边工作一边清谈。

褚裒虽然也是名士出身，靠名士风度打下权力基础，但他的骨子里还是个聪明得要命的政客，知道清谈可以用来说天下荒唐事，但是不能用来治国。他之所以推荐司马昱这个当代清谈的带头大哥出来当政，是有自己的深意的——让这么一个不关心政治的人坐在那里，跟放一块石头在那里也没什么两样，不管他的女儿说什么，这个家伙都不会有什么反对意见，这样就不必担心他女儿大权旁落了。女儿大权在握，就等于他在控制整个国家的运转。而且还有个好处，决策对了，是他女儿的英明，错了，自然由这几个清谈高手来承担。

褚裒知道，运气正朝他家迎面打来。

而接下来的事，更是大大有利于褚太后。这个事，就是庾翼的背上突然长出毒疮来。这个天天把北伐当作自己历史使命的人也很熟悉历史——大凡历史人物的背上出现了这个东西，不管你的权力多大，本事多高，都会在不久之后死掉。

庾翼虽然背上生疮，但脑子的运转还是正常得很，还在为他们庾家着想。他忍着巨大的疼痛给朝廷上书，说他的那个儿子庾爰之这么多年来得到他的精心培养，经过多年的实践磨炼，水平早已跟他不相上下，完全可以接替他的职务，全心全意为国家效劳了，因此建议让庾爰之代辅国将军、荆州刺史，并叫这个儿子全权处理他的后事。他当然觉得只推荐他的儿子有点说不过去，就同时推荐司马朱焘为南蛮校尉。

七月三日，庾翼死掉，只有四十一岁，正是年富力强的黄金阶段。

庾翼一死，他手下的那个千瓒就叛乱了，杀死同行冠军将军曹据，准备拿着曹据的首级当资本去投降赵国。可庾翼其他的部下哪能放过这个投降派？朱焘跟毛穆之、江彬、袁真都一脸正气地带兵杀了过来，一把将这个千瓒干掉。

可一到八月，豫州刺史路永的思想又发生了质变，丢下司马氏的刺史大印，跳槽到石虎那里再就业。石虎当然很高兴，让路永到寿春去驻防。

由于庾翼的死，这个大晋最牛的职位就空缺了下来，中央高层马上讨论，到底由谁来接替这个最重要的职务。很多人认为，庾氏兄弟在西部经营了这么多年，已经把那个地方经营成有庾家特色的地区，那里的底层人民已经习惯了他们的统治，完全接受了他们的性格，因此，还是用庾家的人在那里当第一把手，使那个地方的局面稳定下来。朝廷接受庾翼的最后请求，让庾爰之接过他老爸的班。

何充表示坚决反对，说："那个地方不是庾家的传统地盘，而是咱们大晋的西大门。跟我们的两大敌人都接壤，战略地位险要得很。如果交给有水平的人接管，以后平定中原也不是什么难事；如果交到一个没水平的人手里，恐怕没几天咱们国家就会有危险。以前陆抗在这方面早有论述，大家没事可以去看看。现在把这么一个地方交给一个新人去治理，我万分不放心。我推荐桓温来担当这个角色。桓温的谋略，在座的没有谁可以比得过，他是个难得的文武双全的人物。”

大家一听，觉得很有道理，可庾家那几个最后的粉丝说，现在庾爰之早已拿了他老爸的大印，大事小事早就已经说了算，只怕他不会老老实实地交给桓温，到时闹出乱子来，后果是相当可怕的。

何充说：“这个就不用大家担心了。要是桓温对付不了庾爰之，还算什么文武双全的人才？要是他解决不了庾爰之，那就让庾爰之解决他算了。”

可以说，何充对桓温的水平是看得很准的。他的这个建议，一来可以让西大门有个牛人当门卫；二来也可以彻底摆平庾家最后的残余势力。

当然，他只看到了桓温的正面，那个丹阳尹刘惔却把桓温的两面全看到了。刘惔小的时候和桓温是好朋友。据说，桓温长得“豪爽有风概，姿貌甚伟，面有七星”——这个七星估计也就是七颗麻子。刘惔对他了解得很透。不过，他并没有从桓温的其他方面来说明桓温的人品不行，而且对桓温的面相作了个玄之又玄的阐述：“温眼如紫石棱，须作猬毛磔，孙仲谋、晋宣王之流亚也。”这个相貌跟孙权和司马懿是一样的——有这种面相的人一般都不老实，历史已经多次证明，这样的人脑后都长有反骨。

不过，刘惔非常佩服桓温的才能，但他同时看到这家伙的心头很不老实，总有一股野心在蠢蠢欲动，对司马昱说：“老大，桓温绝对是个天下奇才。但绝对不可以让他在重要的位子上稳坐，而且还要不断地压制一下他的官位，不要让他升得太猛。”为此，他劝司马昱亲自镇守长江上游，把稳全国的方向盘，然后他自己愿跟司马昱过去，当他的贴身下属。

后来的历史证明，刘惔的这个预言太精确了。如果司马昱能够听从刘惔的话，历史绝对是另一个样子。可司马昱这样的人能有听取这种意见的水平和勇气吗？而且照他的那个水平，即使这一次听从了这个正确的意见，可他到长江上游后，凭他的水平，又能干出什么名堂来？说不定还会把一大批名士全部带到那里上班，别的事都不做，每天都对着滔滔江水喝酒聊天，别的事都不在话下，恐怕结果跟那个王澄也差不多。司马昱根本就不愿去边关当官，因此马上就否决了刘惔的建议。

刘惔又提出，老大可以不去，那就让我帮老大过去吧。

司马昱这次却把不同意坚持到底。

九月十三日下诏，正式任命桓温为安西将军、持节，兼都督荆、司、雍、益、梁、宁六州诸军事，除此之外，还有两个兼职：南蛮校尉、荆州刺史。桓温马上一跃成为晋国牛人中的超级牛人。那个庾爰之果然一点反抗的意识也没有，很乖地交出了全部权力——庾家就这样从权力顶峰突然回落下来。

估计又是何充出的主意，第二份诏书接着下来，任命刘惔为监沔是诸军事、义成太守，接替庾方之，然后把庾爰之、庾方之送到豫章，把庾家最后的残余力量也扫地出门。

桓温这时跟刘惔有了小冲突。有一天，桓温趁着大雪天去打猎，经过刘惔那里，就去看看他在做什么，或者可以请他一起去图个热闹。哪知，刘惔的态度却一点不友好，上下打量着全副武装的桓温，居然对他说："老贼欲持此何为？"

桓温一听，居然叫他老贼。如果是别的人听到这两个字，肯定把杀气布满脸上，可桓温脸上的表情一点也没有变化，他也知道刘惔对他的水平还是很佩服的，因此只是淡淡一笑，说："我要是不这么提高警惕，天天做好打仗的准备，你们能这么安然地做专业名士吗？"

没几天，那个力挺桓温的何充死掉。何充是王导和庾亮推荐出来的，但他一直充当庾家反对派的角色。何充似乎是专门为推荐桓温而来到这个世界上的。现在这个任务一完成，他的生命也就宣布结束了。

桓温确实比庾氏兄弟强悍多了。他在北伐的理念上跟庾氏兄弟一样强烈，可在做法上却高明多了。庾家兄弟历来把赵国当成头号敌人——这也没什么错，现在赵国的实力确实是最强的，属于当时的超级大国，当成头号敌人一点没有错，错就错在把这个头号敌人也当成北伐的第一对手。本来，晋国的战斗力就不如赵国，而一来就去直接啃硬骨头，能啃得下去吗？

桓温接手之后，马上对形势进行了一次客观冷静的评估：现在石虎正在把全部精力放在基础建设、打猎的事上，无心向南，使得晋赵边境在相当长一段时间没有战事。因此，他可以抓住这个空隙去找李氏的麻烦——如果把蜀地在短时间内平定，划归大晋的版图，不但让晋的势力扩大很多，而且也给大晋广大军民打了一剂强心针，信心大大地提高上来，为下一步跟石虎集团决战打下心理基础。

于是，桓温把他那双阴柔而坚定的眼睛投向了更上游的汉国。

而且这时，正是伐蜀的大好时机。

此时，那个李寿已经死去，他的儿子李势当了第一把手。

李寿在年轻时还是很有水平的，可后来也跟很多独裁者一样，当第一把手当得久了，心态也不断地发生变化，最后越来越自恋，国家也就开始走下坡路。而他的这个儿子执政的水平却太差，才当皇帝没几天，就把老爸手下最有能力的马当和解思明全部处理，而且诛灭三族。他的手下太保李奕的能力和声望都不错，觉得汉国不能让这样的人来统治，就在晋寿揭竿而起。大家看到他高举叛乱的大旗，有很多人都自带兵器加入他的队伍。只几天工夫，他的部队就发展到几万人。他带着这些刚组建的部队进攻成都。

李势虽然是个腐败透顶的家伙，但却是一个不怕死的皇帝，看到李奕的部队浩浩荡荡地杀了过来，便果断地暂时告别腐败生活，亲自上到城头，深入战争第一线进行抵抗。

李奕部队的人数虽然庞大，但大多数士兵都是新兵。李奕也是个不怕死的汉子，他向新兵们做出表率，亲自当攻城突击队员，而且单枪匹马去冲击城门，可才冲到门边，还没有表演一下，就被人家一箭射死。

带头大哥一玩完，那几万人的部队马上就变成群龙无首的乱兵，争相四处逃散。

李势大获全胜之后，并没有吸取教训，而是放下兵器之后，马上就恢复本色，天天只在皇宫里玩着自己爱玩的事，连大臣们都很少见面，只信任几个小人物，把这几个坏事做得有声有色的小人当成心腹。

于是，国内马上陷于一片萧条。

桓温这时提出搞定李势的计划绝对是恰逢其时。可还是有很多人表示反对，认为李家治蜀这么多年了，根基牢固得很，凭他们这点力量还逆流而上，能搞定他们，他们不来侵略就不错了。

桓温也有点犹豫起来。

这时江夏相乔袁站了出来，大声对桓温说："老大，如果做什么事都要大家全部举手赞成了才去进行，估计这辈子也不用做什么了。现在李势正在疯狂享受，正是把他搞定的最好时机。这种时机不抓住，难道等他清醒了才打过去？李势现在肯定会以为，他离咱远得很，地势又险要，除非吃错了药才去找他的麻烦。可咱偏偏去找他。这种出其不意的打法是最容易成功的。咱要是占领了蜀地，还怕什么胡人？有人又说了，咱大军西去，石虎会乘虚来打。其实这更不用怕。先不说石虎现在也玩得正上瘾，就是他把眼睛向南边一望，也会以为，咱们远征之后，肯定会留下重兵防他的。老大，不用再犹豫了啊。时机一犹豫也就消失了。"



桓温一听，对！做领导的要有做领导的果断！

他一果断起来，比他的前任干脆得多。

永和二年（346 年）十一月十一日，桓温下令向大汉国发动军事行动。

以前，庾氏兄弟每次北伐，总是把方案提交中央，等中央的答复之后才敢行动。可桓温知道中央那帮人都是曹刿所说的"肉食者"之流，要是得到他们的认可，这辈子就是老死在这里也不能打一仗。

他是在大军已经出发后这才把情况上报朝廷——管他同意不同意，到时总不会拿他怎么样。

桓温这次决断得不错，用人更是用得正确。他让范汪当全权留守，让乔袁当先锋——这跟当初司马昭重用钟会一样。因为，他手下这么多的人中，除了乔袁外，个个反对伐蜀，如果让那些人当先锋，进军的步子还没有迈出，就先定好大败回头的路子了。

只有像乔袁这样的人才会信心百倍、才敢拼死也会向前。

胜利往往属于这样的好汉！

这时，晋高层果然认为，从荆州到蜀地路程太远了，路况很差，行军太艰苦——这跟当初司马昭伐蜀时大家的意见是同一个版本。而且，当初司马昭给钟会的部队人数远远多于蜀国，可这时桓温军队的数量却没有多少。就凭这点力量深入蜀地去孤军奋战，有取胜的把握吗？

恰巧在这时，桓温的反对党刘惔站了出来，用赌徒的道理说明，桓温肯定会大获全胜，灭掉李势，吞并四川全境。所以，大家不要担心他不成功，而是要防范他得了蜀地之后，挟灭敌国之威，把朝廷全面控制起来。

大家对刘惔的话只相信前面那部分，后面那一截就都忽略了。因此，同意桓温出征，大家静等消息，准备大喝庆功酒。

桓温并不管朝廷那些高层在为伐蜀之事七嘴八舌，带着大军早已出发，向蜀地狂奔。连续跑了几个月，到了永和三年（347 年）的二月，他本人来到青衣。

面对晋国部队的深入，李势当然不敢掉以轻心，马上发出紧急作战动员令。他叫他的叔叔李福、堂兄李权以及前将军昝坚带着大军去抵抗晋军。

这几个人来到合水，开始时倒还能商量，有人提出，可以在岷山一带设个埋伏圈，让桓温的侵略军来个自投罗网。可昝坚却不同意，带着部队从江北鸳鸯碕渡向犍为——他认为，晋军有什么可怕？为什么一定设伏才能将他们打败？

这几个家伙开会的积极性很高，可到了这个地步，仍然商量不出个统一意见来。

桓温继续进军，于三月抵达彭模——再走一步就是敌人主力部队的防区了。

这时，有人建议应该兵分两路，用来分散敌人的兵力。桓温还没有拍板，乔袁就大声反驳，说这样做等于自杀。咱孤军深入敌国，成功就大获全胜，失败了所有的脑袋就全部丢在这里，所以应该集中在一起，争取一战而胜。如果分成两路，只要一路失利，大事就不妙了。现在不如放下所有的物资用具，每人带着三天的干粮，做出破釜沉舟的势头，向前死冲，胜利还是向我们倾斜的。

桓温大声表示同意这个方案，留下孙盛和周楚带着非战斗人员看住物资以防那些小偷，亲自带着部队高喊拿下成都的口号大步前进。

这时，李福带着大军向桓温的留守部队发动进攻。那个孙盛一点不怕，带着本来战斗力不强的留守部队奋勇抵抗。这些本来是部队中的二线士兵、替补队员，都知道如果这时不拼命就会没命了，因此都超水平发挥出来，在孙盛的带领下，大喊大叫着对李福的部队迎头痛击，居然势不可当，把李福的部队打了个灰头土脸。

桓温这时对后方一点不管，只是下死命令向前冲，很快就遭遇李权的大部队。桓温一声招呼也不打，命令部队全力攻击。双方连打三仗，毫无退路的桓温取得三连胜。李权的部队最后彻底溃散，只剩下他一个人从一条小路逃回成都，结结巴巴地向李势报告，敌人太厉害了，如果老大不御驾亲征，谁也打不过啊。

而那个汉国的镇军将军李位都听说李权和李福都双双输了，认为这两个老大比自己牛多了都被打成这个样子，自己还用上场吗，干脆举起了白旗投降。

那个反对设埋伏的昝坚这时还带着自己的部队，整整齐齐地开到犍为，正在说要跟桓温在这里大战三百回合，把桓温杀败，让他那些小胆子的同事看看，胜仗是怎么打的。可话还没有说完，侦察员过来报告，敌人已从另一条道路北上了，早不在这个地方了。老大要大战三百回合，时间得往后推迟，地点也得重新确定了。

昝坚这才摸着那个太过简单的脑袋说，原来桓温不是老实人——都到什么时候了，连敌人的行踪都搞不清楚，带着主力部队到处扑空，这仗还用打吗？当然，他还是认为，这仗还是能打下去的，下令快速向成都方向回撤，等到看见桓温部队的尾巴时，桓温的远征大军已经在距离成都不到十里的地方布下阵地，专等狂跑而来的敌人。

昝坚的部队这时连跑了几天，差不多虚脱了，哪还有什么战斗力，看到敌人在那里杀气腾腾地摆着架势，知道再向前冲一步就等于送死，便都一哄而散。

李势再次拿出上次死守成都的劲头来，带着最后的家当在笮桥与桓温决战。

可很多办法只能用一次，再用一次就不灵了——而且上次他的对手是那个太有表演欲望的李奕，而这时他的对头却是当世少有的战争牛人桓温。

战斗刚一打响，李势的部队确实占了上风。桓温的先头部队被打得只有招架之功，连参军龚护都光荣牺牲，全军的士气立马受到影响，大家都想往回退走，可这时还有退路吗？

正在关键时刻，敌人的箭头纷纷落在桓温的马头前面，桓温听着这些凉飕飕的利箭，心里也发毛，估计这仗再打下去，他就会跟龚护一样了，马上下令鸣锣退兵。

连最高指挥员都这个样子了，别人的心理还能承受得住吗？那个传令兵又从没有作战经验，心理素质差到不能再差的地步，这时还能在这个地方听老大的命令已经是奇迹了。他听说要鸣锣，马上抡起椎子猛打。哪知，由于过度慌乱，这几下吃奶的力气使出，全打在鼓面上，一时间战鼓轰隆。而这时乔袁也已经拔出宝剑，奋力督战，叫大家只有像他一样舍生忘死，才能取得胜利。一时间，晋军像突然吃了过量的兴奋剂一样，士气神奇般地大振起来。

曹刿早就说过：“夫战，勇气也！”打仗靠的就是士气，士气一上涨，这仗就好开展下去了。

李势军看到刚才都差不多到崩溃边缘的晋军突然发狂起来，见马砍马，见人杀人，就都害怕起来，全退回去，到了这个时候，谁后退谁崩溃。桓温这时也清醒了起来，下令追击。

李势不由得大叫倒霉，明明胜利在望了，似乎只加半把劲、再过几秒钟就可以把桓温全军搞定，哪知形势却突然逆转起来，而且逆转得莫名其妙。他根本不知道，逆转这个形势的居然是对方那个差不多崩溃的鼓手。桓温得了这个机会当然不会放过，挥兵前进，一把火把成都小城烧掉。

这时李势身边已经没多少兵员了，还在身边团团转的士兵大多都像无头苍蝇一样，连手中刀的作用也记不起来了。李势知道，自己到了不能玩的地步了，连夜从成都逃出，狂奔九十多里，到葭萌城才下马休息。

李势的气还没有喘好，邓嵩、昝坚就跑了过来说，老大，还是识时务者为俊杰，投降了吧，再跑下去，咱可跑不动了。

李势一听，只得点点头，派散骑从事王幼为全权代表，拿着一封信去见桓温，表示这次将投降大晋。

桓温当然表示同意。

李势按照传统惯例，叫手下把自己绑起来，然后带着一口棺材去见桓温。

桓温才一上台，马上就打了个漂亮仗，灭了一个敌国，在天府之国代表国家接受亡国之君的投降，满头满脑都是虚荣心。他把李势送到建康，让广大大晋人民一起享受这个胜利的果实。

桓温在成都停留了一个多月，也像当时的邓艾一样，封了很多官用来管理蜀地这块新地皮——只要真的是德才兼备，愿意为新老大效劳的，统统都给个职务，让他们好好为人民服务。桓温在这方面表现出了他的政治天才，很快让当地群众觉得看到美好的明天。史书上说“百姓咸悦”。

可百姓悦了，王誓、邓定、隗文这三个家伙一点不高兴，觉得这次败得太窝囊了，好像他们几个还没有打出水平来，要不再跟他们打一回？这个想法一展开，他们马上就行动，也不管桓温的大军还没有撤走，敌人的力量正处于很强很暴力阶段，就来个造反。这时，桓温一点也不把这三个家伙放在眼里，派兵过去，只几下就把这三个家伙彻底摆平。

其实，桓温现在的所作所为跟当初邓艾灭蜀之后是同一个模式的，只是邓艾当时碰到的是司马昭，而现在桓温的上级却是孤儿寡母，更要命的是团结在孤儿寡母周围的全是一群除了清谈之外，没别的本事的人。因此，桓温的命运跟邓艾的区别是天壤之别——当年邓艾父子可是被卫瓘押回去，然后在半路被砍头的。桓温却在把四川一切搞定之后，带着大军凯旋，一时牛得好像前无古人。

他回到江陵，被提拔为征西大将军，开府，封临贺郡公。

搞定李势之后，桓温的底气空前强悍，晋国就要走进桓温时代了。

# 第五章
# 后赵的衰败

## 少年谢艾

灭蜀之战的全胜，对当时的局势而言无疑是巨大的。晋国的基础在南渡之后出现了前所未有的稳固，同时，又造就了一个无人可以控制的超级牛人——桓温。不过，现在桓温的思想还是比较纯洁的，脑子里还是忠君报国平天下的远大理想，时刻都想着挥兵北上，把以石虎为首的胡人天下一举搞定，成就一番丰功伟绩。而现在晋国的决策权也牢牢地掌握在褚太后的手里，中央没有再出现王导、庾家兄弟那样的寡头当权人物，也算是外有牛人、内有强手的大好局面。

现在石虎那边的形势却越来越不“大好”了。

当然，表面上，大赵帝国仍然是北方一枝独大的超级强国，谁都知道，要打他们的主意，等于拿鸡蛋打石头的主意。但别人不敢打他们的主意，并不意味着他们就安分守己地在边界巡逻而不找人家的麻烦了。

强大集团的边关将领，稍微有点勇气的，都想不断地向弱势一方争夺一点利益，夺取一点地皮，觉得只有这样才能对得起大家。

永和三年（347 年）四月，也就是桓温班师回江陵的时候，赵国凉州刺史麻秋大概看到桓温只一战就灭了李势，而且用兵也不多，内心那个建功立业的浮躁心态就发酵起来——他这时，面对的是张骏集团。张家的势力跟李家比起来根本不是一个档次，桓温能成功，他为什么不能成功？

这时，张骏已于去年死掉，现在西凉地区的一把手是张骏的儿子张重华。张家自从单独经营西凉地区以来，历经三代，虽然势力范围不大，力量比较弱小，但领导人的智商都正常，手下的助手也很得力，先是在刘曜身边求生存，后是在更强大的石虎手下过日子，虽然每天都提心吊胆，生活在一片严重的危机感之中，但都挺了过来——如果让张家的人去代替晋国的领导人，局势将会好得多了——当然这是题外话，历史上是永远没有这种假设的。

麻秋觉得现在张重华刚当上一把手，业务还没有熟悉，内部还在整合当中，新班子还没有磨合好，正是可以在去年战果的基础上向他们再次揩油的大好时机，便向张重华的枹罕进攻。

西凉集团的晋昌太守郎坦看到敌军众多，攻势很猛，觉得枹罕城池太大，而人员不多，难以防守，就打算放弃外城，集中力量死守内城。

武都太守张悛说："这样是不行的。你一放弃外城，全城的人心都会浮动起来，到时就难以收拾了。"

幸亏这次战斗的最高指挥官不是郎坦，而是张璩。张璩这时是宁戎校尉。他听了这两个助手的话之后，觉得张悛的话更有道理，马上集中力量，固守外城。

麻秋觉得自己部队多、士气高、装备好，拿下枹罕肯定是一点问题都没有的，现在最关键的是让时间更提前一点，消耗更加小一点，所以一来就把全部的八万人的部队都用上，把枹罕团团包围，为了做到让城里的一只飞鸟也飞不出大赵子弟兵的手心，仅在城外挖防堵守军突围的壕沟就有好几道，而且还下挖地道、上架云梯，当时能用的攻城武器和办法都同时用上，想让敌人防不胜防。

哪知，城中守军却强悍无比，不管你如何进攻，用多少工具、多少战法，他们都是团结一致，看到敌人冒头就砍。几天下来，麻秋攻城之战一点没有进展，倒是死了几万人。他这才知道，攻城不是儿戏，自己的子弟兵会打仗，可人家的军队也不是吃素的主。

石虎这时也发现麻秋的情况不大好，觉得要是收拾不了枹罕，大赵的面子实在找不到地方搁置了，便叫刘浑带着两万人去支援现在想不出办法的麻秋，务必把枹罕城拿下，向广大赵国人民有个交代。

这时，赵国军队也有了个好得不能再好的机会。

这个机会就是郎坦给他们创造的。郎坦绝对是个心胸狭窄的人物，他那个放弃外城死守内城的建议不被采纳之后，觉得张璩和张俊不把他当回事。他一咬牙，就把他的死党李嘉叫了过来，让他去把敌人带进城来看看他们有守住外城的本事吗。

李嘉开头工作做得比较顺利，把一千多个赵兵成功地带到城边。可才攀上城墙，就被百倍警惕的守军发现了。张璩马上带着大军赶到。那一千个赵兵和李嘉一样，想不到张璩突然出现在他们面前，一时慌了手脚，丢下两百多战友的尸体，狼狈地逃走了。

张璩下令放火，把麻秋的攻城工具一把烧掉。麻秋呆着面孔，看着噼啪的大火——连里应外合都搞不定人家了，看来再攻下去除了付出更大的损失之外，不会有其他收获，便退回大夏。

石虎接到战报，心里很不爽，不就是一个枹罕，里面不就是那个张璩吗？张璩算什么人物？居然也打不过他？他把中书监石宁叫来，说现在任你为征西将军，再带两万人的部队过去，作麻秋的后援，继续打击张重华集团。不把张重华打倒，你就不要回来了。

战争的规模就这样扩大起来。

所有的人都知道，张重华的形势已经严峻到极点了。

立场不坚定的人，这时就已经双脚打战，全身的每个细胞都在恐惧之中了。

宋秦就是在这个情况下，受不住一天比一天来得猛烈的恐惧的袭击，终于带着两万户人家，投降到赵国去了。

可张重华却一点不怕——到了这时，怕是解决不了问题的。他在这次危险中把一个所有人都不看好的年轻人提拔到领导岗位上来。这个人就是谢艾。其实谢艾已在去年的一场大战中有过上佳的表现。

那时，张骏刚死掉，张重华才十六岁。石虎知道后，认为，一个十六岁的小孩是最好欺负的，就叫麻秋出兵。

张重华动员全国力量，要大打一场保家卫国的人民战争，把军事的指挥权都交给裴桓。

裴桓拍着胸膛，带着大军东进，很快就来到广武。可他来到广武后就一点不果断了，以最快的速度设下大营之后，下令全军就地休息，一点出击的欲望也没有。

凉州参军一看，裴桓的这个打法是等死的打法，赶紧去见张重华，说："老大，国家的存亡，全看军队强不强，军队强不强，全看大将牛不牛。现在裴桓的资格很牛，可能力一点不牛啊。如果不赶紧换人上场，这场战争咱输定了。我推荐个人才去接替裴桓。这个人就是谢艾，文武全才。"

张重华虽然年纪不大，但头脑很不错，也知道裴桓的这个打法是不行的，马上让人把谢艾叫过来。

谢艾其实是个书生，外貌跟那个冲锋陷阵的将军一点不匹配，但口气却狂放得很，说："老大，你只给我七千人，我打个大胜仗给全国人民看。"

张重华非常相信他，当场任命他为中坚将军，拨给他五千精兵，让他去反击麻秋。

谢艾一点条件也不讲，带着部队从振武出发。他虽然年轻，口气也狂放得好像没有谱，可智商却高得要命，做事一点不鲁莽。他比谁都知道，他手下的五千兵跟麻秋的大军比起来是不值得一提的，要取得胜利，靠的是超水平发挥。因此，他在暗中做了个手脚，忽悠一下他这五千士兵。夜里，大家正静悄悄地在军营中睡觉，突然营门外有两只枭鸟在大叫。谢艾马上大叫："赌博的时候，拿到枭牌的就会赢。现在有枭鸟过来叫，这是老天爷暗示咱们赶快进军，胜利就是咱们的。"

这些士兵中绝对没有一个唯物主义者，而且大多对赌博业务也很精通，听到这话，个个都觉得肌肉收紧，血液的温度马上高升，大叫着赶快进军。

谢艾带着五千兵马直接杀进赵军的大营，取得了歼敌五千的战果，大破赵兵。

当然，这次战斗，对于麻秋的整个部队来说，算不得什么损失。他继续发动攻势，拿下金城和大夏——不过那一拨攻势却暂停了下来——这是上一年的事了。

我们现在把目光收回到永和三年（347年）四月。此时，面对赵国再次大军压境，年轻的张重华把所有的担子交给了年轻的谢艾，让他“使持节”，为军师将军，带三万人的部队前去与麻秋对抗。

谢艾带着大军临河布阵，与麻秋的大军隔河相望。

一场经典大战就这样拉开序幕。

中国历史在这个时期显得很疲软——虽然战乱不止，白天没有战事，晚上就会出现群殴；这边没有冲突，那边就有对打，可因为没有牛人的较量，血是流了不少，却没什么精彩表演。

但这一场战斗却吸引了人们的眼球。

战斗的规模不算大，双方人数也只有几万人。

麻秋穿着军装、佩戴整齐，威风凛凛地坐在马上指挥全军，不管从哪个角度看去，都是大将风度。

可谢艾却坐在车里，身上全是读书人的装束。他在战鼓声中到前线来视察阵地。

麻秋威风凛凛地看到谢艾这个样子，神经明显受到巨大的刺激，当场发怒起来，骂道：“谢艾居然敢这样看不起我。我现在就收拾你！”

他马上命令最精锐的黑矛龙骧队出击。

战法：闪电战。

目标：小白脸。

谢艾身边的那些脸上长满坚硬胡子、平时面部全是横肉的人看到三千敌人特种兵像龙卷风一样冲杀过来，都吓得脸上的肌肉全部僵硬，请老大赶快下车，坐到马背上去，以便准备随时逃跑。

谢艾看了看冲杀过来的敌人，又看了看身边那些紧张得牙齿都磕得咯咯大响的手下，笑了笑，从车上懒懒地下来。大家那一口气才松下来，他却又来到胡床坐了下来，说："天不会马上塌下来的。大家进入战斗位置。"

他的手下以为他疯了——只有疯子才这么不怕死。

他的对手却以为他肯定有埋伏——否则一个书生，敢于这么不怕死？

那一群冲杀上来的黑矛龙骧特种兵喊杀连天像风一样地冲过来后，突然停住脚步，个个左看右看：周围是不是有敌人的伏兵？伏兵到底多不多？

在这些手持黑矛的武士四处张望的时候，谢艾的另一支部队在张瑁的带领下早已奉命从另一条道路上绕过去，这时已到敌人的后面。

而麻秋只咬牙切齿地注意着前方，恨不得把谢艾活捉过来，一点也不注意后面的情况。

当张瑁的部队出现时，麻秋才知道自己的后路已经被谢艾切断了，这才知道谢艾不简单，只怕他还有更厉害的阴谋在等着他——近来麻秋的作战很不顺利，因此还是小心为上，急忙下令撤军。

谢艾等的就是这一刻。

他大喝一声："总攻开始！"

全军一齐出动，向赵兵猛冲过去。

这时，麻秋又知道了一个道理，在关键时刻，部队是不能随意撤退的，因为大家一往后退，阵脚就全乱了，不管他的声音有多高，口气有多严厉，就是阻止不了部队后退的脚步，更不能组织有效的抵抗。

最后的局面是，只有他一个人在大喊大叫，别的人都在发疯地往后撤，指挥系统早已不灵。

这时谢艾的部队已经狂杀进来，连斩赵国大将杜勋、汲鱼。

麻秋知道再不退就没有逃跑的余地了，赶紧抱头冲出，一路向大夏狂跑。到了大夏时，转头一看，居然只有自己一个人。

谢艾此战，一口气歼敌一万五千人，可以说是取得了重大胜利。

麻秋上一次没有攻下桴罕，还可以说攻坚历来难打，打不下，还可以有话好好说。可现在是野战啊，大家都站在同一起跑线上，兵力也对等，而且自己又是战场老手，对方只是一个被称为百无一用的书生，连军装都不会穿，竟然被打得这么惨，是实实在在地完败。

麻秋不管怎么说，也咽不下这口气。

五月，他跟石宁会师，带着全部的十二万大军挺进到河南，准备向张重华集团再发动一场声势更浩大的军事行动。

麻秋手下的刘宁、王擢部进展很流畅，兵锋指处，很快就在晋兴、广武、武街一带占领了大片土地。

张重华命令牛旋率军去挡住。可这家伙虽然姓牛，也是个资深将军，打仗的水平却一点不牛，带着部队出来，才看到敌人跑过来的灰尘，便觉得这仗不宜打，逃到桴罕城中，躲起来。这消息一传，首都姑臧的人都不知道下一步该怎么走了。

张重华一咬牙，他要来个御驾亲征！

谢艾和索遐都过来劝他，还不到这个地步啊老大，还有我们在呢。

张重华一听，也好，然后任命谢艾为“使持节”，都督征讨诸军事、卫将军，任命索遐为军正将军，共同带两万人去抵抗赵军。

在姑臧人心乱得像一锅粥的时候，前方还传来了一个好消息，杨康在沙阜把赵国的刘宁打败，使得刘宁退回金城，再也不敢出来嚣张了。

这时，石虎看到动用了这么多力量，居然还拿不下凉州这么一个小地方，真是丢脸，决定再次注资、加大投入，发布命令，派孙伏都、刘浑再带两万人去支援，由麻秋统一指挥。

这时，赵国部队从数量上已远远超过谢艾手中的兵力了——如果光从这方面去计算，结果会是毫无悬念的。

麻秋带着大军大步进军，直接渡过黄河，不费吹灰之力就占领了长最城，显示了强大的冲击力。

这种冲击力会对心理素质稍不稳定者产生毁灭性的打击。

可谢艾的心理素质好得很，看到敌人的大军无边无际地冲过来，还是带着大军，召开了个誓师大会。大会正开到热血沸腾的时候，突然大风刮来，军旗呼啦啦地指向东南方向——那是敌人冲过来的方向。

索遐一看，抓住这个机会大叫：“现在风神已经命令我们向敌人发起冲锋。老天爷都在向咱们公开提示了，我们还怕什么？”

上次的枭鸣曾给大家带来好运，因此大家都相信，这一次仍然跟上次一样，运气永远站在他们这一边。

八月三日，谢艾带着大军向麻秋发动反击，虽然麻秋部队数量庞大，但士气远没有谢艾的高涨，决战一开，场面完全被谢艾控制起来，最后赵国的部队一点战斗力也没显示出来，又被谢艾打了个大败。

麻秋只得逃回金城，脸色灰白地向石虎作了报告。

石虎接到报告后，一声叹息：“想当年，我只靠一支部队平定九州。现在用九州的力量猛打猛冲，竟然搞不定枹罕这么个小城。人才才是第一战斗力。我虽然有人，可没有人才。张重华人不多，但都是人才啊，还是不惹为好。”——从他这话可以看出，这个曾经被誉为当代战神级的人物，已经被美女和年龄磨光了锐气，从他的身上再也找不到那光芒四射的杀气了。

张重华凭谢艾一人之力，再一次挽救了这个国家。

## 自相残杀

石虎这时的雄心早已蒸发得不见了。此时，他控制着十个大州的大块地皮，而且这十大州是当时综合实力最强的地方。他虽然仗打得厉害，而且野心也是超级强大，可在治国方略上却目光短浅得很。如果是别的枭雄，手里有这么多的资本，肯定来个励精图治，富国强兵，把治下搞得繁荣昌盛，然后收拾周边敌人，最后统一全国是没有什么困难的。可他的思路一点也没有向这方面拐弯，而是让享乐主义遍布心头，每根思维神经里都是美女、豪宅、金钱，因此下得最多的命令不是什么改革政策，而是选美女、搜刮人民财富的文件。

经过这些年不断的努力，现在仓库里的财物已经多到“财物，不可胜数”的地步。

可石虎仍然觉得不够，下令再搜再刮。人家报告说已经没地方搜刮了。

石虎说：“没地方？活人没有，死人那里还是有的。”他下令掘古墓，把那些陪葬品都挖出来。

而这时，他最相信的和尚吴进对他说：“老大，我近来认为，胡人的气数已经下跌到底了，汉民族的运气马上就要进入牛市。所以，必须把他们的潜力压住。主要就是用我们现在的国家机器，用最残酷的手法，把他们狠狠地压制住。”——如果放在其他人身上，谁也不会相信这个光头和尚的这个理论。

可石虎却相信。

他马上下令，叫尚书张群做总指挥，征调各郡十六万汉人、车十万辆，运泥土到首都邺城来，修筑华林园的围墙。这个华林园长宽都是几十里，工程量大得要命——工程量不大，就没有办法让这些汉人去劳累、去死亡。

赵揽、申钟和石璞看到老大越来越像暴君了，他们都是有学问的人，知道暴君一出现，这个国家就已经走到灭亡的边缘了，忙去找石虎，从天文知识联系到老百姓的苦难，说明这样做是不得分的，老天是不会支持的，广大人民是不会拥护的。

石虎本来对赵揽是有点迷信的，但他更迷信和尚的话，因此看到这几个人前来苦谏，也很生气，只是说，我决定了，管他老天爷有什么意见，老百姓有什么看法。这个工程是要做到底了，就是早上完工，晚上死去，我也一点意见没有。他命令张群，排除一切干扰，尽快提前完成任务。

当时正是梅雨季节，但张群却不管白天黑夜、晴天雨天，一刻不能停工，使得民工不断地死亡，工程离完工还有很多天，民工们已经死了几万人。

而这时，石虎的两个儿子又展开了激烈的夺谪大战。

石虎杀了原太子后，立石宣为法定继承人，可他心里对那个石韬又特别喜欢，就以多培养人才为由，下令石韬跟石宣一起主持中央工作，轮流使用权力。让石宣很不爽，破坏了两个儿子的安定团结。只是这些年来石虎精力旺盛，两人谁也不敢动弹，但仇恨已经潜伏在两人的心底。

永和三年（347 年）九月，石虎突然命令石宣出京，到名山大川那里求神灵的保佑，并顺便打打猎，锻炼锻炼身体。

石宣在搞腐败、摆排场方面绝对不比他老爸差。何况这次是奉命打猎，他每到一个地方，都集中大量人力物力，用人围成一道长长的人墙。人墙共有四面，每面有一百里。他叫这些人把包围圈里的猎物都往中心地带赶——等到黄昏时分，所有的猎物都已赶到中间了。在旁边的文武官员都要单膝下跪，大量燃起火把，把场地照得比白天还亮。

如果是石虎，他肯定会冲进去大猎一场过瘾。可石宣认为自己是享受型的，有野味吃就行了，为什么一定要自己去当猎人。他只派一百多个猛男骑兵冲到里面，跑马放箭。而他自己则带着美女站在高台上，看这些猛攻男的表演，直到里面的猎物都死光。要是有野兽奋力突围出去，破围之处的人员，如果有职务的就没收他们的马，罚他们徒步一整天。如果是个平民百姓，无马可没，就让人在他的身上抽一顿皮鞭。

这次他经过三个州，一路这么胡搞下去，仅士兵饿死、冻死的就有一万多人，至于所过州县的财政也全被他玩光。

石虎觉得光叫石宣这么牛哄哄地显示排场，实在有点亏待了石韬，就又叫石韬也去走一趟。石韬一听，当然高兴了，按照石宣的规格，马上上路。

石宣听到大街上热闹得比过节还要厉害，出来一看，原来是石韬也要出京打猎。出京打猎也就算了，可这个排场、规格也不降低一点，竟然全部跟他一样，那他当这个继承人的优势还表现在哪里？

一般到了这个时候，总会有个小人出来，在当事人的怒火里加上几桶油。

这时出来的人叫赵生。他是个太监，但跟石宣的关系很铁，能做到爱石宣之所爱，恨石宣之所恨。石宣恨石韬，赵生也就恨石韬。这时看到石宣脸上的怒气，觉得自己有浇油的必要了，马上劝石宣当机立断，把石韬搞定。

石宣一听，心头一动，觉得赵生的这个建议非常好。

在石宣心里谋划着搞定石韬时，石虎却越来越喜欢石韬。这喜欢不断加码的结果，就是在脑袋空闲的时候常有这个想法冒泡出来：要是让韬儿当太子就好了。可因为石宣是长子，在大道理面前讲不过去，因此就犹豫起来。

有一次，石宣不听话，石虎就大怒起来，骂了一句，说现在最后悔的就是当初不立石韬做太子，硬是让他当了继承人。

这话石宣一听，就觉得头大。

可石韬听到，高兴得很，把那个骄傲的劲头大鸣大放出来，把石宣也不放在眼里了。石韬这时是太尉，觉得原先的太尉办公大楼一点不威风，因此就决定再盖一座大楼，不但大梁长度超过标准，放到九丈，而且还把这座大楼叫“宣光殿”。

石宣过去一看，见他们居然用这个招牌——这个招牌里有个“宣”字啊，这不是故意犯他的讳吗？而且不光犯了讳，还加了个“光”字。

石宣越想越生气，把那几个建筑工都杀掉，然后把那根超标大梁也砍断，这才大步离开。

石韬当然不会就这样夹着尾巴不了了之，大骂一顿之后，把那根梁加到十丈。这等于向石宣叫板。

石宣知道后，决定对这个嚣张的弟弟采取行动。他把几个死党杨杯、牟成、赵生叫来，说：“我受不了这小子的嚣张了。你们谁把他干掉，以后我当皇帝了，就把他的封地送给谁。石韬一死，我老爸肯定会去参加追悼会的。我们可借这个机会采取更加刺激的行动，我马上就成为皇帝了。”

这几个人一听，荣华富贵就来得这么容易？

机会说来就来。

永和四年（348 年）八月。

石韬觉得这天的天气真好，秋高气爽，宜于海吃山喝。他在东明观里摆了大量的酒桌，把他所有的人都请来大撮特撮，最后醉得不成样子，就干脆睡在寺庙里。

石宣这方面的情报工作做得很好，知道这个情况后，马上派杨怀过去，用软梯爬墙进屋，把睡梦中的石韬杀掉，把作案工具都丢在现场，然后逃走。

第二天，石宣首先把这事向石虎作了汇报，说他接到报告，老弟石韬不幸遇害身亡。

石虎一听，呆了几秒钟之后，再也坚强不起来了，放声大哭，差点儿一口气提不上来，当场休克。众人忙活了好久，他这才缓过一口气来。

情节到了这个时候，还准备按照石宣预测的那样发展下去——石虎打算亲自去给自己这个最爱的儿子主持追悼会。如果能成，那么，石宣就完全成功了。

可那个李农却在这个时候出来多嘴："老大，谋杀石韬的凶手还没有抓住啊。老大这时出动太危险！"

石虎这才停止行动，但他还是决定在太武殿为石韬举行追悼仪式。

石宣来到石韬的灵堂，连作秀的哭声也做不出来，嘴里只是呵呵笑声。他叫人掀开被单，一看，死的果然是那个总是在他面前牛哄哄的石韬，心头的高兴怎么也挡不住，最后忍不住哈哈大笑走出去。

石宣虽然控制不住自己的情绪，但他知道，如果不尽快了结这个案件，老爸肯定会追查下去的，到时可就不好玩了。他趁着石虎还没有怀疑到他时，赶快做个冤假错案，把记室参军郑靖和尹武两个人抓起来，然后严刑逼供，说他们是杀害石韬的凶手。

可石虎却不是石宣想得那么简单，他在心里怀疑这个惨案幕后的策划人就是石宣。

石虎这时知道，石宣现在的势力已经很庞大，因此想在宫中把他解决。但他又怕石宣不肯到宫中来，就派人去骗石宣，说老妈因为悲伤过度，现在病得就差一口气了，要是不过来，只怕这辈子就见不着老妈了。

石宣也是个头脑简单的人——到了这时，只要是宫里的话，不管是什么内容，都得认真分析一下才作决定啊。可他一点也不想想，就急急忙忙地进去。哪知，他才一进宫门，就被宣布失去自由。

石宣谋害石韬时，保密工作做得很差，居然让史科知道得清清楚楚。他肯定是做间谍的好料，石宣一失去自由，他在第一时间就知道了，然后做了份黑材料，直接向石虎上报，把石宣集团都检举揭发出来。

石虎本来就怀疑石宣，这时看到这份黑材料，怀疑的程度就更上一层楼，马上签发逮捕令，要求有关部门把石宣的那三个核心人物都抓起来。可杨怀和牟成早已跑得不知去向，只抓到那个赵生。

赵生虽然拍着胸脯保证做太子的死党，但意志却薄弱得很，还没有大刑伺候，就什么都招了出来，连个标点符号也不保留。

石虎的悲痛和愤怒达到了最高点，觉得他要是放过石宣，他简直不是人了，立刻把石宣关到那个草房里，还用铁环锁住他的下巴，看上去像一条被穿了鼻子的老牛。他还拿起那些杀死过石韬的凶器，用他那条粗糙的大舌头唰唰地舔着上面早已发黑的鲜血，最后，当着大家的面，放声大哭——这是一次真正的痛入骨髓的悲痛，在场的人一看到这个场面，也都流泪，不敢再听下去——这家伙杀人无数，一旦大刀举起，管你男女老少，都不眨眼地朝头砍去。年轻时，屠城是经常性的工作，把天下苍生看得连牛马都不如。哪知到了现在，自己的儿子却自相残杀，这才知道丧子的痛苦是多么难受。

佛图澄劝石虎还是放过石宣——死了一个儿子，再杀一个儿子，这可不好啊。

可石虎这时立场坚定得很，以前他什么都听大和尚的，但这一次不听了。

为了处理石宣，表达对石宣的痛恨以及对石韬的悲痛，石虎在邺城北面用木柴堆成一个高台，上面做了个大架，安上辘轳，然后把石宣带出。

石虎在考虑处理石宣时，肯定花了不少脑力。他叫石宣的部下郝稚、刘霸出场，完成所有的任务。这两个家伙分工合作，各个程序走得都很熟练，先一把一把地拔掉他们老领导的头发，然后把石宣的舌头拔出来，让石宣的大嘴在鲜血淋漓中大喊大叫，然后用绳子牵着一边流血一边大叫的石宣顺着楼梯爬到大架上。接着，赦稚用绳子穿过石宣的下巴，连到辘轳上，再启动辘轳，把石宣一步一步地绞到柴堆上。刘霸早在那里等待，石宣一到大柴堆上，他马上举起斧头，砍断石宣的全部手脚，再丢开斧头，用手指挖出石宣那满是悲痛、惊恐的两眼。他挖完石宣的眼珠后，再剖开石宣那个肥大的腹部，让里面的内脏全部流出来——据说，石韬死时也是这个待遇。

历史上，太子被处死的也有几个了，但绝对没有谁被弄得这么惨——当然，也很少有像石宣这么恶劣的太子。

最后一道程序是，在木柴堆上放火。石宣就在大火上被活活烧成灰。

最体现出石虎残忍的就是，这些工作虽然交由刘霸和赦稚去执行，但他却带着皇宫中的几千美女一齐出动，到铜雀台上当观众，从头到尾，一个不能提前离场——当年他把铜雀台大规模地扩建时，绝对没有想到，会当成这么一个看台。

他在观看这个由他导演的血腥大戏时的心情如何，史书上没有进一步披露。但接下来的是，这个杀人如麻、嗜血如命、性如狼、凶如虎的魔头暴君又经历了一次剧烈的伤痛。

大鸣大放地搞定石宣之后，接下来当然就是扩大打击面——石宣的妻妾儿子等九人也全部处死。这些人不管从哪个角度来说都是无辜的。可石虎哪管得了那么多，而且还发生了石虎想管都管不了的事。

石宣最小的儿子才几岁。石虎这个家伙虽然是历史上最缺乏爱心的人，但他却超级喜爱这个小孙子。在他下令把与石宣有直接关系的人都杀掉的时候，也不知是什么原因，他居然还在抱着这个可爱的小孙子。石虎这时是在流泪的，他的泪眼看着这个小孙子，越看越可爱，越看越觉得他不该死，就抹了一把眼泪，准备赦免了这个小孩。

本来，以石虎手中的权力以及他的性格，不管他做出什么举动，别人谁都不敢说一个“不”字。可这时，情况居然微妙起来，在他要放过这个小孙子时，那几个执法人员居然发起狠来，说要严格执法，铁面无私，上来从石虎的怀里夺这个小孩。

这几个家伙对石虎的家族大概了解得很透彻——今天他们杀了这个小孩的老妈和兄弟姐妹，以后他大了，那是铁定要报仇的，因此只有在老大思想混乱时来个斩草除根，免除后患。

这个小孙子还是很聪明的，看到这几个满脸横肉的家伙过来抢，就知道不妙了，死死地抓着爷爷的衣角，坚决不放手——他也许知道，爷爷有权保护他，也许他什么也不知道，但他却在盼望着爷爷出手帮他，不要被这几个恶人抓过去啊。

我们无法知道石虎当时准确的心情，但他居然在小孙子大声叫喊之中不出一声——那个满脸杀气的石虎此时不知蒸发到什么地方去了。最后，他的衣带被扯断，他坐在那里，眼睁睁地看着小孙子被那几个很有他风格的家伙带走，小孙子的哭声越来越远，最后他什么也听不见了。

石虎再也无法释放的心情，不管清醒还是不清醒时，老是出现他小孙子那最后的哭声和抓着他衣带的情景。

在这个情景不断的折磨下，石虎的身体终于受不住了。



## 石虎在最后的日子里

打击面继续扩大。

石虎把石宣的老妈即皇后杜珠也贬掉，从今之后，享受平民的待遇；把原太子的警卫骨干力量三百人全部杀死；东宫太子身边的工作人员——即太监五十人，可能是赵生的缘故，处理得更为严厉——全部采用车裂酷刑，拉断四肢之后，尸体丢进漳水。而东宫卫士十万人则全部被流放到西部边远山区。最冤的就是那个赵揽。他的专业水平很高，工作也很称职，只要发现天上的星星有什么变化，马上在第一时间报告石虎。

石虎这时虽然头脑已经发晕，连孙子也忘记出手保护了，但还记得事发之前，赵揽曾经对他说皇宫就要发生动乱，老大要做好准备。他由此认定，赵揽事先知情，却不报告，使得事情发展到这个地步，原谅谁也不能原谅这样的人，就下令把赵揽杀死。

事件到此，算是到了尾声，可石宣变成灰烬之后，太子的位子就出现了空缺，不管石虎怎么牛，也得指定个接班人。

而且，燕国发生的一件事，也促使石虎觉得必须尽快解决这个问题。这件事就是燕国的老大慕容皝九月十七日死去，只有五十二岁。

石虎的年龄比慕容皝还要大，而且近来身体大大不如从前，听到这个消息后，觉得死神离自己越来越近了，如果不安排接班人，哪天突然来个不辞而别，这个国家可就乱得不成样子了。因此，他开始让脑袋冷静下来，全盘去考虑这个问题。

没几天，石虎就决定公开讨论这个问题。

经历了两次太子事件，而且一次比一次来得隆重、惨烈，因此，谁也不愿把自己的命运放进去，讨论会就开得比较沉闷，只有张豺和张举两个人在发言。

按理说，张豺只是个一般将军，在石虎集团中一点名气也没有，而张举是太尉，属于军方最高领导人之一，说话的分量要重得多。

张举首先发言。他同时提供石斌和石遵两个人，说这两个人最有水平，可选一个。张豺马上起来表示反对，说石斌的水平没问题，可曾经做过违法乱纪的事，从性格和本质上说，跟石宣他们没什么两样。而石遵的老妈曾经被废，再立他们为太子，实在说不过去。

石虎说："这个也不行，那个也不行，到底谁行？"

张豺的名字虽然有点不讨人喜欢，职务也不算高级，平时也很少有说话的机会，但他的野心却大得很。他认为，自己的机会就要来了，因此马上坚决地站出来，否定了张举的建议。他这时，准备推荐石世。

他之所以力挺石世，是因为石世跟他还是有点关系的。原来张豺的老妈是刘曜的小女儿安定公主。当年灭刘曜时，张豺抓到了这个女人，觉得她长得还可以，就献给了石虎。石虎杀了刘曜，但却笑纳了刘曜的这个女儿，让她从公主成长为妃子，而且喜爱得不得了。后来，这个女人就生了石世。这时，石世才十岁。

张豺这么力挺一个十岁的小孩，绝不是为石虎着想，更不是为国家和人民着想，而是打着为老大负责的旗号，百分之百地为自己着想。他看到石虎都病成这个样子了，肯定没几天好活了，要是这个强暴的老大一挂，石世成为皇帝，肯定会像晋国那样，让他老妈来个“太后称制”。这个太后到时肯定会把大权交给他，让他说了算。

当然，他乖得很，并没有直接就说他推荐石世，而是对石虎说：“以前两个太子出事，根源在于他们的老妈都出身于底层，所以呢，太子的老妈最好要出身高贵一点。”

石虎一听，马上说：“你不用往下说了，我知道接班人是谁了。”

这话说得胸有成竹，自信得没有一点杂质，其实却为以后的大乱以及石氏的彻底败亡奠定了坚实的基础。

不过，石虎在这个时候居然并不直接由自己宣布石世当太子，而是叫所有高级员工集中起来联名上书，请求让石世成为大赵帝国下一代的领导核心。可大司马曹莫居然不肯签名。本来，只缺这么一票，也挡不住石世成为太子的势头，可石虎希望得票率到百分之百，因此派张豺过去问曹莫为什么不签。

曹莫说：“把国家交给一个小孩来管理，他能管得了吗？所以，我不签！”

石虎一听，便派张举和李农去做曹莫的思想工作。曹莫最后没有办法，只得在联名信上签了自己的名字。

石虎马上封刘氏为第一夫人，石世为太子。

大家都应该还记得，石虎这时虽然是大赵帝国的独裁者，但他的职务也只是天王而已。谁不知道，这家伙对生命一点不负责，对人民更是一点不负责，但对待这个皇帝的称号却严肃得很。直到这时，也就是永和五年（349年）正月，他已经又老又病了，这才决定宣布当上皇帝，改元为太宁——这家伙经历了这么多动乱后，精力已经到了憔悴的地步了，也不愿折腾下去了，而是想过几天安宁的日子。

石虎和很多人一样，以为太子事件已经彻底结算清楚了。哪知，却还有一个尾巴没有搞定，这时又引起一场大乱。

原来石虎把东宫十万卫士全都流放到西部地区。这十万人中，最有战斗力的是一万名高力大队。本来，这个事件不应该发生，可错就错在，石虎在宣布大赦时，居然特意说明，此次大赦的对象不包括这十万军人。

这些人在受处分时什么意见也没有，老老实实地成群结队到西部。如果没有这个大赦，这些人也许还在向前走，可当他们来到雍城时，石虎就宣布大赦，全国所有的犯人都可以大步走出牢笼，而他们什么罪都没有犯，只是组织安排他们当了东宫的卫队，石虎居然特别在大赦文件中宣布，他们不在大赦之列，叫雍州刺史张茂押送他们继续向西前进。大家听到这个消息，脸面全都阴了起来。

张茂看到这些人不但肌肉发达，而且军事本领过硬得很，如果他们一起暴动起来，那可不好解决，因此就没收他们的战马，让他们徒步推着小车，车上都装着物资。

到了这时，士兵们都已经很愤怒了，大家个个满脸怒色，就差杀人放火了。

人员、氛围和理由都充足。

现在，就差带头人了。

这队兵团的带头大哥叫梁犊，他的心里早就不平衡了。好不容易等到大家的火气高度上涨起来，便决定大干一番事业。他悄悄地告诉大家，只有团结起来，用暴力手段打倒这些人，他们才能够回到东方。

大家一听，当然都高兴得大叫老梁万岁，只要能回去，杀人放火的事也干。

梁犊知道，要干事也得有个旗号。当然，他知道，如果他现在自己做个旗号来打，那是没有什么号召力的，因此，就借用了大晋帝国的旗号——这可是现在最正统的旗号了，而且又是石虎的死对头，现在西北一带的汉人一看到这个旗号都觉得亲切得很，不用拉拢就靠了过来。

他自称大晋征东大将军，带着这一群肌肉发达的猛男扯起了造反的大旗，返身向东冲过去，根本不费力就拿下了下辩。

赵国的安西将军刘宁接到报告后，马上从安定出兵，要把这帮人拦住。他对这群人的底细是清楚的，知道现在他们虽然都训练有素，战斗力不低，但现在手中连个铁器都没有，全是空着双手。现在政府军的士兵手里全是铮亮的武器，不用怕他们。打谢艾打不过，打这些赤手空拳的人总可以大获全胜吧？

哪知，他只知道这些暴徒没有兵器，却完全不记得这是什么年代了。这是冷器年代啊，随便抓一根铁的东西在手，就可以冲锋陷阵，大打出手了。

梁犊的那一帮人都是从全军里挑出来的好手，个个是尖兵人物，单兵作战能力强悍得很，一个顶十个完全没有问题。他们现在虽然缺乏兵器，可他们并不坐在那里等死，而是深入民间，抢了大量的斧头，然后把斧头绑在一丈多长的木棍上，大力挥舞着冲上战场，而且个个像疯子一样，见人就砍，虽然兵器粗糙，但打法十分缺德。政府军一碰上就立刻崩溃。后来，很多政府军看到他们实在太强大，就都加入他们的行列，跟他们一起大砍大杀，生猛得不得了，一路都是高奏凯歌，很快就打到长安。

到长安时，梁犊的部队已达到十万人马。

这时，石苞把他最精锐的部队拿了出来，哪知，才一接触就被打得全军溃败，才知道自己手下的这些精锐其实一点不精不锐。

梁犊取得了一连串的胜利后，就意气风发得很，也不休整就大步向潼关前进，目标是洛阳。

石虎这才知道，这个大赦要是出差错，同样是件可怕的事。他叫司空李农过来，任命李农为大都督、行大将军事。

李农跟张贺度带着十多万人的部队南下，在新安摆开战场与梁犊开战，结果大败；到洛阳再开战，再大败；只得退守成皋，不敢再出来惹事了。

梁犊到底只是个暴徒，取得了这么重大的胜利后，并没有展开争取民心的政治工作，或者南下与晋国取得联系，乘着这个机会夹击石虎。他只是在胜利的狂欢中尽情地把暴徒的嘴脸表现出来，让大军在荥阳、陈留一带大肆进行抢劫工作。

于是，梁犊很高兴，群众生活得很恐惧。

当然，石虎也生活在恐惧之中。

他在年轻时，也带着军队到处打砸抢，做得比梁犊还要疯狂，觉得很过瘾。可现在一上年纪，思维系统也发生重大的变化，激情早已退去，听说梁犊的暴徒们就在首都附近嚣张地抢掠，内心也怕了起来。

他任命石斌为大都督、都督中外诸军事。让姚弋仲和蒲洪作为助手，再次出征。

石虎这时的底气已经完全触底，弱得不能再弱了。

姚弋仲带着他的八千人的部队来到首都，要求去见石虎。

这时，石虎已经病得很重了。他也向当时的刘曜学习，怕人家见到自己不再威风凛凛的样子，觉得太丢脸了，就拒绝接见姚弋仲，而是只把他带到领军省，叫皇帝专用的大厨为他做了一餐皇帝吃的菜来招待姚弋仲。

姚弋仲来到领军省一看，只见大桌的酒菜，不见老大，大为愤怒。

有人赶紧把姚弋仲的愤怒向石虎进行汇报，说姚弋仲脸上的愤怒史无前例地吓人。

石虎只得说："让他来见吧。"

姚弋仲一见到石虎，一句客套话也不讲，一开口就把石虎教训了一通，说他都杀儿子了，还为这事病成这样。你的继承人才多大？你要是挺不住，老是这样病下去，不过几天，保证这个国家就大乱起来。现在最需要担心的是这个问题，而不是梁犊的事。梁犊算什么东西？一群规模较大的强盗而已，没理想、没抱负、无组织、无纪律，能做出什么事业来？他一战就可以把他们全部打垮。

姚弋仲能有今天，完全靠石虎的提拔，可这家伙一点礼貌也没有，对石虎从来不叫老大，不管在什么场合，都是直呼"你"——如果是别的人这样，石虎肯定会坚决灭口。可石虎那双最听不得别人的话的耳朵，硬是装得进他的这些不礼貌的话。一来，他认为姚弋仲也是条汉子，这样的人值得交往；二来，估计姚弋仲的势力比较强悍，手下的死党多，功夫过硬，而且对他忠心耿耿，要是乱动他一根汗毛，后果就不好收拾，再加上，他也知道姚弋仲对他还是很忠心的，因此不管从用人角度，还是从其他角度上讲，重用姚弋仲是利大于弊。

从这一点看，石虎那颗脑袋里还是有几个政治家的细胞的，有点用人之道和政治手段。只可惜在他一生当中，这样可圈可点的动作只是偶然出现，平时，都是凭着心情处理事务，心情好时倒还没事，一旦稍微不爽，就大刀往人们的头上砍——而他是典型的性格火暴的人，一生中没几天好心情，最终打造了他一代暴君的形象。

石虎加授姚弋仲使持节、征西大将军，并额外奖给他一匹配套齐全的好马。姚弋仲这时心情好、干劲足，穿上军装，当场就做了很猛的姿态，跨上战马，大叫一声："我破敌去了。"扬鞭打马，飞奔而出。

他的话果然不是胡吹的。

他跟石斌会合之后，在荥阳与梁犊决战。

梁犊当然还嚣张如故，以为凭着自己部队强悍的战斗力，谁都可以打败——一路过来也确实如此。

但姚弋仲却让他深刻领会了"劲敌"二字。

双方交战，梁犊不但大败，而且败得毫无余地——脑袋也丢了。

姚弋仲凭这一战之功，获得更多的荣誉：履剑上殿、入朝不趋——以后进宫不用换鞋、不用脱剑、不用见到皇帝后快步行走，封西平公。而蒲洪则被提拔为车骑大将军、开府仪同三司、雍州刺史，封略阳公。

梁犊的这次起义，自己不但一点捞头也没有，而且还丢了性命；石虎更是毫无赚头可言。最大的赢家就是姚、蒲二人，一步就高居大赵牛人榜的榜首。

石虎几十年纵横捭阖，靠打仗打出今天这个局面，可现在却要借助这两个投降过来的少数民族老大为他支撑门面，其衰败的势头，稍有点眼光的人都可以看得出。

虽然姚弋仲指着石虎的鼻子要他振作起来，不要这么病歪歪的，让大家失望。

石虎硬是让姚弋仲失望了。

石虎以前多次逆转战场形势，可现在他却逆转不了他的身体。

他的病已经到需要考虑后事的地步了。

他任石遵为大将军，作为关右的屏障；石斌为丞相、录尚书事；张豺果然也进入了班子，成为卫将军、领军将军、吏部尚书，天天等在皇宫那里，与前面两位一起，准备接受遗诏，成为托孤大臣。

张豺看透了石虎，但石虎显然没有看透张豺，更看不透那个刚当上皇后的刘氏。

石虎让张豺进入下一代领导层，目的是想让他当上石世的保护伞。

本来，张豺的目的应该是达到了，可他知道，这“三驾马车”里，另外两驾可是石世的哥哥，不但排名在他的前面，而且手里都拿着枪杆子，自己夹在这两驾马车的中间，能有多少发言权？不如先把他们搞定。

他的手段和胆量确实了得。

刘皇后长得够漂亮，野心也足够大。

以前她还当妃子的时候，只知道弱弱地讨石虎的喜欢，这时她的真面目就显了出来。她一看到这个人事决定，就知道以后她和她的儿子没什么好果子吃。她把张豺找来，让他想个办法把石斌搞定。

办法很快就想了出来。

接下来就是方案的实施。

由刘皇后派人去对石斌说，你老爸现在的病好转了，你如果没事可以继续去打猎。

原来，石斌打猎玩得很上瘾，恨不得天天跟猎物在山里比赛，最怕去办公室里看文件或做别的什么事。这时听说可以继续打猎，高兴得要命。

他爱打猎，也跟很多猎手一样爱喝酒。这时，当然是一边打猎一边喝酒。

张豺和刘皇后对他的两个弱点清楚得很，传了这个消息之后，马上又制造了个假圣旨，批评他一点孝心也没有，若爱喝酒爱打猎，以后就都去打猎吧，把所有的职务都交出来。

石斌就这样没头没脑地交了权。

石斌一回到家里，张豺的老弟张雄就带着五百个猛男过来，说是保护，其实是看管。

石斌就这样成了张豺和刘皇后牢笼里的动物。

接下来，摆平石遵。

四月十九日，石遵从幽州回到首都，想看一看老爸的龙体到底怎么样了。哪知，却落进张豺和刘皇后的圈套里。

虽然石虎这时仍然是大权在手，可已经没有精力去使用了。

刘皇后就偷偷地拿来用一下，又做了个假圣旨，叫石遵赶快到金銮殿里接受命令，内容是接管三万人的宫廷卫队，让他马上去关右上班。

石遵一见这个命令，泪水就流出来了。

他想来见一见老爸，可只见到这个假命令。

他没有怀疑这个命令是假的，因此就大声哭叫着，服从命令去了。

在他走后的当天，石虎的病突然有起色起来，转头问了一下身边的人："石遵来了没有？"

答："来了，又走了！"

石虎就只有叹气了："可惜啊，我看不到他。"

石虎这次的病好像真的要好起来一样，不但可以跟身边的人谈话，而且居然可以来到太极殿，差点儿让刘皇后的事坏了。

石虎来到太极殿西阁时，那两百多个龙腾武士的基层军官都集体跪在那里。

石虎这时虽然病得只剩下几口气了，但头脑还清楚着，就问他们有什么要求。

这些人显然是石斌最死硬的粉丝，有的说，赶快把石斌叫过来，让他掌管军队；有的甚至说，让他当太子。

总之，得先把他叫到现场，以备不测。

石虎一听，说："他现在不在皇宫？"他清楚地记得他早就让石斌在这里等他，等到他咽气的那一刻。

他身边的人说："现在石斌正喝得大醉呢，路都走不了，哪能进宫？"这些人早就被刘皇后收买了。这几句台词不知背了多少次，直到今天才用得着。

石虎说："马上派人去把他接过来，我当面把大印交给他。"石虎显然已经深感危机来了，急不可耐地要把大权交给这个儿子。

但他一点不知道，现在他的大权早已被刘皇后和张豺架空，身边所有的人已经全部站到刘皇后的立场上了。

石虎说完那个话之后，心情马上沉闷起来，头脑接着暂停运转，昏倒在那里。

他这次出来，刘皇后和张豺被他弄得有点被动。如果他的头脑能再坚持清醒半天，刘皇后和张豺非得崩溃不可。

他这么一昏，张豺马上抓住机会，通知他的弟弟张雄，说是老大有令，杀石斌。

这时诛杀石斌并不是一件难事。

之后，又下了个诏书——当然是假的——任命张豺为太保、都督中外诸军事，成为军方第一把手了。这还不算，还让张豺为录尚书事，独自一人担当辅政大臣，待遇相当于霍光。

所有的人都知道，这一切都是张豺与刘皇后勾结做出来的。

石虎这时所有的能力都已经丧失，张豺拿了大印之后，就坐在那里等老家伙停止呼吸。

石虎没有让刘皇后和张豺失望，没几天——也就是四月二十二日，告别了这个他大砍大杀过的世界。

这年石虎五十五岁。

## 菜鸟是抓不住机会的

十一岁的石世马上登基。

刘皇后升一级，成为太后，开始到金銮殿上班，任命张豺为丞相。

张豺不做，推荐石遵和石鉴为左、右丞相。想用这两个职务来拉拢这两个家伙。这两个家伙不是一般人，都是军方牛人。

不能惹的就拉拢，这是很多阴谋家惯用的手段。

拉拢其实就是忽悠！

刘太后没有不同意的道理。

张豺这时还想打击李农。

张豺虽然很有心计，也很毒很大胆，前面所走的几步，每一步都成功地放下脚板、踩得很踏实。可这一次却做了一件走眼的事。他居然跟张举一起商量搞定李农的办法。他也不事先搞清一下两人的底细。

两人的底细就是，张举跟李农是铁哥们儿！

方案定下来后，张举就把方案全盘透露给了李农。

于是，一场大乱的序幕终于猛然拉开。

李农绝不是坐着等死的人，他马上逃到广宗。他不仅仅是避难，而且还决定反戈一击。当时，那一带还有“乞活”——也就是从其他地方来这个地方找饭吃的外地人，有几万户。这些人历来就是社会最不稳定的主要群体——只要有谁站到他们中间，来个登高一呼，他们响应得比谁都快，革命得比谁都彻底。

李农一过去，马上就把这些人组织起来，成为自己的赤卫队，退到上白，准备抗击张豺的围剿。

到了这个地步，如果张豺还放过李农那他就不是张豺了。

于是，刘太后下令：命张举率禁军包围上白，全力围剿李农。

李农一看这个部署就笑了。

张豺和刘太后虽然把大权拿在手里，拿得手心都冒汗，可两个人都是权力场上的暴发户，一点权力基础也没有，人脉资源也等于零。而石虎家族靠的是铁血政策，最不稀缺的就是杀人放火的人。张、刘两人这么一折腾，事情才一开始，马上就感到人手紧缺，连反对党也当作自己人来用了。

这时，张豺更大的敌人石遵正在河内，也知道老爸已经死掉。而刚刚平定梁犊的那几个牛人姚弋仲、蒲洪、刘宁以及那个未来的大牛人石闵正好凯旋，也到河内境内，在李城那里见面。

几路牛人虽然不算是同路人，但都不爽那个刘太后，更不爽张豺，就劝石遵当他们的带头大哥，打到首都去，搞定张豺和刘太后。而且，按照现在的形势，搞定这两个人容易得不能再容易了。

石遵同意，就在李城宣布造张豺的反，带大家一路打回邺城，谁与他为敌，就是与人民为敌。与人民为敌，下场如何，请自己考虑。

洛州刺史最先响应石遵的号召，带兵来到李城，接受石遵的领导。

张豺原来以为，自己掌握了皇帝就掌握了一切，像当年的曹操一样。只有他派兵过去讨伐人家的道理，哪有人家带大军过来找他的事？

可他没有想到，他不是曹操。

曹操靠的是自己的实力，是自己打拼出来的，全国的部队全是姓曹的。哪像他现在，除了几个宫廷卫士以及那几个太监可以随意调动之外，其他军队他一个士兵都指挥不动。

这时看到全国到处都是反对的声音，四面八方都是讨伐的部队，才弄懂这个世界不是官大的说了算，而是实力决定一切。

他以前可以放开胆子忽悠一下石虎，搞到大权，可现在大军逼来，忽悠是过不了关的。

一个靠忽悠垂死之人上来的人，一旦没有了忽悠的市场，不能接着忽悠下去，立刻慌了手脚。

这时，京城没什么部队，张豺只得下令把围上白的部队紧急调回——说是保卫首都，其实是要保卫他。

可来不及了。

五月十一日，石遵的大军已开到汤阴，军队总人数九万，前锋就是超级猛男石闵。

石虎折腾了这么多年已经很不得人心，张豺才几个月，就比石虎更不得人心。群众的眼睛虽然不是真的雪亮，可简单的算法还是会的，这时都主动表示拥护石遵，而且不光口头表示，还纷纷跳出城，去投奔石遵。

张豺这时没有办法，就下令砍杀——谁出去就砍杀谁。

越杀越收不住。

最后的打击来自张离。

张离本来什么也不是，根本算不上人物，是张豺一手提拔起来的，现在是张豺的第一号助手。按理说，对张豺这个大恩人应该忠心耿耿才对。可张离不是这样的人，看到大量的人员逃出城，也带着手下砍开城门——手段比那些老百姓恶劣多了，然后列队欢迎石遵大军的到来。

刘太后终于绝望，心里塞满了恐惧，问张豺怎么办。

张豺更不知道怎么办。他现在比刘太后更恐惧、更绝望，听到刘太后的问话，居然只是张嘴在那里啊啊连声，再没有别的音节。

刘太后这才知道，石虎给她找的这个保护伞没一点保护作用。她只得紧急下诏，任石遵为丞相、大司马、大都督、都督中外诸军事、录尚书事、假斧钺、九锡——能给的全部都给到位。

五月十四日，石遵抵达安阳城。

已经一穷二白的张豺夹着尾巴出来，欢迎这个曾经被忽悠得很苦的老大。

但石遵不再给他面子，当场把张豺逮捕起来。

石遵就这样胜利了。他以胜利者的姿态隆重进城，首先去哭了一下他的老爸，在石虎的灵柩面前发疯地哭，之后，下令斩张豺，而且屠灭其三族。张豺都死了，刘太后当然没有什么市场了。不过，还有招牌作用。石遵以刘太后的名义废掉了石世，接着还是以刘太后的名义命令石遵为国家领导人。

石遵当然没有客气，当上皇帝。这时，刘太后的招牌作用也没有了。石遵完全合法地可以用自己的名义发布一切文件了。他的第一号文件就是封石世为谯王、刘太后为太妃——降了一格。可还没有完，没几天就把这对孤儿寡母给杀了。

算起来，最倒霉的人是石世，连皇帝是做什么的都不知道，最后却因为自己当皇帝而被杀死。最幸运的是李农，差不多被张豺搞定，却能逃了出来。现在他已经回到京城，石遵又让他回到原来的工作岗位上。

石遵当上第一把手后，马上大量提拔一批自己的人：让石斌的儿子石衍为太子；石鉴为侍中、太傅；石冲为太保；石苞为大司马；石琨为大将军；石闵为都督中外诸军事、辅国大将军。这么一看，倒是个安定团结的大好局面。

乱子，似乎结束了。

可仍然没有完。

而且乱子的规模比以前更宏大。

导火索仍然是原来那一截还没有烧完的。

点燃这截残留下来的导火索的人是石冲。

石冲认为，石遵杀掉石世，然后一点不谦让地当上皇帝，是没有道理的，是一点美德都没有的。因为石世是他老爸确立的，杀石世不就等于全盘否定了老爸？连老爸都敢否定，还算什么好人？

他越想越生气，就决定跟石遵大战一场，用鲜血来教训一下石遵。他动员所有的力量讨伐石遵。

他这时驻守在蓟城。

石冲叫沭坚留守幽州，自己带着五万大军南下，一路发出号召，要求各地人民支持他的行动。

喜欢凑热闹的人还是不少的。大家接到他的号召后，都带着军队过来凑热闹。

石冲的手下马上涨到十万多人，全部驻扎在苑乡，声势不小。

这时，石遵还在向他进行政治攻势，派人拿了一张大赦文告过来，说朝廷不会追究石冲的这个行为，只当作军事演习来处理，现在军演结束，各回各的防区，总结经验教训。

石冲看着这个大赦文件，立场竟然动摇起来，说："石世和石遵一样，都是我的弟弟。石世死就死了，活着的人再自相残杀实在不厚道。还是回去吧，这个国家乱得也够了。"

他的死党陈暹的立场却坚定得多了，马上提出反对意见和反对理由。

最后还强调，就是老大回去，我们仍然南下，为老大打拼，胜利了，仍然归功于老大、归功于人民。

石冲一听，有这样的部下，为什么还要回去？进军，继续进军！

石遵在处理这个事件上还是坚持有理有利有节的原则，依然派人去找石冲，把形势分析清楚，把后果说得透彻，希望老哥还是不南下的好。

石冲不理。

石遵一看，这个老哥也太不识相了。马上打出自己的王牌：下令石闵以及李农带兵十万过去跟石冲对抗。

双方在平棘摆开战场。

那个陈暹的立场虽然坚硬，可打仗的本领一点不过硬，战斗一打响，什么表现也没有。结果石冲的部队毫无悬念地大败。

接下来是，石冲逃跑，石闵追击。逃到上元，石冲逃不动了，被石闵捕获归案。石闵懒得带着他回去，又懒得动手杀他，更不想把他放回去，就叫他自己动手吧。

石冲很听话地自杀了。

石闵解决了叛军的一号头目后，露出他凶狠的面目来，把石冲三万多人的部下集中起来，全部“坑杀”。

石闵的眼光绝对不错。他知道蒲洪绝对不是个厚道的人，班师回来之后，马上向石遵建议，应该解决这个家伙，否则过不了多久，秦州、雍州一带将不再是大赵帝国的领土了。到那时再解决，难度可就大了。

石遵说对。

他认为正确之后，却没有采取特别有效的措施把蒲洪打倒，彻底收编他的势力，只是下文免去他那个都督雍、秦二州诸军事的职务，以为把这个兵权拿掉，蒲洪就做不出什么大事了。哪知，蒲洪和姚弋仲是同一类人物，他们靠的是自己子弟兵的支持，而不是靠赵国封的官。这个官职对他们而言，只是荣誉性质的。

但荣誉关系到尊严。

荣誉一被剥夺，就等于自尊被极大地伤害，而且也让他觉得石遵有拿他开刀的可能。他本来对石氏集团就不那么忠心耿耿，当年就曾有过无缘无故叛国的行径，这时被这么欺负，哪还有什么涵养可言。若不把他当人看，他就投降到晋国。

他直接派人到建康，向晋国高层表示归顺来也！

而这时，石遵的内外政策都还没有制定出来。

那边的燕国却把凶狠的目光向赵国投了过来。

去年慕容皝挂掉，接替他的是他的儿子慕容儁。权力交替很顺利。

慕容儁那个老弟慕容霸很猛，在燕国高层中，是他第一个把目光投向大赵帝国的。他对赵国的形势看得很透，认为这个国家现在貌似很强，但他们内部乱得很，以前他们是拿别的集团开刀，现在却是专门找自己人打。现在中原的广大人民群众对他们已经失望到底了，只要放马打过去，他们就会纷纷加入他们的行列。

北平太守孙兴也挺慕容霸的话。

慕容儁虽然没有觉得慕容霸的话是错误的，但他却有自己的顾虑。他的顾虑也是有道理的。去年老爸刚死，自己刚当上老大，很多事还没有理顺，哪能远征。

慕容霸知道机会难得，如果不说服老哥同意征赵，机会就有可能消失或者被别人抢走。他连夜骑着快马入京，一下马就去见慕容儁，大声指出，如果还用这种传统眼光看待这个世界，机会就永远跟你没有缘分。而且，你的机会一旦抓不住，别人就会抓住搞定你的机会。你考虑一下后果吧。

慕容儁仍然头脑迟钝，认为现在赵国的乱只在邺城，其他地方还是一派安定团结的大好局面。比如，跟他们接壤的安乐，现在在邓恒的领导下兵精粮足，可以死死地挡住他们前进的道路。难道他们还要绕道过去吗？就算绕道，邓恒也会等他们走过之后，马上切断他们的退路，到时就不是一般的麻烦了。

慕容霸又大力反驳了一通。

慕容儁没话说，但还是不想动手，总是觉得不踏实，就问封奕。封奕也是力挺慕容霸的话，最后慕容根也站出来。

慕容儁听到这些本集团的人才个个都说可行，知道这事成了，马上大笑起来，决定跟赵国干到底。

在燕国高层决定向石赵集团开刀的时候，晋国的牛人桓温当然也不会在这么个机会面前睡大觉。而且整个晋国高层一致认为，北伐的机会已经摆到他们的面前。这些人一听到“机会”两个字，都两眼放光。

这么多的信心都集中起来，赵国好像就到不堪一击的地步了。

而赵国国内的很多人也觉得石氏集团的末日就要到来了，意志薄弱的开始转变立场。在桓温大军压来的时候，赵国的扬州刺史王浃还没有看到晋国军队的影子，就先派人过去投降，并把寿春贡献出来。

这样一来，连一向保守低调的褚裒这时也信心爆棚，主动向朝廷请求出战，而且很果断地发布了戒严令，并向泗口出发。可朝廷高层认为，褚裒的身份太特殊，是皇太后的老爸，是国家第一号领导人的坚强后盾，身负国家的重托，哪能亲自到前线去？最好让某个人去充当先锋，为他打开前进的道路。

褚裒回信：前已遣督护王颐之等径造彭城，后遣督护麋嶷进据下邳，今宜速发，以成声势。

他怕桓温抢了先手，原来早就有了部署——这是政坛老手的一贯做法。

朝廷高层大多数人都觉得桓温现在已经牛得谁也碰不得了，因此都不想让他再牛下去了，他再牛下去，就不好搞平衡了。

基于这样的原因，同时也基于褚裒强烈的表演欲望，朝廷下文：加授褚裒为征讨大都督，兼督徐、兖、扬、青、豫五州诸军事基地——他一下就成为当时的头号牛人。桓温在摩拳擦掌之后只得干瞪眼，站在长江边当观众——这时，他还属于老实人一个，没发什么大脾气，不过心理不平衡那是肯定的。

褚裒一点推辞的意思也没有，带着三万大军直指彭城。

在南方集团信心满满的时候，北方人士的信心越来越下跌，很多人都纷纷南下，成群结队前来投奔晋国。

谁都会说，晋国现在形势一片大好，统一全国只是时间问题了。

唯独蔡谟不这样认为。

蔡谟认为，石氏集团的灭亡已经是没有任何悬念了，但石赵玩完之后，晋国还会迎来更严重的敌人。现在，晋国虽然得到了消灭敌人、统一全国的大好机会，可却没有一个能够把握全局的人才，仍然把握不了这个历史方向盘。

但大家对他的这盆冷水都不当一回事。

赵国的平民们继续外逃，就连鲁郡五百户居民也自发起来武装斗争，派人向褚裒求救。

褚裒看到北方人民不断响应，胜利的思想也充满了头脑，觉得这一次想打败仗都难。他是个政坛老手，但绝对不是军事人才。在这么大的一个机会和这么大的一场战争面前，并没有制订出一套作战方案。这时看到那五百户人家向他求援，想也不想，马上派王龛和李迈带着最精锐的三千人去接应。

他一点也没有想到，现在赵国内乱，乱得像一锅粥，石遵无力整合，但军队却没有什么损失，那几个能打硬仗的牛人也还在台上掌握着兵权，远没有到他们所预想的那样，已经到崩溃的地步，只要看到大晋军的旗号就全部逃亡。

石遵任李农为南主讨大都督，带骑兵两万人去应战。

光从简单的算法就可以看出，两万人对付三千人，最后结果是怎么样了。

王龛在代陂与李农的大军相遇。

王龛做梦也想不到敌人居然还有这么多军队前来，而且军容整齐，一看就知道战斗力还强得很，心就虚了起来，勉强应战，最后全军覆没。

褚裒接到消息后，也跟王龛一样，信心立刻消失——其实只是损失了三千人，对整个战局还没有多大的影响，可褚裒本身就不是块打仗的料，这次勇于亲自上前线，是以为赵国不堪一击了，哪知，敌人的战斗力还有，赵国子弟兵还是能够打仗的。

先锋被打垮，主帅也跟着垮下来。褚裒从没有打败仗的心理准备，接到败报之后，那颗老脑袋一呆，老老实实地收回信心，夹着尾巴退回广陵。

寿春的守将陈逵听说主帅已经逃跑，哪还敢留在那里等人家来痛扁一顿。他叫士兵们把全城的物资都一把火烧光，连同城墙也全部破坏，说是为下次攻城打个基础，然后带着部队跑回吾国。

一场本来轰轰烈烈的北伐就这样谢幕。大家的信心全成了肥皂泡，被褚裒一仗打灭，而一个史无前例的统一机会就这样被葬送了。

褚裒这时能做的，就是向朝廷写一份深刻的检讨，请朝廷严厉地处罚一下自己——他打仗一点水平没有，但这方面的手法却娴熟得要命，只一张看上去十分诚恳的检讨书，就完全过关了——因为他的女儿根本不会对他怎么样。

果然，没几天他的外甥皇帝下文，不同意他的自我批评，仍然让他在京口驻防，不过，征讨大都督不用当了。

而这时，晋国的机会还是有的。北方乱子的规模越来越大，现在正有二十多万人浩浩荡荡地南下，都已到黄河边上，要渡过大河到大晋帝国的土地，成为大晋国的公民。

哪知，褚裒已经撤军，回到京口——北方的事已经不关他的事了。那二十万人只得在黄河边上等人家前来屠杀，最后全部死光。他们到死时才知道，哪个政治集团都靠不住。

## 石家兄弟

赵国内乱的情节仍然在发展。

制造这次动乱的挑头人是石苞。

石苞现在是关右一带的老总，也看石遵不顺眼——石家就有这个顽固的传统，只要看不顺眼，职务比自己低的、力量比自己弱的，操刀就砍过去；比自己高的，就带兵造反。石苞跟石遵并没有什么大的冤仇，基本没什么造反的理由，但造反是不需要理由的，是想造就造、想反就反的。

石苞想带着部队直接奔袭邺城，以最小的代价换取最大的胜利。

左长史石光、司马曹曜认为不能造反，用很坚决的口气反对老大的这个一点不顾全大局的做法。

石苞大怒，问："还有谁的意见跟他们的意见是一样的？"

有一百多人举手。这些人以为，这么多反对意见，石苞总会听的。

哪知，石苞看到这么多人举手，数都不数，叫左右手把这些举手的人全部拉下去砍了。现在剩下的全是他的死党了。

他杀人的热情很高，智商却低得要命，除了贪婪和残忍，没有其他本事。大家看到他居然高举大旗，稍有点头脑的，都百分之百地认为他去跟石遵对抗必败。

石苞还没有出师，很多地方实力派为了保住性命和力量，都抢先派人到晋国那里报告消息，告诉晋国，石氏集团又要大乱了，他们又有机可乘了。

在这个背景下，晋国梁州刺史司马勋带着部队向关中进军。

这本是个好机会，可司马勋太心急，没有等机会成熟就动手了。他刚开始就在骆谷一带一举攻破赵国的长城保卫基地，很有气势地驻扎在悬钩下营——离长安只有两百里。

这一带的人一直对后赵的统治不服气，曾经多次给石氏集团制造过麻烦，是赵国历来最头痛的地方。这时他们看到晋国的军队打了过来，而且是胜利地打过来的，便都到处起兵，响应司马勋。

司马勋一统计，手下的人马已经有五万多了。

形势似乎对司马勋大好！

但，似乎大好并不是真正的大好。

石苞听说司马勋的侵略军大举进攻，马上就把枪口转向司马勋。他到了这时，却顾全大局起来：他跟石遵只是兄弟争吵，属于内部矛盾；而跟晋国的矛盾是敌我矛盾。在敌人攻打过来时，内部矛盾一定要让位于敌我矛盾，大家一定要一致对外。宣布暂停袭击邺城的行动，全体动员，坚决打击晋军。

他派麻秋和姚国带兵去跟司马勋对抗。

石遵对这次战斗也高度重视，派车骑将军王朗带着两万人的部队出发。石遵利用这个机会，玩了一把石苞。他对外大力宣称，王朗的目标是司马勋！

其实，他真正的目标是石苞。

虽然这是个很小儿科的阴谋，但石苞却连小儿科的料都不是，对王朗的到来，一点不设防，还举行了个仪式，热烈欢迎友军的到来。哪知友军一入城，就一点不友好了——当场宣布把石苞控制起来，送到邺城。

司马勋听说王朗大军已到，就产生了畏难情绪，不敢再进军。

他在悬钩驻扎了一段时间后又觉得无聊起来，就放弃悬钩，回军突然向宛城进攻。赵国南阳内史袁景也是个和平官，只知道在那里摆自己的架子，一点没有防备。司马勋打了个大胜仗，攻破宛城，斩掉袁景。不过，司马勋的胆子也不大，取得胜利后，马上就撤军，退回梁州。在司马勋开展这些动作时，晋国的几个牛人居然没事一样地看着他，连个声援也没有发出，更不派兵作为后援，扩大战果。

石遵在兄弟之争中大占上风，连续把几个兄弟搞定。可这只能说明他对自己兄弟是有一套的，但对另外的一个牛人却一点没办法。

这个牛人就是石闵。

石闵不但水平厉害，是一个既能舞着兵器到战斗第一线打拼的猛男，也是个头脑不简单的高智商人才，更是个有巨大野心的英雄。

石遵对石闵是了解的。他在举行兵变时，为了保证石闵站在他这一边，就对他说："如果我成功了，你就是下一代领导人。"

石闵得到这个承诺，积极性就高涨起来，当然奋不顾身地为石遵卖命，把敢于挡住他前进道路的人打得遍地找牙，顺利进军首都。

哪知，石遵的这个承诺只是个白条。他一当上皇帝之后，马上把这张白条当成废纸处理，宣布让石衍为太子。

石闵拿着那张白条在一边咬牙切齿。他这才知道，自己被这个石遵忽悠了。而且他还知道，石遵之所以不兑现这个白条，关键是他不是正宗的石家传人，是个外来户，没有这个资格。

石闵愤怒了。

当然，石闵不是石冲、石苞那样的人，马上举兵跟石遵硬碰硬。他只是不断地向石遵要权，采取蚕食政策，不断地吃掉石遵手中的权力，让这些权力全部捏在自己的掌心。

石遵当然知道石闵的心思，因此就很抠门，不想让石闵独吞大权。

石闵这些年来，是石赵集团里在战场上表现得最好的牛人，哪里有战斗，哪里就有他，哪里的仗最残酷，他就出现在哪里。整个赵国的人，不管是少数民族还是汉族，一听到他的名字，就觉得心里发怵，跟他一碰面，都不敢看他。

他现在的职务是都督中外诸军事，相当于全军的最高统帅。他看到石遵开始不买他的账，并没有马上跟石遵作对，而是决定收买石遵身边的人。他上书请求大量提拔宫中的保卫人员，都成为殿中员外将军，并封关内侯。这些力量是石遵的保卫部队，完全可以划归石遵的死党，原来跟石闵一点关系也没有。

石遵虽然对石闵已经很提防，但一看到石闵的这个报告，不管怎么拍脑袋也想不出石闵有什么手脚。他由此下定论，石闵的这个方案没有自己的目的，完全是出于公心的。因此，也就来个认真对待。他为了表示自己对这些身边工作人员了解得很深很透，这些人的性格和优缺点都记在自己内心的账本里，现在可以展示一下，以此表明，自己这个皇帝的眼睛雪亮得很。他拿起笔来，连夜作业，在石闵提供的名单旁边都用小楷批注每个人的优缺点。

大家一看，原来自己在老大的心目中就是这个形象，心里就不爽起来，觉得跟这样的老大干，再怎么努力，再怎么奋斗，估计也就这样了。

连身边的保卫人员都是这个思想了，石遵的日子还能有多长？

所有的人都意识到石闵对石遵的威胁将是致命的。

不过，很多人不说。

只有中书令孟准和左卫将军王鸾本着对老大负责的态度，建议石遵拿下石闵的兵权——没有兵权，石闵再怎么有水平，再怎么猛，也闹腾不出什么事来——即使他一定要闹，也是那句话：泥鳅翻不出什么大浪。

建议提得不错，提得也很轻松，几句话就完事。可现在动石闵的兵权容易吗？

孟准大概提建议提上瘾了，又提出一个更刺激也更危险的建议：诛杀石闵。

这话同样合石遵的心意：他早就恨不得把石闵扁得稀巴烂。只是怕石闵强悍，才不敢动弹，这时看到孟准这样坚定地站在自己的立场上，觉得自己仍然很有市场，底气就足了起来，认为当机立断的时候到了。

十一月，天已经很冷。

石遵热血沸腾。他体内的温度来源于他的这个决定：诛杀石闵！

这个决定是使他走向死路的决定。

他把石鉴、石苞、石琨、石昭等几个兄弟都叫到宫里来——他以为这几个都是他的兄弟，不管对他有什么意见，这时都会坚定不移地站在他的这一边，跟他同心同力地干掉石闵这个外来分子。

他为了表示他们兄弟是一家，还把他们带到他的老妈皇太后面前说，现在石闵的意图已经明显得不能再明显了。如果不赶快把他搞定，我们就会有危险。我的意见是把他灭掉。

这几个兄弟都投了赞成票。

倒是皇太后郑氏认为，如果在李城时没有石闵的努力奋斗，咱今天在什么地方都不知道呢。现在他虽然嚣张一点，可也不到死罪的地步。

在她说过这话之后，会场一片沉默。

如果一直沉默下去，后果还不会那么严重。

可石鉴一出宫后就不沉默了。他派身边的工作人员杨环骑着快马以最快的速度跑过去向石闵汇报了这个事情。

石闵得报之后，当场跳了起来，我还在这里老实巴交地做人，你先不厚道起来，想要我的命！看谁要谁的命。

石闵做事绝对干脆，二话不说，马上行动。他动用武力把李农和右卫将军请到他那里，叫两人参与他的行动，把石遵拉下马。石遵可以废掉石世、杀石世，他们为什么不能搞定他？

方案很快做出来。

这个方案简洁得很，就是派苏彦、周成两个将军带三千人的部队直接冲进皇宫，把石遵抓起来。

石遵诛杀石闵的决定被他老妈否决之后，居然跟没事一样，这时他居然还和一个美女在金雀台玩游戏，玩得正开心，看到部队毫无礼貌地冲了进来，知道事情已经坏了。他到底是石虎的后代，没有在敌人面前发抖，只是问周成："是哪位兄弟带的头？"

答："石鉴！"

石遵说："我尚如是，鉴能几时！"意思是：我都是这个样子，石鉴还能有几天好活？

这是石遵的遗言。这家伙当了皇帝后，别的事做得不怎么样，但最后这句带有明显预见性的话却很对。

参加兵变的部队完全按照石闵的指示，杀了石遵之后，又把皇太后、皇后、太子以及老在石遵面前建议搞定石闵，把事情扩大化的孟准、王鸾、张斐同时干掉。

石闵这时还没有当皇帝的野心，果然让石鉴当上了皇帝。

石鉴当了国家元首之后，对石闵的回报也是隆重的：任石闵为大将军，封武德王。让石闵和李农共同主持朝廷日常工作。到了这时，石鉴这个国家元首的权力已经等于零。

可石鉴实在不愿享受这样的待遇。

他想像他的老爸一样，做一个爱残忍时就残忍、想慈善时就慈善的老大，也就是说，要做一个能真正把握自己及全国人民命运的皇帝。

但他的处境以及他的水平，已经注定他只能当一个傀儡了。

不光石闵和李农不把他放在眼里，就是那个蒲洪也不把他当成一回事。

你已经知道，蒲洪虽然多次得到石虎的关照，但他内心并不买石虎的账。以前石虎还活着时，他都敢举起单干的旗帜，后来实力不行，便又重归石虎旗下。可石虎一来怕他手下的死党多、力量强；二来认为他是个人才，到时可以利用一下。

可是，一直到现在，都是他在利用石氏，他很少干脆地让石虎利用过。

谁也无法理解，以石虎的性格居然能容忍、放纵这个蒲洪。而石虎更加不会知道，他留下的这个蒲洪，居然会给以后的历史留下一个猛料。

在石虎这些凶猛的儿子拿自家兄弟练刀头功夫的时候，蒲洪的机会也就来到了。

当年石虎在灭前赵时，把前赵的很多人迁到司州和冀州安置。这时，中原大乱，很多地方已陷于无政府状态，那些移民再也没有人前来管理，他们就决定组成一支庞大的难民队伍返回自己的家乡。

这股难民没几天就来到蒲洪的辖区——枋头。

蒲洪一看，这么大的一群难民，只要发给他们武器，让他们穿上军装，不是一支军容整齐的部队吗？他马上出面做思想工作。这些人本来就没有个带头大哥，现在乱哄哄地往西北方向走着，也知道这么无组织无纪律地走下去，只怕前景也不会广阔到哪里，而且蒲洪跟他们又是一个民族的，正好当他们老大。有了老大，什么都不怕。

突然有几万人加盟进来，蒲洪一盘点人数：十多万人！实力马上就牛了起来。蒲洪的儿子蒲健这时正在邺城，得到老爸的力量突然放大了数倍的消息，心情激动得控制不住，砍开城门，跑到枋头去找老爸。

石鉴听说之后，当然不爽。现在石闵的问题还找不到一点解决的办法，这个蒲洪又跳了出来——蒲洪虽然还没有公开宣布与他作对，可这么大张旗鼓地招聘人员，没有上限地扩充势力，绝对是单干的前奏。石鉴认为，如果老让蒲洪在这个地方发展下去，后果就会越来越严重。他内心想把蒲洪搞定，可连他老爸都搞不定的人，他能搞得定吗？他就想了一个办法，玩个异地安置的把戏，任命蒲洪为都督关中诸军事、征西大都督、雍州内史、秦州刺史，让蒲洪到西部地区上班——反正西部现在也是个动乱的地区，干脆把有动乱潜质的人都放到那儿，要乱你们自己乱，而且又让这个火药桶远离邺城，自己的安全系数也高了一点。

蒲洪接到这个委任状后，拿来跟大家一起讨论。

主簿程朴认为，目前石家的力量还是很生猛的，不如先跟他们妥协一下，当当地方牛人。蒲洪一听，马上就指着程朴的鼻子骂起来："还当什么地方牛人？难道我就没资格当皇帝了吗？"

蒲洪这时手中的力量空前强大，信心也空前高涨，听到程朴还劝他低调做人，越想越气，就叫人把他拉下去砍了。

他砍了程朴，就等于向他的所有员工宣布，从今之后，屏蔽了与赵国的所有关系。

这时，晋国的褚裒已回到京口。

他才一坐下，就听到门外有哭声。他是大名士，对这些有感情的声音向来敏感，这时觉得这个哭声真的很伤感，而且不止是一个人在哭，而是一群人在哭。

如果是在别的地方，褚裒现在又累又烦，再加上他很注意保持低调做人的风格，估计是不会理这个哭声的。可现在这么庞大而嘈杂的哭声在他的治下出现，他哪能不管。他虽然低调，但他的低调是做给人看的，是为了让脸面更出彩，让他的待遇更高，让那份虚荣更膨胀。现在在他统治的地区出现了，他哪还坐得住。

他跑了出去，很累地问人家："为什么哭？"

人家说："这些人都是在代陂成为死鬼的家属们。她们的老公、老爸死了，能不哭吗？"

褚裒一听这话，脸上露出惭色。他原以为，打了个败仗，朝廷不怪罪，他少了一点战绩，然后就什么事也没有了。哪知，原来在民间还有这么多的哭声，而且这些哭声都夹带着浓厚的怨恨，这些怨恨都百分之百地泼洒到他那个自以为清洁得不能再清洁的身上。

褚裒一呆，他的自尊终于彻底受伤。

褚裒这样的人最受不得自尊受伤。最终于十二月七日死去。

对晋国而言，这样的人再死几个，绝对算不上什么巨大的损失。

## 石闵，石闵！

石鉴继续郁闷。蒲洪不把他当老大看，石闵更是在他的面前把专横的态度表演得痛快淋漓。

石鉴虽然是石虎的儿子，但身上的血性已经少了很多，不过，还没有彻底消失。

他在极度的郁闷中爆发了，把石苞、李松、张才叫过来，命令他们带着部队去搞定石闵。

这几个家伙这时办事倒很干脆，效率很高，用最快的速度作好决定之后，就用最快的速度组织军队。

这时，石闵和李农正在琨华殿里，一点没有怀疑石鉴会搞他们的鬼。幸亏石闵不是一般人，这时警惕性很高，在自己的办公场地布置了一些军事力量。

石闵最拿手的好戏就是对部属的训练很到位——完全可以说是魔鬼训练。据说，他的部队每个士兵都得在冷天用冰水洗澡，不但战斗力强大，而且意志力也坚挺。

他后来能够在历史舞台表现得那么耀眼、那么令人胆寒，就是与他手下拥有一支训练有素的部队有关。

石苞以为他们搞个突然袭击，肯定能把石闵突然搞死。哪知，石闵的卫队强悍得超出他们的想象。双方在那里把战斗打到最激烈的程度，“突然袭击”一方却一点也没有进展，反而让皇宫“突然”乱成一团，到处是胆小鬼突然大喊大叫的声音。

石鉴本来坐在那里准备大喝庆功酒，好让郁闷的心情放松一下，哪知现在好消息还没有制造出一点，这些声音却越来越壮大。他那个脆弱的心理受不了这些声音的折磨，最后也怕了起来。

他这么一怕，那几个在前线冲锋而不能陷阵的人命运就悲哀了起来。

那几个家伙正拼着老命与石闵的部队死磕，他们知道石闵的部队虽然厉害，但人数不多，再打下去，胜利不是没有可能的。哪知，他们老大的心理承受能力太差了。如果心理素质不好，躲到一边，用手捂着耳朵，什么事也不管，那也没什么。可他不但心理素质上不了台面，而且还是个怕死兼卖友求荣之辈。

石鉴别的能耐少得可怜，但背后插一刀、做杀人灭口的动作倒很专业。

石鉴的这个决定——杀人灭口决定，比他向石闵发难的决定还要果断，质量还要过硬得多。

他装着什么事也不知道，在夜里来到西中华门，先把李松和张才干掉，接着又要了他的兄弟石苞的脑袋。

他以为，搞定了这三个与他密谋的人就可以骗一下石闵，让石闵错误地以为自己是他的同路人。

这当然只是他的想法，这个想法不管从哪个方向看过去，都是很傻很天真的——如果这就能把石闵忽悠过去，石闵还这么可怕吗？

石虎的另一个儿子石祗这时也觉得，石家受石闵这个外来户这样欺负，实在太窝囊，不能让这个窝囊再继续下去了。他这时镇守在襄国，便联络姚弋仲和蒲洪，提出联合起来，共同与石闵战斗到底，而且还到处号召广大赵国人民群众起来，反抗石闵的统治。

石闵当然不会在那里被动地等着这几个家伙组织力量打上门来。

他命令中领军石琨、太尉张举等人带着七万人的部队去攻打襄国，给这个石祗一点颜色看看。

可讨伐大军才出发，石祗还远远没有看到颜色，石成却先看到了。

石成本来是想给石闵颜色看的。他跟石启、石晖说，咱玩个阴谋，让石闵在这个阴谋里死去！

这几个人一听说玩阴谋，劲头马上就来了！

没几天，他们就知道，他们可以玩其他游戏，但他们坚决不是玩阴谋的好料——连废料都不是。他们的阴谋还没有出笼，石闵就知道了全部的内容，派了几个武士过去，把他们一一抓来，一个不留地处死。

本来，石闵和李农处死了这三个有当阴谋家远大理想的人后，会起到一点威慑作用。

但孙伏都说，威慑不了他们。

孙伏都现在的官位很漂亮，是龙骧将军。

龙骧将军孙伏都也找了个帮手刘铢。这两个人不光有阴谋，手下还有部队。他们密谋之后，就带着三千名纯正的石勒同族人——羯族武士，在胡天布了个埋伏圈，想等石闵和他的老搭档李农过来时，一声令下，乱刀砍死。

孙伏都大概也知道石鉴这个老大有些靠不住，但又得依靠他来发布命令，因此就附带了个动作，劫持石鉴，强迫他下令搞定石闵。

石鉴当然没有发觉孙伏都的这个阴谋。在孙伏都实施这个阴谋的时候，他正在铜雀台上玩耍。他在玩耍时，看到孙伏都正带着很多人在拆除阁道。石鉴虽然窝囊，但也还知道，好像这几天并没有布置这项活动啊。他就过去问孙伏都："你们这是在干什么？谁让你们干的？"

孙伏都答："李农他们正在造反，现在已经攻到东掖门，我正打算带部队与他们战斗到底。现在报告老大。"

石鉴一听，居然还有同情者，不由得热泪盈眶起来，拉着孙伏都的手说："好。你是大大的忠臣，我要亲自看你把李农、石闵搞定。"

孙伏都一听，老大的脸色这么坚定，老大的口气这么强硬，这事不成功都没有道理。

他跟刘铢的底气马上就足了起来。可他们哪里知道，从石鉴那里获得的底气，不管多少，到头都会是泡沫。他们这时就带着这些泡沫的底气，去攻打石闵和李农。

石闵自上次被石苞他们突然袭击后，警惕性比以前更加提高。孙伏都这样的废材哪能把他攻得下。

孙伏都带着大军冲锋了多次，每次除了丢下战友的尸体外，没有别的进展，知道再打下去，带来的兄弟都死掉也拿石闵没办法。他马上端正态度，改变思路，当场紧急叫停进攻，在凤阳门抢修工事，布起防线，要跟石闵来个持久战，比一比耐心。

可石鉴却没有耐心了。

石鉴的智商虽然不怎么高，但也知道孙伏都的耐心肯定比不过石闵的战斗力。

石闵不是傻瓜，孙伏都一停止进攻之后，他和李农就带着部队冲进皇宫——他们认定石鉴是这次事件的总后台。石鉴看到石闵和李农带兵闯进来，几千张脸，没有一张是善良的，马上慌了手脚。他为了表明自己仍然是石闵坚定的粉丝，马上打开门，赔着笑脸迎接一脸寒霜的石闵和李农。

石鉴在石闵的嘴巴还没有张开，就抢在前面说："你们来了就好了，孙伏都在造反啊。你们赶快去搞定他。"

在石鉴宣布孙伏都为造反派之后，孙伏都就什么市场也没有了。石闵、李农轻轻松松地判了他以及很多同党死刑。

也就是这个时候，石闵彻底地愤怒了。

他在斩杀孙伏都时，突然觉得脑子里一片沸腾。大家知道，他本来是汉人，后来奉石勒之命，做了石虎的儿子。这些年来，为石虎的天下拼死卖力，为赵国的江山至今不变色立下了丰功伟绩。按他的逻辑，石虎的这些儿子，除了有自相残杀的本领外，早就没有资格当这个家了。这个家应该由他来掌管。可就只因他是汉人的血统，这些人不管怎么样也把他当外来人口，死都不同意他当领导。

石闵在这一刻突然魔鬼附体一般，大吼一声："杀！"

石闵和李农手下的部队都是汉人，一听到这声杀，马上就清楚地领会出这个杀字里所含的仇恨成分。他们高声大叫，拼力狂砍，从凤阳门一路杀来。

羯族的士兵虽然都是久经战场的军人，但从没看到过这样的气势：这些原来是他们同个战壕里的汉族子弟兵，在石闵的带领下，刀枪并举，动作疯狂，大街上人头滚滚，血比河水流得还急。士兵们突然都老实地站着，连逃跑的意识也没有了。

石闵部队对羯族战友的愤怒屠杀，从凤阳门开始，一直到琨华殿前，这才做了个中场休息。史载这次屠杀的现场是：“自凤阳至琨华，横尸相枕，流血成渠。”

石闵觉得还不够，就下令：“六夷敢称兵仗者斩。”意思是，所有少数民族的人，谁还胆敢拿着兵器，就判死刑！

这个命令一发布，所有的少数民族人士都觉得灾难马上就要来临：手中没有武器，结果将是什么样子的？他们在中原一带欺负汉人这么多年了，现在是汉人突然翻身，不跟他们盘点债务、结清账面才怪啊。

恐惧像病毒一样蔓延开来，大家都想着早日离开这个地方，冲出城门。城门太窄，一时容不下这么多人，有些身体状况好的，就干脆跳墙出去，只怕慢了半拍，脑袋就丢了。

虽然石鉴多次玩卖友求荣的老一套，但只能骗得了他自己，却一点也忽悠不了石闵——朋友出卖了一批又一批，自己的好处却一点也没有捞到。石闵对石鉴这个傀儡现在也一点不客气了。他叫王简和王郁带几千个士兵过去，把石鉴包围在御友观里，断绝他跟外界的所有往来，连饭都是用绳子吊进观里的。

当然，石闵这时还没有彻底发狂，他还想争取一下少数民族民众的民心，下达了个文件，公布了孙伏都他们的罪状，并特意说明，这都是孙伏都他们个人的行为，跟其他胡人是可以区别开来的。所以，胡人同胞们如果愿意留在这里的都可以留下来，不愿意的就可以走，爱去往哪个地方就去往哪个地方。

这个文件一下发，汉人们马上就知道自己的好日子就要到了，都从边远地区冒了出来，向邺城狂奔，要当首都公民，从牛马不如的生活向小康生活大步前进。

胡人一看，这么多汉人进来，以后他们这些胡人注定会成为京城里的最下等公民，就抢着出城，要逃回自己的老家，弄得城门拥挤得要死。

石闵听说之后，原来这些胡人都不想做他的人民，都不拥护他。那还留下他们干什么？

石闵在狂怒之下，发布了一个足以让历史震颤的命令：“斩一胡首送凤阳门者，文官进位三等，武职悉拜牙门。”

这个命令只有一句话，简洁得不能再简洁了，但这简洁的一句话，是史上最血腥的屠杀令。这个屠杀令，史称“灭胡令”。

一场史上最惨绝的屠杀就这样开始了。

此前，石勒和石虎也奉行屠杀政策，攻城破寨，常常一气之下，为了达到更加刺激的目的，满足一下那份还没有进化的动物本质，屠尽城中居民的事也干过，但那都是专业团队——士兵们出手的。而石闵的这一次屠杀，不但号召全民参与——每个汉人都是杀手，而且是一场席卷全国的巨大规模的运动。

运动开始的第一天，胡人就死了几万人。

石闵亲自带队，到处找胡人，而且只看民族，不分男女老幼、家庭出身，一概把头砍去。胡人们虽然身体素质很强悍，肌肉远比汉人发达，但现在个个手无寸铁，哪能对抗得了石闵的长矛大刀？石闵又是个杀人魔王，一路冲锋在前，大刀飞舞，血光蔽天，只一天就杀死了二十万人，并把所有的尸体全都拖到城外。

石闵这时对胡人的痛恨已经到了顶点，彻底清除了邺城内的所有胡人之后，还向全国各地的汉人将领下达命令，要求将军中的胡人全都就地处死——如果一定要理由，那个理由就是：因为他们是胡人！

各地汉人将领在执行这个命令时，不但没有打一点折扣，反而做得比石闵还过头——连身份也不验证一下，只凭着一眼目测，谁的眼睛深一点、谁的鼻子高一点、谁的胡子多一点的，不管你如何申辩，他们也不答应，他们只相信自己那双凶狠的眼睛，一旦被他们认定之后，就一律斩杀，毫不留情。

石闵还没有收手！

# 第六章
# 血性男儿

## 冉闵血腥登场

石闵是在大砍大杀中让时间过渡到永和六年（350 年）春天的。

这年的正月，连呼吸都带着浓烈血腥的石闵还玩了个迷信的手法——我们这个国家，历史悠久，各种资料也很齐全，但其他东西再怎么汗牛充栋，也不如迷信的东西那么丰富多彩。而且全国人民也前赴后继地死信到底，即使有的手法弱智得用脚指头去分析，也可以看得出是假的，但那么多聪明的脑袋就是深信不疑。

比如，那些不管如何解释也不能或者说是不管如何解释也说得过去的谶文，平时没有用的时候，就夹在那本烂书里，可一旦有人觉得有用起来，马上就把它重新翻晒，请权威人士过来胡诌几句，用尽牵强附会的各项招数，把那个预言跟你对应起来，说你的出现是老天爷早有预谋的安排。

石闵不知从哪本书里找到“继赵李”这三字谶文。这三个字的组合，跟所有历史上的其他谶文一样，谁也说不出它的具体内容。

但石闵宣布，他读出来了。这三个字的意思就是说，由李家继承赵国的全部遗产！

很多姓李的人一听，认为李家的机会来了，都盼望石闵那双眼睛能发现自己。

可希望很快破灭。

因为石闵接下来的做法，让所有的人都差点儿吐血。石闵的做法，用他自己的话来说是顺天应人，用现在的话来说是适应形势的发展，或者干脆就是“与时俱进”。

他宣布，石勒建立的赵国成为过去，现在这个国家的国号是卫！为什么国号叫卫，而不叫别的？

石闵没有说明。

他改了国号之后，接着便改自己的姓。他把自己的姓改为李！

原赵国大部分的高级员工看到这个情况后，知道石闵更大的行动就要展开——尤其是那些原来石家的死党，知道还留在这个地方，这个死党就名副其实了，便纷纷选择了逃亡：太宰赵庶、太尉张举、中军将军张春、光禄大夫石岳、抚军将军石宁、武卫将军张季等原赵国的贵族大约一万人都夹带行李逃到襄国，投奔现在石家最有实力的石祗。

还有一批原赵国的牛人也都散逃到周边的城里，各守一地，武装割据。

现在看来，这些原赵国的高级员工，都在短时间内沦为弱势群体。其实，真正算起来，石闵的势力并没有多少，只有邺城一个地方而已。这些割据在周边的牛人，已经在事实上形成了对他的全面包围。这也成为他后来失败的客观原因之一。

这时，石闵周边的形势是：南边是蒲洪的势力，北边是襄国的石祗、冀州的石琨、滠头的姚弋仲、东北的慕容氏，全是石闵的死对头。虽然这些势力各有自己的算盘，绝不是铁板一块，时常制造摩擦，不断地出现流血事件，但在面对石闵的立场上，却是保持高度一致的。

石闵能控制的地方牛人，只有麻秋。

麻秋本来和王朗一起在长安做事，可接到石闵的“灭胡令”之后，麻秋迅速把王朗手下的一千名胡人全部搞定。王朗跑得快，这才保住性命，逃到襄国。

麻秋完成杀胡任务后，也不敢在长安停留，带着他的汉族子弟兵向邺城退却。哪知，才到半路，却被蒲洪的儿子蒲雄拦截，一顿痛殴，连麻秋也被抓获。

蒲洪并没杀麻秋，反而让他当了军师将军。

从这个动作来看，就可以看得出蒲洪的政治野心——只要他觉得是人才，不管是哪个民族的人，只要愿意跟他合作，他都加以重用。他的这个政策一直让他的继承者继承下去，最后造就了一段历史佳话——可惜的是，跟很多佳话一样，这个佳话延续的时间太短了。

麻秋部队一玩完，石闵就只有孤军作战了。

他现在不止在人数上远比人家少，更要命的是，他没有一点可持续发展的资源和政策。

他实际上已经陷入了绝地！

所有的敌人也都知道他已经陷入了绝地，认为收拾他的机会就在眼前。

首先向他发难的是石琨。

他与张举和王朗一起，带着七万人向邺城发起进攻。

石闵显然没有把这三个敌人放在眼里，更没有被七万大军吓倒。

他只是冷冷一笑，拿起他的兵器：两把双刃长矛。这个兵器估计是他的专利——大框架是铁矛，但两边都加了刀刃。

他拿起有石闵特色的武器，跨上战马，只带着一千骑兵，就打开北门。

他出发时也没慷慨激昂地大说一番，而是以用事实说话的求实态度，大吼一声，带头冲出。

历史记住这一刻。

这是他首次带着纯正的汉族军人与有着强悍性格的胡人决战，而且是一千对七万！光从数字上的对比看，就足以让人感到毛孔在那一刻紧缩。

这是一场有史以来绝无仅有的以少对多的战斗。石闵的一千骑兵旋风似的出了城门，向如潮水般冲上来的敌人杀过去。

石闵冲在最前头，向历史表现他的武力指数。最先领略到他恐怖的杀人手段的是赵国前排士兵。只见他一马当先冲到眼前，双矛起处，风声飒然，旁边几个战友的头颅在毫无预警的情况下飞到了天上，然后重重地落了下来。

在石闵的眼里，这些无边无际涌动而来的人头跟南瓜没有区别，一路狂砍，哐哐有声，神挡神完，人挡人死。

石琨带来的士兵虽然都是有着实战经验的老战士，但从没看到过这样疯狂的杀手，心头都充满了无限的恐惧，马上就向后退去。

石闵带来的一千人看到老大的这个表现，也都豁了出去，只求杀人，不管生死——集体到了一个疯狂的境界，谁还能挡得住。

只片刻之间，极度的恐惧成了石琨全军的主流心态，大家都乱哄哄地大喊大叫，这个怕死的心情一冒出来，大家的阵脚就乱得没法收拾，死了三千人之后，全军溃败而去。

这实在是一次让大家都大跌眼镜的战斗。如果说，石闵在这次战斗中像那些阴谋家一样，耍了些花招、做了些手脚，或者借助了其他力量，以少胜多，那是很有理由的。可石闵只是按常规打法，完全是硬碰硬的打法，最后居然以一千人之众，全靠血勇之气，把敌人雄赳赳而来的七万大军打得大败。

石闵取得首场胜利后，并没有休整一下，跟李农带三万骑兵去攻击张贺度。张贺度是石家的死硬骨干，当年虽然差点儿因为多嘴被石苞砍下脑袋，但后来石虎保了他，他就继续为石家卖命。此时，他驻扎在石渎。

石渎离邺城只有四十里路。

石闵当然不能容忍张贺度就在自己的眼皮底下晃悠来晃悠去。

还记得那个石鉴吧？这家伙去年还是个皇帝——当然，这个皇帝之前还得再加“傀儡”两个字。他觉得这两个字实在太难听，就想脱掉这个帽子，折腾了几下，结果，傀儡帽是脱了，可自由也全部失去，成了一个囚犯皇帝。不过，囚犯也好，到底仍然是皇帝。

他虽然被关了禁闭，但亡石闵之心依然不死，两只眼睛还在寻找机会。这时听说石闵和李农一起带着全军去找张贺度的麻烦，觉得机会来了，而且觉得这个机会比以前的机会好多了，马上写了一封信，派个太监带出去，说是送到滏口那里，当面交给张沈。信的主要内容就是，现在邺城空虚得要命，这时你要是带兵过来，夺取邺城，容易得像吃豆腐一样。

他的想法很不错。

可这个想法才实施到第一步就出现了差错。这个太监早就不看好他了，想找机会立功。现在他把这个机会双手送给了这个太监。

太监一出门，马上就无耻地告诉了石闵和李农。

两人一听，差点儿后院起火了。这个石鉴也太闹心了，留下他就等于留下麻烦。

两人马上回军。

石鉴把信送过去后，就在那里微笑着等待好消息。听说城外有大军来到，还以为是张沈的大军来了，没想到才半天工夫，大军就来了。成功了，一定要好好地提拔张沈。不过，让他当个什么职务才合适呢？总不能再让他成为石闵这样的人吧？

他还在为如何表彰大功臣而苦恼着，石闵已经大步来到他的面前。

石鉴抬头一看，不是眼花了吧，怎么长得这么像石闵。

直到石闵宣布免去他皇帝职务时，他这才知道，他的眼睛一点没花。

石闵在解除石鉴所有职务之后，就把他杀掉了——石鉴顶着皇帝的帽子总共有一百零三天。这一百零三天，是他官当得最大的一百零三天，可也是他人生中最郁闷的一百零三天。

石闵杀死石鉴之后，对石家最后的一丝客气也丢掉了，把石虎的二十八个孙儿也一起处死，把城中所有姓石的贵族统统集中起来，全部屠杀，一个不留。

这时，石虎以前最寄予厚望的两个牛人姚弋仲和蒲洪也开展了竞赛。

本来，在石闵搞定石鉴之后，姚弋仲的两个儿子姚益和姚若也觉得此地不宜久留，就乘着石闵还没有拿他们开刀，带着几千人强行砍开城门，去投奔他们的老爸。

他们的老爸当时在滠头。

滠头其实离石琨的驻地不远，本来完全可以跟石琨一起出征，但姚弋仲却聪明得很，硬是抱着什么也不管的投机态度，让石琨先去玩玩，不管玩的结果怎么样，他都绝对是有利无弊。哪想，石琨这个家伙实在太菜，一支七万的大军，居然被石闵一千人的部队就打得满地找牙，逃回去后，连个总结也不敢作。对这样的人，只有两个字形容：窝囊！



姚弋仲觉得再靠这些姓石的家伙去打，恐怕到地老天荒也动不了石闵的一根汗毛。把希望寄托在别人的身上，永远是办不成事的。

他决定亲自出马。

行军的路上一点没有卡壳，很顺利地开到了邺城东北的混桥，只要用力深呼吸一下，就能闻到城中做菜的气味。

可石闵却一点不当回事。

他还在和李农发扬互谦互让的优良传统，把第一把手的位子让给对方。

先是那个司徒申钟等几个人觉得没个皇帝，自己这个官好像就不大合法，心头很不踏实，想来想去，就向石闵劝进："老大，那个石世、石遵、石鉴都可以当皇帝，老大这么英雄，早就应该当这个皇帝了。"

石闵对权力的欲望是大家都知道的，这个情节发展到现在，导火索就是他公开向石遵提出当实际最高领导人的要求，石遵不答应，最后他一生气，命案就接二连三地上演，而且案子越来越大，最后扩大成灭族的大屠杀。可这时，他居然也扭捏一下，说："应该让李农来当吧，他德才兼备。"

李农是什么人，哪敢把他的忽悠当真，一脸坚定地表示拒绝。

后来，石闵又找了个推托的理由，说："本来咱都是晋国遵纪守法的良民。现在咱仍然打着他们的旗号，只自称地方牛人，然后请司马氏把首都迁回洛阳。到时，咱仍然是天下最强悍的牛人。"如果他真的照这个方案实施下去，来个广积粮、缓称霸，利用大晋的政治价值，以大晋帝国的江南人力、物力为后援，历史的面貌将是另外崭新的一页。

可他的这些话全是礼节性的推托。

等到人家再劝的时候，他就爽快地接受了这个廉价的劝进，大声宣布称帝，国号魏，年号永兴，历史上称为冉魏。

于是，冉闵正式闪亮出场。

而他在过这个皇帝瘾的时候，也堵住了最后的希望。

## 乱世出英雄

晋国高层一直在关注着北方事态的发展。大家一致认为，中原乱成这个样子了，再不出手，以后就永远没有出手的机会了。

于是，他们决定北伐！

北伐的决定绝对是正确的，时机也是抓得一点没有错。

可错就错在，他们又用错了人。

本来，晋国现在是有人才的，这个人才就是桓温。可因为高层都怕桓温变成王敦，因此，一来就把他晾在一边。

晋国现在任命的总指挥是殷浩！他靠玩隐居出名，而且出名出到被称为“诸葛亮第二”的程度。现在让“诸葛亮第二”领导北伐战争，有什么错？哪位还敢提出反对意见？

没有意见，那就执行！

于是，殷浩也像冉闵一样爽快地当上皇帝，也很爽快地接受了中军将军、假节，都督扬、豫、徐、兖、青诸军事的职务，负责全权指挥北伐的军事行动。

在他的意识里，别人叫他“诸葛亮第二”，他真的就是诸葛亮了。

晋国在重用殷浩的同时，还把希望寄托在那个蒲洪的身上。

蒲洪于去年表示向晋国投降，可那时晋国高层都用怀疑的眼睛看着那份投降申请书，硬是拖着不理不睬，没有回复。现在蒲洪单干的意图已经明显了，他们这才表示相信蒲洪的投降，派人拿着公文跑过去，隆重宣布任命蒲洪为使持节、征北大将军、都督河北诸军事、冀州刺史，封广州公。连他的儿子蒲健也被任命为假节、右将军、监河北征讨前锋诸军事，封襄国公。

你想想，有个好好的人才，硬是让他靠边站，却重用一个只会玩名士风度的废材挂帅，还把重任放到一个原本一点也不值得信任的少数民族老大的身上，晋国的决策层也算是极品了。

而这时，蒲洪的心里根本没有晋国的一点位置。他现在最想做的事情就是带着部众回到关右（函谷关以西），那里才是他的根本所在，是他的老根据地。

姚弋仲也是这个想法。

可黄金地段只有一块，想霸占的人却有两个，偏偏又没有仲裁委员会。

于是，就只有打，谁赢地皮就归谁。

姚戈仲开始时并不十分重视蒲洪，只派他的儿子姚襄带着五万人的部队去对抗蒲洪，哪知，蒲洪却亲自出马，一仗就把姚家的部队杀了三万多，把姚襄打得一点面子也没有。

蒲洪取得了这场胜利之后，知道关右这个黄金地段谁也抢不走了，马上就把晋国的委任状丢到一边，然后自己给自己颁发了个任命书：大都督、大将军、大单于、三秦王。最后也跟冉闵一样，把自己的姓也改了。他改姓的原因也跟冉闵第一次改姓李的原因一样——他有一天无聊起来，翻了一本预言书，看到上面有这么一行字："草付应王。"如果光从字面去看，谁也不知道这四个字表达的是什么意思。可蒲洪的灵感却突然闪了一下，硬是无缘无故地把那个"草"字和"付"加起来。

草付相加，得出"苻"！

于是这四个字的含义也可以理解了：就是姓苻的人可以当皇帝！

他怕别人抢先，马上就把自己的姓改成"苻"，从此那个笔画多得烦人的蒲字与他们无关了。也不知是不是预言真灵验，不久这个苻字就在中国历史上狠狠地闪亮了一回。

在中原大乱得谁是敌人谁是朋友都难分的时候，在东北的燕国终于大军南下。

这些年来，称帝当老大的人为数不少，做强做大的也有几个，但都是第一代领导人强悍，下一代领导人却没有几个能把前辈的事业继续做大下去。倒是慕容氏的后代全是有用人才。虽然也曾发生过兄弟残杀事件，上演了一场规模宏大的流血事件，但因为领导人有水平，最后能带着广大燕国人民战胜困难，开创安定团结的新局面，最终统一全东北，做出了一个大模样。

这个势力的出现，导致了冉闵最后的失败。

当然，现在慕容儁现实得很，只是把目标锁定在赵国的残余势力上。

慕容儁兵分三路：慕容霸带两万人出徒河；慕容舆部则出居庸关；慕容儁亲率主力出卢龙，命慕容恪、鲜于亮为先锋；世子慕容晔留守后方。

这时，赵国的实力已经消耗得差不多了，离宣布破产也没有多远了。

在这样的情况下，英勇善战的燕国子弟兵进展很迅速。

慕容霸的部队抵达三陉时，连进攻的前期工作都还没有布置，赵国这一带的第一把手征东将军邓恒就怕得要命，命令大家赶快烧掉仓库，然后就弃城逃到蓟城——借口是集中力量与王午一起保卫蓟城。

慕容霸手下的孙泳急忙带兵进城扑灭大火，抢回不少粮食。慕容霸当时在乐安、北平一带大量征集粮草，然后到临渠与慕容儁会师。

整个会师过程一点波折也没有。

这时，大赵帝国的幽州刺史王午也跟邓恒一样，觉得燕国的部队不可阻挡，还是尽量不跟他们发生肢体接触为妙，就对王佗说，现在蓟城就交给你了，从今天开始，全城的大大小小的事务都由你说了算，我去完成更为艰巨的战略任务。王佗听老大这么一说，觉得还挺好，终于当上一把手了。

三月五日，慕容儁向蓟城发动总攻，只有几千兵马的王佗哪能守得住。慕容儁没费什么力气就把王佗活捉过来，也不问他愿不愿投降，就处死了。

慕容儁这时的头脑显然还不是很成熟，取得第一场胜利之后，马上就要把一千多名战俘全部坑杀。

慕容霸说："老大，杀不得。杀一千个战俘，什么收获也没有，可负面影响却大得很。赵国之所以走到这个地步，就是因为掌握国家机器时，太过残暴，让广大人民陷于水深火热之中，才给咱们制造了这个机会。可咱们才得到一个城市，马上就大开杀戒，老百姓就会把咱们也看成赵国第二。以后咱在中原还有什么市场？"

慕容儁一听，这话说得太对太及时了。

他看到蓟城比他们原来的首都大多了，繁荣多了，就宣布这里为现在燕国的首都。

这样一来，那些被赵国折腾得喘不过气来的人看到慕容儁还真的讲一点人权，都跑到这里来投奔。

燕国的部队继续南下，抵达范阳。

范阳内史李产对石家倒是很忠心，也不怕死，决心与燕军拼死到底。哪知，他这么一宣布之后，部下没一个出来挺他的，都说："老大你要抵抗燕军，我们佩服你，但我们不抵抗。"

李产左看右看，再也找不到一个跟自己保持一致的人，那股气马上就泄了下来——他一个人再怎么厉害，硬着头皮出去孤军作战，估计不到半秒钟就死了。

李产放弃了抵抗，选择了投降，把自己的辖区顺利地奉献出去。不过，慕容儁仍然让他官复原职，管理原来的辖区。

慕容儁用很短的时间把幽州一带摆平，然后亲自带军去攻打邓恒据守的鲁口。

他习惯性地认为，这回邓恒会跑得比上次更快。

而事实上，这次邓恒不但没有逃跑，反而让他的部下鹿勃早——这个名字很多人会觉得有点看不顺，鹿勃是姓，早是他的名字——来个主动出击。鹿勃早当然不是看到敌人上来就直接冲过去，而是很狡猾地把出击的时间定在夜里。

他的夜袭行动几乎取得胜利——几乎取得，就是没有取得。

鹿勃早的行动，前半部大获成功。

他带着几千人的部队在夜间突然冲进燕军的大营。

燕军全体指战员正跟他们的老大一样，都沉浸在一片麻痹大意之中，睡得很放心。

鹿勃早很快就冲到燕军先锋官慕容霸的帐下。

慕容霸这时也正在睡觉，突然听到帐下杀声连天，似乎不是在做梦，马上跳了起来，果然是敌人冲了上来。

他虽然睡眼还没有完全睁开，还穿着睡衣，但抓起枕边的大刀直接就进入战斗，一连砍杀了十几个敌人，这才阻住了敌人的进攻。

鹿勃早带着大军向慕容霸的大营再次发起进攻。

慕容霸再次守住大营。

再进攻，再守住……

燕军就利用这个时间差，把全军组织了起来。

这是慕容儁入关以来遇到的首次恶战，而且很危险，打了一夜，差点儿连慕容霸的命都要丢了，心里就有点怕起来，想暂时躲避一下，等天亮了再收拾他们。

慕容舆一听，马上板起面孔，说："现在虽然是夜里，可这个形势也是看得很清楚的：他们人少，我们人多。他们知道不是我们的对手，才采取这个夜战手段，想混一场胜利。我们这些天不是天天想要找敌人来打吗？现在敌人送上门来，为什么要怕他们？老大你尽管放心，我们出去打败敌人。"

李洪把慕容儁带出大营，在几里外的一座大坟墓上住下来。

慕容舆带着一批敢死队员，直接向鹿勃早发起攻击。

李洪把慕容儁安顿好了之后，也带着骑兵过来助战。

鹿勃早的人手本来就不多，取得这个进展，完全是靠敌人的麻痹大意，这种打法靠的是速战速决，现在时间拖到这个时候，战机已经失去，除非有后续部队猛冲上来，也许能扩大一下战果。可邓恒会冲上来吗？

邓恒没有带部队再冲上来，鹿勃早就只好决定撤退了。

冲进来很容易，但撤出去就不那么顺利了。燕兵对他们狂追了四十多里。结果，除了鹿勃早之外，其他士兵都牺牲了。

慕容儁虽然反败为胜，但对夜里的危险却越想越怕，最后连理由也不找，带着部队撤回新首都——蓟城！

还记得那个麻秋吧？他被苻洪抓住，被动地成为苻洪手下的军师将军，可他的内心并没有投降，还想为冉闵作点贡献。

他怕苻洪去攻打冉闵，就向苻洪提了个建议，现在冉闵和石祗正在打得不可开交——他们打得再努力，再没命，也不关咱们的事。咱们现在的首要任务，就是把关中牢牢地拿到手中。等咱把关中的基础打得坚实之后再向东发展，到那时看谁还是咱们的对手。

这话正合苻洪之意——幸亏没杀这个麻秋。杀了他，谁能向他提出这个有战略意义的建议。

于是，苻洪迅速把麻秋划到自己最得力的死党名单中。

哪知，麻秋的这个建议，是一个圈套的前奏。他此前是个常败将军——以前跟燕国打仗时被只有十几岁的慕容恪扁得只剩脑袋回去。后来石虎觉得他不宜在东北发展，就调他到西北主持对付张重华的军事行动。可没用的人不管到哪里都没有用。麻秋在场面占优的情况下，硬是被谢艾连打了几个大败仗——而且谢艾当时也只有二十多岁，嫩得皮肤可以挤出水来。

可这一次他的圈套却很成功。

苻洪对他的相信，没有半点杂质。

麻秋确认苻洪对他已经彻底相信了之后，就对苻洪说，老大，能不能一起喝几杯？

苻洪哈哈大笑，当然可以，谁怕谁啊。

麻秋阴险地笑了笑，在苻洪入席之后，又阴险地把一杯酒敬给苻洪。

苻洪这时一点也看不出麻秋一脸的阴险，接过酒就干了。

可他的肚子却痛了起来，开始是小痛，然后发展成大痛，最后痛得满地打滚。

他确信，他喝了传说中的毒酒。

这个老家伙的生命力还是强悍的，大痛之后，马上爬起来跑回自己的家里。

麻秋的意愿是把这个老家伙一把毒死之后，把苻洪的所有部队都变成自己的部下，然后带着这批人马浩浩荡荡地投奔冉闵。可不知是苻洪耐毒能力特别高，还是毒药的量不够，硬是没有在既定时间内把老家伙毒死，反而让他脱身回去。

麻秋呆了！

呆了的麻秋，经历了最后的失败后，被苻洪的儿子苻健恶狠狠地抓住，然后斩杀。

这个麻秋在历史上算不上什么人物，很多人都不知道历史上曾经出现过这个人。可有个传说却跟他有关，这个传说还是个神话传说。

据说他就是那个美女神仙麻姑的老爸。他的女儿之所以成为神仙，主要功劳是因为他的残暴。他能成为石虎手下的骨干分子，并不是因为能打仗或者说能打败仗，而是因为他的残暴性格跟石虎的性格相似，被石虎看好。他在修麻城时，要求民工们一定工作到鸡叫的时候才能休息，否则谁收工，他就砍谁的脑袋。他的女儿麻姑也就是在这个时候出场。她看到那么多贫苦人民被老爸逼成这个样子，同情心就泛滥起来，很想帮那些贫苦人民一把。她知道她的老爸，不管怎么努力地劝，他也不会听的。

后来，她就苦练口技本领，最后把公鸡叫的声音学得惟妙惟肖。天黑才不久，她就来到鸡窝边，喔喔地叫了起来。于是，周边的鸡一听，也不甘落后，于是，这个提前的鸡叫声迅速传遍了这一带。监工的听到鸡叫了，宣布收工。

麻秋在战场上很没水平，但他的智商并不低，几天之后，马上就发现这个地方的鸡怎么叫得这么早？他就做了个调查，知道是他女儿搞的鬼。

麻秋非常愤怒，这种吃里爬外的女儿留着做什么。

麻姑知道老爸要追究她的责任后，马上就跑到附近的五脑山躲起来，饿了就吃野果，渴了就喝山泉水，困了就睡在山洞里。她的这一切，天上的神仙都看在眼里，觉得不扶一把这样心灵美的人，实在太对不起神仙的良心。于是，派神仙下去点化，让她成了神仙，编制在八仙那里。

估计这个麻姑对自己的老爸也愤怒到了顶点，现在他被苻健抓住、杀掉，连个态度也不表示一下。

苻洪死时握着儿子的手，把该说的话都说完才死的。他的话无非就是劝儿子们赶快入关。他说完“入关”两个字之后，头一歪，就死了。享年六十六岁。

苻健接过老爸的班。他觉得自己的政治资本还浅薄得很，因此就取消了以前他老爸自己封的那些称号，改用晋国封号，恢复晋国给他的职务：右将军、假节、监河北征讨前锋诸军事，而且派他的叔叔苻安到建康向晋国报告他的老爸死了，请晋国提拔他一下。

在苻洪死后，他的死对头姚弋仲却得到赵国的再一次重用。这时石祗已经宣布自己是大赵帝国的元首。现在石祗手中其实也没有什么力量，因此就任命姚弋仲为右丞相，封为亲赵王——其实是想让这个老家伙为自己卖命，至于是否能卖命到底，那就只有走一步算一步了。而且还任命姚弋仲的儿子姚襄为车骑将军、豫州刺史。更夸张的是，居然给那个姚弋仲的死敌、早已甘当晋国手下的苻健也发了个委任状：都督河南诸军事、镇南大将军、开府仪同三司、兖州牧。

## 苻健的崛起

然后，姚弋仲下令讨伐冉闵。

这时，由于冉闵坚决执行灭胡政策，因此远近的胡人都紧急归附到石祗那里去，使得石祗的力量突然膨胀起来，让他的信心也狂涨，觉得完全可以出兵把冉闵干掉了。于是，这年的四月，他派石琨带十万人去攻打冉闵。

而冉闵这时又做了一个让后来很多历史学家都摸不着头脑的举动，也不讲什么原因、摆什么理由，他突然把李农以及他的所有直系亲属都抓起来，一律处死。他本来死党就不多，只有李农还在为他拼死拼活，可他居然突然对李农下毒手。很多学者研究到这里的时候，就产生了不同的看法。

有人说，李农本来就是石虎的亲信，是冉闵用武力强迫他入伙起事的，心里肯定不服，现在石祗的大军开了过来，为了解除后患，就先下了手。

也有人说，是石闵的头脑突然发晕，起了杀心，一挥手就把李农干掉了——完全是心情不爽造成的恶果。

日本早稻田大学的一位副教授干脆独辟蹊径，说李农的死是晋国人下的手。情节如下：

冉闵想跟晋国联络，一起对付北方胡人，派亲密战友李农出使晋国。除了桓温认为可行之外，其他晋国高层都把冉闵当成叛乱分子的头目，坚决拒绝跟他合作，因此就把李农关起来。李农在大牢里气急败坏，不到一个月就气死了。

当然，不管是什么原因，李农就是这个时候丢了脑袋。如果李农真的不跟冉闵一条心，这时冉闵杀他，绝对没有杀错；如果是因为头脑发晕而下的毒手，冉闵的这一刀在杀死李农的同时，也在距离自己脖子不远的地方狠狠地砍了一刀——到了这个时候还在残杀自己的战友，后果可想而知。

冉闵也知道自己的力量有限，要独立面对这些胡人的围攻，胜利实在无望，因此就给晋国写了一封信，表达了合作的良好愿望。

应该说，他的这个建议对他和晋国来说，绝对是个双赢的提案。

晋国高层的那几个靠清谈升官爬上来的人一看，都认为大晋是正统，他冉闵以前是石虎的手下，现在是一个不知天高地厚的乱贼头子，跟谁合作也不能跟他合作。就把他的信扔到一边，连个回复也没有。

名士执政，结果就是误国之后接着误国！他们拿手的好戏，除了清谈就是误国。

如果只是不理冉闵也还罢了，偏偏边关有的将领看到冉闵生存的环境越来越恶劣，被胡人逼得越来越吃力，觉得敲诈他的机会来了，就派兵攻打冉闵的地盘。做得最出色的是那个袁真，一战就攻破合肥，把全城的居民全都赶回江南。他当了多年的边关守将，以前从不见他有过出击的表现，这回终于出了手。只可惜，这一手并没有给晋国带来根本的好处。

当然，晋国高层的头脑们一点也看不出。他们不但看不出这个关键问题，而且连北方现在的形势也看不透。

这时北方乱得像一锅粥。各种势力纷纷抬头，只要看到一点利益，马上就把手伸得长长的，管他是哪一部分的，先抢到手再说。



先说说苻健的故事。

他是苻家第二代领导人，可在玩政治这一手上比他的老爸老练了数倍。他现在的目光紧紧盯着长安！

而现在长安却牢牢地控制在杜洪的手里。杜洪原来是王朗的手下，王朗逃跑后，他就单干了起来。可后来觉得自己的旗号不管怎么打都不够响亮，吸引不了人家的眼球，就借用了晋国的旗号——这面旗虽然有点不够坚挺，但历史悠久，多少还有点广告效应。因此，他就自称晋国征北将军、雍州刺史。

这个旗号一扯出来，倒是能够忽悠不少人，周边的汉人都表示团结在他的周围。

这时苻健正带部队向长安狂奔，看到这个情况后，马上叫停了前进的步伐。

苻健这时手里有两张任命书，一张是晋国的，另一张是赵国的——反正都没有用，但留着也不会增加什么负担。他考虑到如果他打着晋国的招牌，杜洪就会不甘心——因为他的职务比杜洪还要大，而且是朝廷正式任命的，文件盖的可是皇帝的大印，而杜洪手中连一份文件也没有，这官是纯粹的假冒产品。

水货碰到了行货，就会心虚到底，就会怕人家打假，就会加倍提防。

他一提防起来，苻健的麻烦可就大了——虽然苻健有打败他的把握，可才回到西北，就大打一场，总会消耗。因此，要把战争的消耗降到最低点上。

为了让杜洪不设防，他就翻出赵国给他的任命书，说自己是赵国的二层机构的一个领导干部，负责枋头这个地区的军事事务。为了表示自己永远在枋头就公开透明地选拔了一批领导干部。接着，还在枋头大搞基础建设，而且可以跟皇宫有得一比。然后要求大力发展经济，做得像模像样。

不过，还是有人知道他这么做是在作秀。

于是，他就磨洋工。如果光偷懒一下，到某个角落抽几支烟拖拖时间也无所谓，可他们的手脚停工，嘴巴却不停，到处八卦，说苻健的这些安排全是用来忽悠长安城里的那几个蠢材，咱全是苻老大忽悠敌人的工具。

苻健一听，这话要是传到杜洪那里，苻家的事业还有什么前途？他马上把这几个多嘴的家伙找来，乱塞一个罪名，杀了！而且是以公叛大会的方式进行的。

没多久，一切准备就绪，便又砸烂赵国的招牌——这时，赵国的牌子已没什么效应了，沿途的人都看好晋国的大旗——恢复晋国给他的旗号。不过，这一次，他并不老老实实地用司马氏任命书上给他的官，而是也来个自作主张，称自己是征西大将军、雍州刺史。

这个官位已经明确了他的任务，就是拿下长安！

他下令：全体人员，不分性别、年龄，都向西移民，移民到长安去，从此做大都市的居民。

到达孟津后，兵分两路，一路由老弟苻雄带领，从潼关向西，另一路由他的侄儿苻菁带领，从轵关向西。两支人马的兵力都不多，苻雄五千，苻菁七千。

在下达分兵命令之后，苻健握着苻菁的手，一脸悲壮地说：“成功了，什么都好办；要是不成功，那么，你就死在河北，我死在河南。别的就不说了。”

从“八王之乱”到现在，乱子像滚雪球一样越滚越大。老大们建立的政权也越来越多，这里大赦一下，那里大赦一下，但出现的英雄人物却不多。很长一段时期，中国大地上变成一群菜鸟角斗的场地——即使偶然有某个脑袋灵光的人物出现，可没施展几下就玩完，而且最雷人的就是，继承者几乎都是废材。直到现在，终于有几个像样的历史人物出现。

一个是苻家子弟，再就是燕国的慕容兄弟，另一个是桓温。当然冉闵也算是一条好汉。

于是，两晋最精彩的片段从这一刻开始上演。

苻菁肯定是苻家下一代的精英，否则苻健是不会让他独当一面的。

苻健最后下令烧掉孟津渡口的浮桥，然后随苻雄西进。

这时，杜洪也听到苻健军前来夺取长安的消息。这家伙在明明知道人家要来痛扁他的时候，居然没有做战斗准备，却关起门、拿起笔来写了一封信，派人交给苻健。把自己用文字骂人的本事着实地表现了一番。然后才派张先为征虏将军，带兵一万三千人去抵挡敌人。

如果他只是叫张先扼住潼关，然后在关上看着苻健军在关外的表演，估计问题也不大。可他觉得自己兵多，对方兵少，不打一下，先赢一场，吸引一下人们的眼球，实在有点窝囊，因此就在潼关之北与苻健打了一仗，大败。他这才知道有时人数众多，也是不能保证胜利的。

张先大败之后，也不管潼关是战略要地了，拼命逃回长安，说敌人不是一般的厉害，个个都能以一当十啊。

杜洪一听，那就只有多招部队了。马上下令征招附近的部队前来保卫长安，部队人数跟敌人之比至少要十一比一，这才有胜算的可能。

杜洪的老弟杜郁的眼光厉害得很，知道就他哥这样的统帅、外加张先这样的废材部下，力量就是敌人的二十倍也是玩不过人家的，因此就劝老哥不要玩下去了，派人过去对苻健的到来表示热烈的欢迎，从此做苻健的员工。

杜洪一听，大怒。

杜郁一看，这个老哥已经不可救药了，就带着自己的部下投降了苻健。

苻健并不急着进攻长安，而是派他的部下把周边地区的零星武装全部收服。苻健本来也是少数民族的老大，这一带本来就是他们的传统势力，这时大家看到他又回来了，那些少数民族都成了苻健的部下，而苻健又打着大晋的旗号，其他汉人早就不看好杜洪，因此也都愿意从今往后在苻健的领导下过日子。苻菁那一路部队入关之后，连一点象征性的抵抗都没有遇到，一路下来，全是在受降。

杜洪一看，全反了。这让人怎么活啊。但还得坚持下去，他现在怕得要命，但更不敢投降。他知道自己那封信已经不能让自己投降过去了。

杜洪手下现在只剩下张先一个人在死硬撑着，可也撑不下去了。张先带着杜洪的所有家当在渭北跟苻菁大战，结果连张先也跑不掉，成了苻菁的战俘。于是，长安周边地区的郡县都集体举起了白旗。

杜洪一看，长安城外到处是白旗飘飘，心头就一片慌乱。一慌乱，觉得只有逃离这个地方，性命才可以有保障。

他跟另一个战友张琚逃出了长安，投奔司竹。

苻健顺利取得了长安，为苻家的迅速崛起打下了坚实的基础——一个强大帝国，已初步形成。



## 重整旗鼓

这时，冉闵下决心把赵国的最后力量消灭。他带着十万大军围攻襄国。

冉闵这时的脑袋突然拐了个大弯，在大力执行“灭胡令”之后，居然又想对胡人进行一次拉拢战。大家不用脑袋就可以想得出，冉闵这样的人能做好这项工作吗？

而且他做得也太不高明了，直接让他的儿子冉胤当大单于——这是胡人的官名，然后，把投降过来的一千名匈奴人编到冉胤的手下，表示自己既尊重了胡人的文化，也不排斥胡人参军。

如果这两个做法能产生效果，那胡人也太容易忽悠了。

韦謏劝冉闵不要做这样的蠢事。咱跟胡人的仇是结定了，现在这些投降过来的人，都是为了保命，是一点诚意也没有的。只怕事情一有什么变化，这些人就会制造麻烦。而且这个单于明显是胡人文化的符号之一，要坚决取缔。

本来，这个建议也是不错的。

可冉闵在纳谏方面，不但完全继承了石虎的传统，而且做得更加变态，对别人的话向来觉得很烦，听了韦謏的话，马上就生起气来，就把韦謏斩了。

这样，就到了永和七年（351 年）。

苻健已经在西北一带完全站稳了脚跟。

苻健望着三秦大地，越看越觉得风景这边独好。那个左长史贾硕看到老大的心情不错，就脸堆着笑说：“老大，以咱现在的实力，完全可以向朝廷要求下文，任老大为都督关中诸军事、大将军、大单于，外加一个秦王的封号。”

他这话说出口之后，就等着老大的表扬。哪知，等来的却是苻健的大怒：“吾岂堪为秦王邪……”意思是：你看看我的相貌、看看我走路的姿态，难道只能做个秦王？

贾硕绝对是个老实人，听了这话之后，还不明白苻健的意思，只抬着那张脸，呆看着愤怒的老大。

苻健看到这个贾硕还没有转过弯来，就派右长史梁安过去做贾硕的思想工作，叫他们一起联名向苻健劝进。

贾硕这才明白过来，得到这个提示后，马上就积极行动，逢人就做思想工作，然后带着大家去找苻健，说：“老大要是不当皇帝，我们不答应，广大秦国人民群众更不答应。”

苻健当即高兴得差点儿翻倒，但还是假装发扬一下风格，说：“我的这个面相、这个走路的姿态、这个水平能当皇帝吗？”

大家继续劝。

苻健继续假装推辞。

大家又加大力度，说："老大不当皇帝，我们今天就劝到老大当皇帝为止。"

苻健最后说："我拗不过你们了，当就当呗。"

大家这才笑了起来，苻健也笑了起来。

永和七年（351年）正月二十日，苻健正式丢掉晋国的旗号，宣布单干，正式登基，称天王、大单于，国号大秦，年号为皇始元年。

接下来，就是任命了一大批官员，走的也是别人的老路，要害部门全是姓苻的人。也有几个陪衬的，只是级别虽高，工资不低，但发言权就那么一点，根本算不得数。就连接班人的指定也是严格按照传统，让长子苻苌为太子。

当然，现在最强大的还是冉闵。他继续围攻襄国。

石祗被他包围得烦了起来，可又没有别的办法。打出去已经没有一点可能，就是死守下去也已经前途无望。只有在那里骂他的老爸，什么人不好收，硬收这样的人做养子。

但就是把老爸骂死骂烂，也骂不走冉闵，更救不了自己的命。

石祗最后把所有的失败归结于自己贪图当这个皇帝。他决定丢掉这个帽子，把自己的身份降低一等，只当赵王，然后以赵王的身份派张举出使燕国，请燕国过来救命，回报是那颗传国玉玺，还派张春到滠头向姚弋仲请援。

姚弋仲虽然平时对石虎向来都不客气，但他内心还是很厚道的，见了张春之后，马上就派他的儿子姚襄带兵出发，并下死令要求姚襄一定要把冉闵生擒过来，否则，就不要回来了。

这家伙口头说自己的儿子比冉闵强大十倍以上。其实他说姚襄比冉闵强大，只不过是为儿子打气而已。他内心知道，要摆平冉闵，绝对不是件容易的事，如果稍一不小心，被冉闵修理的可能性很大。因此，他也展开了外交活动，请燕国派兵来支援。

慕容儁早就想找机会南下，看到姚弋仲的请求，当然不会放过这个机会，马上派御难将军悦绾带三万人马去跟姚襄会师，一同去跟冉闵对抗。

冉闵知道燕国要插手这个事务，也派大司马从事中郎常炜去燕国，请燕国保持中立。

但慕容儁好不容易找到这个机会，哪能听常炜的陈述。常炜跟燕国高层激辩多日，但慕容儁早就打定不接受的主意，不管他说得如何有理有利，他就是不听。最后，燕国的很多人觉得常炜那张嘴太过出色，就眼红起来，都劝老大把这种只会说大话的人杀了。

可慕容儁认为，常炜如此为自己的老大卖命，这是忠于老大、不怕牺牲的精神，有这种精神的人是不能杀死的。但也不能放回去，就把他关在龙城。

永和七年（351 年）三月，姚襄和石琨的大军分别急奔而来，援救襄国。

冉闵派车骑将军胡睦在长芦迎战姚襄，派孙威在黄丘迎战石琨。

大家知道，冉闵是个超级强悍的打硬仗能手，可他的这两个手下却差得要命，带着大部队斗志昂扬地过去，最后却只剩下两个人回来，败得一点没有脾气。

冉闵大怒，看来他不亲自出马，这几个敌人还真的嚣张得没有谱。

卫将军王泰劝他说：老大不要冲动，现在该是认真对待的时候了。咱现在连襄国都还没有拿下，敌人的援兵却不断地来到。如果现在出战，马上就要两面受敌。这是很危险的。不如先坚守，让他们的锐气受挫后，再找个机会搞定他们。而且老大亲自出战，要是搞不定，以后麻烦就大了。

这个意见显然十分正确。

可有时正确的意见就是最不受到重视的意见。

本来，冉闵也觉得王泰的话有理，那就先守住再说，看谁比谁有精力磨、有时间等。

哪知历史往往在这个时候出现拐弯现象。也跟往常一样，这次让历史拐了一次弯的，并不是在历史上声音响亮的人物，而是一个从没有在历史舞台上出现过的小人物——一个既想过好日子又追求长生不老的道士——法饶。

法饶到底是什么时候成为冉闵的员工，历史上没有讲清楚，属于来历不明人员，但他现在确实是冉闵很信得过的员工。他对冉闵说：“老大，你围攻襄国一年多了，一点进展也没有，这已经很丢脸了。现在敌人前来又要躲，不但脸面继续丢，而且士气也会大幅下跌。我这几天努力研究天象，看到太白星犯昴星。这是能直接杀死敌人老大的天象。只要出战，不管怎么打都能打赢。老大啊，这是老天给的机会。”

只要有点脑子的人听到这话，也会觉得这是百分之百的假话。

但冉闵觉得这话才是最正确的话，立即带着全军出动。

这时悦绾的军队正狂奔而来，突然看到前面冉闵的大营，这才急忙叫停行军的步伐。悦绾看到冉闵的大营就在前面，也知道冉闵是不好惹的，如果去跟他打硬仗，肯定会败得很无辜。他一拍脑袋，就玩了个小阴谋。

这个阴谋的原创就是张飞。

具体做法就是把树枝绑在马尾上，然后让骑兵打着马到处乱跑，制造一场人工沙尘暴，当成疑军。这个阴谋算起来，实在是阴谋里的小儿科。

小儿科往往骗得了大人物。

张飞骗过曹操。

悦绾又拿来骗冉闵。

曹操上当了。

冉闵也上当了。

冉闵的部队长期以来都是打胜仗，不管敌人有多少，都敢打敢拼。可从来没看到过这么大规模的沙尘暴，心里就怕了起来。

这时，姚襄、石琨以及悦绾三路齐出，向冉闵全力夹攻。而襄国城里的石祗这时也派部队出城攻击。

冉闵部队的士气已经下跌到几乎探底的地步，哪能再战。结果，曾经战无不胜的冉家军被一场沙尘暴搞定。冉闵只带着十多名贴身保镖冲了出来，逃回邺城。

哪知，还没有完。

留守邺城的那支匈奴部队这时果然像韦謏预料的一样，不再买冉闵的账，一点不给冉闵面子，马上抓住这个机会举行兵变，宣布全面控制邺城，并执行大规模的报复性屠杀行动。打杀之后，抓住冉闵的长子冉胤以及左仆射刘琦，向石祗投降。

石祗看都不看一眼，下令把这两个连邺城也守不住的人斩首。

据统计，这次被匈奴兵屠杀的人数有十多万，跟当初冉闵灭胡时的屠杀差点儿有的一比。

如果是别人，到了这个时候，肯定宣布彻底破产，以后就躲到某个角落，一生平安过日子了。

可冉闵不是别人。

他在彻底破产之后，并没有宣布退出赛场，而是找了个机会，又混进城里来。也不知他用了什么办法，居然在乱哄哄的城里，又找到了他的那几个得力员工。

这时，城里的胡人早已被杀光，剩下的都是纯正的汉人。这些汉人是冉闵执行灭胡政策的既得利益者，现在冉闵一失败，保护伞就消失了，大家的心里已乱成一团。可才过不久，又有小道消息传出，冉闵已经死了。

小道消息传播的面积一大，就成了大道消息，影响力就大了。

于是，所有的人都觉得世界末日离他们已经没有多远了。

张清认为，如果老大再潜伏下去，事情到此就结束了，大家以后就永远潜伏了，因此，就请冉闵出来，让老大的光辉形象击破这个无耻的谣言。

冉闵果断地出现在大家的面前。

大家看到冉闵一脸的愤怒。

他现在的愤怒是针对法饶的，他把这个家伙以及他的儿子统统找来。

法饶看到冉闵的脸色，想求冉闵饶他一次，给他个重新做人的机会，可冉闵是个饶人的老大吗？

他的名字叫法饶，但冉闵的法却饶不了他。

冉闵对他的处罚是很严厉的，把他们父子都押过来，五马分尸。

法饶因为乱出主意，这时死得很惨。

冉闵因为乱听这个主意，后来也失败得很惨。

历史就是在正确或不正确的主意的玩弄中前进。

石祗这时牛了起来，以为冉闵已经单薄得像一张纸了，随便谁都可以玩他一把了，派刘显带着七万大军再去攻打邺城，争取这一次把冉闵扁死。

刘显带着大军来到明光宫下营。这个地方离邺城只有二三十里。

冉闵很快就知道了。他这时刚刚复出，什么准备工作都没有做好，看到敌人这么快就来了，而且来敌数量也太多了，再加上吃了一次史无前例的败仗，心理产生了阴影，胆子也虚了起来。

他想起前一阵子王泰的话来，觉得他的主意很不错，就派人去把王泰找来，想跟他商量一下，如何应对这个紧急局势。

王泰的脑子不错，思路也开阔，对战争的判断能力强，可却是个记仇的人。

人一记仇就容易赌气，一赌气就容易走进死胡同。

王泰记仇，因此也向死胡同里走着。他因冉闵上次不听他的主意，一直记恨到现在。这时就说身上的伤太重，行动不了，不能去见老大，请老大另请高明。

冉闵这时是真的有诚意的，听说王泰身上有刀伤来不了，就亲自跑到王泰家中，很真诚地向他征求意见。

这算是给足了王泰的面子。

哪知，王泰只记仇，不要面子，仍然说想不出主意了，即使强迫想出来，也是馊主意，谁采纳谁完蛋。

冉闵大怒。

冉闵什么主意也不去想了，带着所有的部队出城，以最后赌徒的姿态红着眼杀进敌人的阵地。

这回轮到刘显的部队傻了——他们想不到冉闵居然还敢出战，而且还这么斗志昂扬。

刘显根本无法组织力量进行反击，只得往后退。冉闵在后面猛追，一直追到阳平，歼敌三万。

最后，刘显怕了起来，偷偷派出使者向冉闵投降。

对这场战斗，所有的人都大跌眼镜，冉闵竟然在这么短的时间内，给比自己多了数倍的敌人上演了一次史无前例的绝地大反击，而且取得完胜。

完胜得毫无理由，毫无理论基础。

这就是冉闵！在他看来，胜利是不需理由的，是不需理论基础的。

刘显投降的条件是，请冉闵放他回去，他可以杀死石祗，以后永远做冉闵的员工。

冉闵相信了。

冉闵班师回到邺城，顺便处理了王泰。处理王泰的事比打仗顺利多了：有人（这个人估计是冉闵布置的）告发王泰要叛国投敌。于是，冉闵说，在他叛国投敌之前，抓住他，灭他三族。

在冉闵处决王泰时，苻健也搞定了贾硕。这个贾硕死得比王泰还冤，只是当初揣摩不透老大的野心程度，提的建议还差一点儿就到位，但出发点绝对是善良的、思想绝对是纯洁的，可硬是被苻健记在心头，而且越想越愤怒，最后也向冉闵学习，让人制造了个叛国投敌罪，然后把他以及他所有的儿子都抓起来，全部处死。

刘显回去之后，还真的兑现了诺言，把石祗以及石祗的死党十多人全部杀死，并把人头都送到邺城，让冉闵验收。

石祗一死，石勒建立的大赵帝国正式宣布灭亡。从统计部门那里得到的数据是，这个史上最嗜杀的帝国一共存在了三十三年，前后产生了七任领导人，是晋室南渡后第三个宣布单干的集团，而巧的是，也是第三个垮掉的政权。

冉闵对石家实在是痛恨到了极点，得了石祗的脑袋之后，派人拿到最繁华的大街上，用火烧石祗的头。然后任命刘显为大将军、大单于、冀州牧。

局势似乎对冉闵很有利。可是似乎有利，其实是没有利的。

因为，现在各方势力都把冉闵当作头号目标，在寻找机会，不断地挖他的墙脚：燕国的封奕连骗带打、一手软一手硬，逼得渤海第一把手逄约归顺，把渤海全部划归燕国的版图；刘显在经过一段时间的休整之后也跳了出来，向冉闵宣战，从襄国出兵，再次攻打邺城。结果再次上演了上一次大战的结果。不过，这次刘显没有投降，而是逃了回去。

这家伙很搞笑，人家打败仗之后，回去都少不了总结一下经验教训，他却在大败之后突然脑子发热，宣布自己当上皇帝。更为搞笑的是，历史对他无情得不能再无情，居然连他的年号和国号都舍不得给他记载一下，使得我们至今不知他打的是什么招牌。

最让后来汉人痛心的是连晋国也在挖冉闵的墙脚。

永和七年（351 年）八月，原本属于冉闵的徐州刺史魏统、荆州刺史乐弘、豫州牧张遇都集体跑了，投降晋国。平南将军高崇、征虏将军吕护没有地盘作为资本，干脆就把洛州刺史郑系抓起来，拿出郑系的地盘，投降晋国。

冉闵的势力范围终于大大缩水。这同时也说明，冉闵只是个项羽式的战斗英雄，绝对不是一个玩政治的高手。这样的人永远不适合当最高领袖，尤其不宜在乱世中当一方老大。

他在战场上的冲击力是史上最牛的，冲到哪里，哪里就崩溃，但在政治面前，他弱得像个病中的林黛玉。

冉闵还有一个软肋，手下没有一个上得了台面的死党——有水平的人谁也不会看好一个动不动就拿人命开玩笑的老大。

因此，当燕国向他发起进攻的时候，没几个人能够帮他挡上一阵。

慕容儁决定跟冉闵直接摊牌。他一来就打出手中的王牌——慕容恪和慕容评。

两路大军同时南下，进展很顺利，先后夺取中山、南安。

冉闵的实力再度缩水。

## 机会，机会……

这时，似乎最郁闷的还不是实力不断缩水的冉闵，而是晋国的头号牛人桓温。桓温以前是个有志青年，老早就把恢复中原当作自己这辈子的任务，到了成为牛人之后，仍然没有放下这个任务。

两年前，石虎的后代专拿自家兄弟乱砍的时候，他就明确地指出，北伐时机已经史无前例地到来。然后向朝廷请示，允许他北伐。

可朝廷却把他的请示放在一边，然后派殷浩出师。

殷浩折腾到现在，这个被称为“诸葛亮第二”的人物，一直生活在一个响亮的虚名中，到现在也没做出什么成绩来，但大家硬是相信他会取得丰功伟绩。

桓温看到机会像流水一样不断地在眼前流走，而朝廷高层却一点不在意，就有点气愤了。

他知道，如果他不折腾一下，那几个清谈高手根本忘记了他的存在——其实那几个人知道他的存在，正因为怕他越来越有存在感，这才一点不搭理他，让他在那里不爽——最好不爽得像那些不得志的忠臣一样，郁闷而死，那就天下太平了。

这就是昏庸的当权者的逻辑。

其实，桓温清楚地知道，现在朝廷对付他的唯一资本就是殷浩，只要把殷浩搞得没有面子，搞得殷浩重操旧业——再回去重温隐士生活，他的出头之日就来了。

当然，桓温是不会蛮来的，蛮来不是他的风格。

他仍然从北伐这个事入手。

十二月二十一日，他再次上书，请求朝廷批准他北伐，而且他就在当天采取行动，带着五万人顺长江而下，浩浩荡荡，到武昌驻扎。

跟他预想的一样，朝廷高层一听说桓温大军南下，马上就慌乱了起来，个个脑海里浮出了王敦的光辉形象。

朝廷高层的脑袋一进水，殷浩就感到了无限沉重的压力。

他虽然与诸葛亮差得很远，但也不是个弱智，也知道桓温的这个行动根本不是什么北伐——按最起码的常识，桓温的北伐应该从襄阳出兵才对，可现在却横兵南下，矛头指向的明显是自己。殷浩看到桓温一腔怒火全冲自己而来，就怕了起来，想来想去，觉得自己肯定搞不过桓温，不如提前辞职，高调回家，这个面子还有地方摆一下，但又觉得这个官位实在来之不易，现在做得正有感觉，若丢掉了，那不太可惜了？就想派人高举“驺虞幡”过去把桓温叫停。

他一时犹豫不决。

在桓温大军压境、殷浩进退不决、朝廷不知所措时，吏部尚史王彪之对执政的司马昱说：“这几个人都是在为自己打算的，一点不为国家考虑，更不为老大着想。如果殷浩这时辞职，人心就会动摇，以后形势就会不妙。问责起来，谁来担当这个责任？只有老大你吃不了兜着走。”然后又跑过去对殷浩说：“如果桓温真的问起罪来，老大肯定是排名第一的。到时估计连性命也保不住了，哪还能当什么隐士？现在最好的办法就是什么也不做，请司马昱给桓温写信，叫他带兵回去。如果他不回去，再请皇帝下诏让他回去。如果他仍然不回，我们就采取制裁行动。”

殷浩同意王彪之的意见。

抚军司马高崧这时也帮了司马昱一个大忙，为司马昱起草了一封信送给桓温，为朝廷一直没有批准北伐作了一番辩护，然后批评了他的做法，要求他赶快把军队撤回去。

桓温本来只是想吓一吓殷浩，让朝廷知道他还是最牛的，殷浩想跟他比，还嫩得很。这时效果达到，面子挣足，也就不想再折腾下去了，因此给朝廷写了一封回信，然后回军。

这就是晋国的政坛现状——在北伐时机已经熟透的时候，决策层却还在内部玩权力平衡，牛人们想到的都是自己的利益，让大好机会白白浪费。

永和八年（352 年）正月初一，居然发生日食。

而在这个时候，那个史上记载最少的皇帝刘显出镜了。

他这次是带着部队去攻打冉闵的常山。这家伙跟冉闵连续交手，连续大败，但就是不肯认输，发扬屡败屡战的精神，又找冉闵的麻烦。他可能认为，以前直接跟冉闵交手吃了大亏，现在就先找个小虾米来练练，不会有事吧。他以为他不直接找冉闵，冉闵就不会跟他面对面了。冉闵不跟他对抗，他就什么都不怕了。哪知，冉闵不是根木头，而是个机动性强大得很的敌人，是一个到处与人斗的猛男。

冉闵让太子冉智留守邺城，自己带着八千人狂奔到常山，迎战。

刘显很想赢一场，可他的手下早被冉闵打怕了，看到冉闵的部队旋风似的开到，就额头出汗，手脚发冷。连他的大司马刘宁也抗不住这个恐惧，在冉闵还没有吹响冲锋号的时候，就浑身是汗地向冉闵投降。

冉闵什么招呼也不打，带着他的汉族子弟兵在旷野上发起凌厉的攻击。

刘显大败，败得毫无新意。

刘显拼命往回跑，冉闵拼命在后面追击。

眼看就到了襄国。刘显大叫，让人快开门。

留守襄国的是刘显的大将军曹伏驹。曹伏驹很快就把城门打开，让刘显跑进了城，但也让冉闵的追击部队进了城。

刘显这才知道曹伏驹原来不可靠，这才知道自己进城是在进入死胡同。

进入死胡同的结果就是死。

冉闵杀人的时候是很舍得下手的，他斩刘显之后，把刘显手下的一百多人都抓了过来，集体押赴刑场，同时执行死刑，然后还一把火烧完襄国的宫殿。

那个石琨带着他的家人跑到晋国，申请避难。他以为，石家好多年来已不跟晋国有过大的边界流血事件，晋国应该批准他的要求。哪知，他对晋国的文化太不了解了。

晋人现在把自己被迫南渡的罪过全记在前后两赵的头上——那个刘曜

死了，没办法找他算账，石虎也玩完了，同样找不到算账的对象，但他们心里却还在恨，还在愤怒。现在石琨来了，正好发泄一下这股历史悠久的怒火。

石琨那双寻求避难的脚一踏上晋国的土地，就被抓了起来，直接绑送建康，然后在闹市中高调处决——算是报了一丁点国仇——如果这家伙不这么自己跑过来，晋国就没有一点报仇的机会了。因为石琨的头一断，石勒家族就宣布全部灭绝。

殷浩感受到桓温的压力之后，觉得再这么过下去，而不搞出点成绩来，以后桓温仍然看不起他，他以后在这个世界上仍然没有脸见人，因此也下决心——北伐！在这个年代，谁掌握到北伐的大权，谁才是真正的老大！

北伐是个筐，什么都可以装！

比起桓温来，殷浩的北伐申请就容易多了，他早上一申请，朝廷下午就盖上大印——决策层的效率高得很。

殷浩命令大军从许昌、洛阳出发，任命谢尚、荀羡一起担任督统，当他最得力的助手。

阵势看上去很强大，可殷浩的内部协调水平却差得很。他重用的谢尚绝对不是块好料。他也是一副名士派头，自以为人气高、名望大，可以把眼角抬高一点，完全有条件有资格可以看不起很多人。

可这一次谢尚把高傲的目光对准了张遇。

张遇现在是大晋帝国豫州的第一把手，而且是投奔过来的起义人员。这种人，历来就属于被人看不起的，从投降过来的那一天起，就承受着沉重的心理压力，最怕听到别人的冷笑，最怕撞着别人的冷眼。

张遇一被谢尚看不起，神经就被高度刺激起来，马上就发飙。

这种人别的经验不多，但跳槽造反的事做得很专业，也做得最干脆，只要有一点点理由，他们马上就宣布起义。

张遇先是关起许昌城门，然后派上官恩占领洛阳，另一个跟他一起投奔过来的乐弘看到他这样，也赶紧宣布不跟晋国合作了，而且还在仓垣一带布防，设立关卡，明确表示不能让戴施的部队经过，吸引了大家的注意。

这两个人在前线这么一折腾，前进的路被严重堵死，北伐大军就得停下脚步。

殷浩那个被称为“诸葛亮第二”的脑袋一点没有想出办法来，只是呆呆地看着大军原地不动，急得脸越拉越长。

在殷浩郁闷得差不多要跳河的时候，有一件事又让他露出了笑脸。

这件事就是姚襄的到来。

本来，在前几个月（即去年十月），石氏完蛋之后，姚弋仲就向晋国表示归顺的愿望。晋国当然愉快地接纳了他，很快就加授他“使持节”，六夷大都督、车骑大将军、开府仪同三司、大单于，封高陵郡公；任姚襄为“持节”、平北将军、都督并州诸军事、并州刺史，封平乡县公，也算是晋国的高级公务员了。

可是，他们仍然在北方，完全跟朝廷保持脱节的关系。

没几天，姚弋仲病了起来。他知道自己这次是不行了，马上就把儿子们叫了过来，对他们说：“石家本来对我们很好，我们应该为他们服务到底。可我们还没有到底他们就已经先到底了。现在中原谁也不能算是真正的老大。所以，我死后，你们唯一要做的就是赶快到晋国去，千万不要再犯错误。”然后他就死了，终年七十三岁，也算是长寿的牛人了。

姚襄这时还是百分之百地服从老爸这个安排的。他没有对外发布老爸死掉的消息，只带着本族六万户南下，决心回到大晋祖国的怀抱。

行程的开始还是很顺利的，先后攻破了阳平、元城、发干。

可接下来却碰上了硬骨头——新兴的秦国军队。

姚、苻两家现在已经成为死对头，这时相遇，双方都拼命死磕，最后，姚襄敌不过秦军，以损失三万多户的战绩输了这场比赛。

姚襄继续南下。

到了荥阳，离晋国的边界不算远了，姚襄以为安全系数已经很高了，就决定为老爸发丧。

可秦军灭姚之心不死，又派刘昌、李历追了上来。双方在洛阳东的麻田开辟新的战场。

这一次比上一次更加惊险。

姚襄的马也被箭射死。

姚襄的老弟姚苌把自己的马让给老哥。

在这个关键时刻，没有马就等于没有命。

姚襄说：“老弟，你怎么办？”

姚苌很有大局观地说：“只要有老哥在，谁也不敢对我怎么样。”

正好这时，晋国的救兵赶到，救出了濒临灭绝的姚家兄弟。

姚襄这时的真正想法，谁也无法知道了，但他为了表示自己当晋国员工的诚意，还是送了他的一个兄弟到晋国的建康当人质。

晋国的中央对姚襄的这个做法高度赞赏，让他把自己的部众安置在谯城。

姚襄虽然是少数民族的老大，不光打仗敢于拼命，在战场上向来被老爸看好，而且肚子里也装了很多学问。他的这些学问，以前在北方那群剽悍的猛男人士里一点作用也没有，可到了江南，市场前景却广阔得很。

姚襄知道他的这个价值，因此在安置部众之后，马上就玩了一把名士动作：自己一个人渡河南下，到寿春去拜见当时江南名士中的精英谢尚。

谢尚这家伙别的能耐没有多少，但对有学问的人的敏感度很厉害，老早就知道姚襄的学历很高，放到清谈场上，绝对是个高手。这时看到他主动跑来看自己，马上把身边的工作人员叫到一边去，然后脱掉制服，恢复名士打扮，跟姚襄喝酒聊天。

姚襄征服了谢尚，名气马上就在江南狂涨起来，立马在江南站住了脚跟。

## 冉闵啊冉闵！

这时冉闵的脚跟越来越摇晃。他以前还当石家大将军时，为了收买民心，曾经偷偷地打开粮仓，把战备存粮全部发放，人心倒是收了不少，可到他当家时，马上就碰到了要断炊的难题。而且这些年来，几乎月月打仗，天天兵荒马乱，农民连种地的机会也没有，因此，民间也在过着粮食紧张的生活。

冉闵没有办法，就带着部队到处去找吃的。这样，全国战斗力最强悍的部队就成了一支流动丐帮。

慕容儁认为，收拾冉闵的机会已经到来。

他把这个任务交给慕容恪。

时间是永和八年（352 年）四月五日。

慕容恪下令向冉闵发动总攻。

燕国军队狂喊而来。

冉闵咬牙切齿，决定亲自出战。



懂闰和张温劝他不要冲动。现在鲜卑部队的锐气正在最高点，而且他们人数众多，我们部队人员很少，最好的办法就是坚守，等他们挑战挑得没有精神了，而我们的援军也到了，再扁他们也不迟。

这个建议如果碰上一个稍微冷静一点的领导，就会被全盘采纳，可冉闵绝对不是一个冷静的领导。

这个建议不但没有使他冷静下来，反而像触及了他的某个痛处一样，当场就跳了起来，大叫："我现在正想搞定慕容儁，统一全东北。现在一个慕容恪过来就怕得头不敢出了？"

他这时完全变成了一个为了脸面奋斗的人。

所有的人看到他这个态度，谁还敢再作声。

司徒刘茂和郎闿看到冉闵这个样子，一致认为，冉闵这次出战，肯定不能活着回来了。两人突然觉得这个世界太残酷了，老大都要死了，他们还有活下去的理由吗？

于是，他们自杀！

冉闵带着大军来到安喜。

慕容恪也尾追而来。

距离已经很近，但谁也不出招。

冉闵到常山，慕容恪再贴身跟进。

战斗终于发生。

一共打了十场，冉闵取得了十连胜。

燕军都被冉闵打怕了，全军尽带恐惧色！

可慕容恪却一点不怕。

他对形势看得透彻，在巡视阵地时，大声对大家说："冉闵是什么人？四个字：有勇无谋。世界上最不可怕的人就是这样的人。他们的部队虽然装备不错，打起仗来，冲击力没谁比得上，可现在都已经困了累了。咱们只要再坚持一下，就可以把他们消灭光！"

冉闵的部队都是步兵，而燕国的全是骑兵。冉闵的脑袋虽然经常发热，制造冲动事件，但也知道扬长避短的道理：如果在平原地区对打，步兵永远是吃亏的，因此，他把部队向山林地带转移。

慕容恪的参军高升觉得不大对劲，马上对慕容恪说："老大，咱的骑兵要是进山，可就没有优势了。赶快派部队前去堵截他们，然后假装失败，把他们骗到平地上来，然后扁死他们。"

慕容恪这才清醒过来，依计照办，派小股轻骑不断地向冉闵骚扰。冉闵最受不得这种骚扰，每次敌人前来，他都带头打过去，狠狠地把对方痛扁一顿。可对方却十分经得起他的痛扁，一拨又一拨地送上来。

如果他的脑子稍微拐点弯，想想慕容恪现在这么积极地送部队过来被他痛打，肯定是有不可告人的目的。这时就应该坚持自己的路线，继续往山里开路。

冉闵向来勇于冲锋陷阵，而不爱动脑子，看到敌人不断地前来送死，觉得打得真过瘾，却一点没有发现，自己每胜一场，部队就又离开有利地形一段，最后完全暴露到平原之上。

在这个一马平川的旷野上，慕容恪笑了，史上最牛战将的命运已牢牢地控制在他的手里。

他把部队重新进行了一次部署：全军分成三个部分，然后进行了战斗总动员。他绝对是个优秀的战地指挥官。

他深知冉闵这个家伙打起仗来有如神助，虽然带的都是步兵，但却多次取得对精锐骑兵的完胜，其战场冲击力之强大，无与伦比。他知道，如果光以传统的骑兵作战方式，仍然挡不住冉闵这些精锐步兵的冲锋。他当时想了个办法——挑选特级射手五千人，用铁链连环锁住战马，结成方阵，然后向冉闵的步兵发动攻击。

冉闵这时还一点不在意慕容恪，仍然发扬他奋不顾身的拼死精神，舞着他的兵器，出手如电，大砍大杀，一口气杀了三百个敌人。

燕国的部队纷纷后退。

冉闵的眼睛再次看到胜利，但他却看不到阴谋。

他看到中军的那面大旗上帅字乱翻，就认定敌人的最高长官就在那里。他盘算着来一次擒贼先擒王，便把目标锁定在那面大旗上。

这正是慕容恪的阴谋。

冉闵大吼着向前冲杀——其实是在冲进敌人专门给他设的圈套。

他浑身血迹、一脸杀气地冲到那里时，等待他的是无穷无尽的伏兵。当他和他的战士冲到之时，伏兵四起，打了个大败仗。

他上当了。但他凭着空前的勇气，仗着手中的兵器和胯下的骏马，杀出了重围，把英雄本色表现得前无古人，后无来者。

他座下的战马叫“朱龙”，是可以与关羽的赤兔马一比高下的战马——如果按照往时，他冲出重围之后，凭着这匹快马，完全可以呼啸而去，谁也别想追上他——凭他在汉人心目中的地位，要东山再起，也不是没有可能的。但可以肯定，即使他能够卷土重来，到头来也只不过是给历史制造了几个精彩的杀戮片段而已，最终仍然会失败。

可不幸得很，才跑了不到二十里，朱龙宝马却突然死了。

燕国的部队追了上来——一代战将冉闵终于成了鲜卑人的俘虏。

没有哪件事比活捉冉闵这样让燕国统治者更值得庆贺的事了。

四月二十日，冉闵被押到蓟城。

慕容儁马上举行庆祝大会，宣布大赦。他觉得今天可是历史上最有意义的一天，他把战无不胜、灭掉整个石勒一族的战神或者战场魔王一把抓住，这个战果的级别，几乎可以跟当年汉兵搞定项羽的级别差不多。

他满脸得意地大笑之后，指着冉闵说："你算什么东西？居然也敢当皇帝？"他的原话是："汝奴仆下才，何得妄称帝？"他以为，冉闵在战场上的表现很强，但口才肯定不怎么样，因此就想在这方面占一下上风。

哪知，冉闵的声音比他还要洪亮："你都敢称王称帝，我有什么不可以的？"

慕容儁的脸马上涨红。他虽然敢称王称霸，但内心世界却装满了自卑。他们这些人虽然作风强悍，觉得自己了不起，也很想干出一番事业来，但心里仍然丢不掉正统观念。以前他们宁愿得罪石勒和石虎这样强暴而凶残的老大，也要跟隔山隔水的晋国保持从属关系，冒着被石氏消灭的危险，坚持打司马氏的旗号，就是这种心态的具体表现——他们除了在晋国那里获得一些空洞的职位外，什么好处都没有。

冉闵的这几句话，正好狠狠地砍在慕容儁心头最痛的地方。

慕容儁愤怒了，当场抽了冉闵三百鞭，然后送到龙城关押。

冉闵一玩完，他所缔造的大魏帝国就没什么可怕了。

四月二十五日，慕容儁派慕容评跟中尉侯龛带精锐部队一万人向邺城发动攻击，务必把冉魏最后的力量消灭干净。

这时，守在邺城中的领头人物是冉闵的儿子冉智，但冉闵的这个继承人比他差了很多，现在大权掌握在大将军蒋干的手中。

这个蒋干跟曹操手下那个蒋干一点关系都没有。他对冉家忠心得很，这时面对强敌，还坚决拥护冉智的领导，紧闭城门，决心抵抗到底。

局势跟他们预想的没有什么两样——就是越来越严重，城外的人都压住身上的血性，排着队向燕国的军队投降。

而这时，城中又出现了百年不遇的大饥荒。

城中只有人，没有粮。于是，人类最惨绝的人食人的镜头在邺城中出现了。前几年，石虎大量征集的美女现在还在邺城里。这批世界上最不幸的美女，首先成为那些饿得发疯者的口粮。没几天，这些美女都被那些吃人不吐骨头的士兵吃光了。

大家已经毫无人性的眼睛又充满了饥饿的色彩。

蒋干最后觉得只有晋国可以救他们，就派刘猗带着奏章去向晋国请求投降，并直接就近向那个谢尚请求出兵支援。

在邺城无限恐惧的时候，慕容儁还在派部队前来支援。

五月三日，慕容儁下令处死冉闵。可冉闵的头落地之后，突然发生大旱，方圆七里的花草树木突然全部枯死，蝗虫飞得把天空遮住，而且旱情越来越严重，从五月开始，一直到十二月，天天都是晴好天气，一滴雨没有落下。

慕容儁一看，也怕了起来，怀疑是冉闵搞的鬼，马上派专业人员过去，准备丰富的祭品，祭祀冉闵，并像追认烈士一样追认冉闵为悼武天王。

据说，仪式一结束，工作人员还没有退场，天上马上就下起大雪来。慕容儁这才松了一口气。

冉闵这个人确实是恐怖的战场指挥官。在他看来，打仗凭的全是不怕死的革命精神，一见到敌人，就鼓足全部勇气冲杀过去，不但是以步兵对骑兵，而且是以少对多，数次以几千人的兵力把敌人几万轰隆而来的骑兵扁得大败而逃。这在中国乃至世界战争史上都是少有的。但他永远算不得一个高超的战略家。在他控制着大面积的国土时，从没有进行过一次像样的休整，补充一下实力，以致部队越打越微少，物资越打越短缺，让全世界最精锐之师过上了流浪生活。而直接导致他彻底失败的是他的性格。他只相信自己的武力，不听别人的一点意见，暴力倾向布满全身的每个细胞。在他的字典里，只有一个“杀”字，并且从不研究改进战术，以致那些胜利也胜得毫无新意。最后碰上这种先进的战术，除了拼死之外，没有其他办法，再一次证明“落后就要挨打”确实是硬道理。

很多人都主观地认为，如果他只是一个负责冲锋陷阵式战将，归属于一个曹操式的高明统帅，那肯定是一组黄金搭档，在当时的中国大地上纵横捭阖，要统一中国那是易如反掌。这个假设当然不错，但想想，以冉闵的性格，他能老老实实地听从调度吗？

如果硬要在中国历史上给他找一个领导，估计只有项羽才适合。可项羽和冉闵的组合，除了让历史的页面上多几滴鲜血外，仍然是失败的结局。

摊上这么一个人，所有的假设都无效！

当然，他最后仍然让他的敌人感到恐怖。

慕容儁不得不在他死后放下身段，向一个灵魂低头。

但他仍然不放过冉闵的儿子。

这时，他已把邺城围得紧紧的。

冉智和蒋干别的办法一点也想不出了，只得拼命向晋国呼救。他们向晋国求救，是唯一正确的方针。可向他们伸出援手的人，水平却很差。

## 名士的北伐

这个人就是谢尚。

谢尚现在是安西将军，他的部将戴施现在正守在枋头。戴施最先得到蒋干的求助信号。他的脑袋还算灵光，马上把部队开到棘津。不过，他并不是要救出冉智，而是包藏着一个巨大的私心。他把魏国的使者截留下来，然后提出要求，要邺城方面交出那颗传国玉玺——他们觉得只有拿了这个传国玉玺，你这个皇帝才是过硬的，这个政府才是合法的，底气才是足够的，命令才是牛的。否则，一切都是胡扯的。司马氏南渡之后，因为手中缺了这个东西，一直被弄得很没有面子。

所以，在戴施看来，得到这个东西，比得到一个邺城强得多了。

面对戴施的这个要求，蒋干的眼睛眨了几下，却作不出决定，他当然不在乎这个玉玺，而是怕谢尚没有救他们出去的能力。

在蒋干犹豫不决的时候，戴施等不住了。

他立功心切，亲自带着一百多人敢死队员冲进城里，说是前来参加三台保卫工作的——不用脑袋也能想得出，这话肯定是骗人的，一百个人要是能帮他们守住邺城，邺城还能这么危险吗？

可蒋干已经被燕军围得脑袋全部硬化了，一见到晋军，虽然只是稀稀拉拉的一百个人，连粮食也不多带一点，现在到城里，除了增加城中的负担之外，别的帮助几乎等于零，但仍然激动得热泪盈眶，哪还去想那么多。

戴施接着忽悠："现在邺城被围得太严重了，你就是给我玉玺，我也不敢带人冲出去。这样吧，你先把玉玺给我带来，存放在我这里，我马上派人去向朝廷报告。朝廷知道玉玺真的在这里，肯定会派大军前来的。"

蒋干一点也不怀疑，马上把玉玺拿了过来，做完交接仪式，就什么也不管了——即使他再怎么怀疑，但到了这个时候，所有的希望只能押在晋国身上了。要是晋国不派部队前来救援，他也是死路一条，这个玉玺仍然不是他的，倒不如先交出去，多让人家看出点诚意就多一点希望。

戴施拿到玉玺后，就把督护何融叫来，让他赶快把玉玺带回枋头，交给谢尚。这是政治任务，死也要完成。当然，他对外却高调宣布，何融是到城外迎接粮草的。



蒋干在死守这么多天后，一来觉得老这么下去也太沉闷无聊了，应该做点动作来活跃一下气氛；二来也应该打个胜仗鼓舞一下城中的士气，就带着精锐部队五千人出城，向燕军叫板——当然，如果是冉闵出城，这肯定又是个以少胜多的大胜仗，但蒋干不是冉闵。

慕容评一点不给蒋干面子，看见蒋干的部队从城里冒出头来，马上就迎头痛击。蒋干连高呼口号的机会都没有，四千个本来生龙活虎的手下就全变成了尸体。蒋干拼了老命，才带着剩下的一千人回到城里。

而这时，谢尚却一点不管邺城的死活，他对那个张遇的气愤达到了顶点——张遇反水之后，现在已经变成秦国的员工，秦国任命他为豫州刺史，仍然在原地办公。谢尚本来就看不起张遇，这时看到张遇居然敢投降秦国，以前看在同事的分儿上，不拿他怎么样，现在他成了敌人，正好有了痛扁他的理由。

他主观地认为，张遇一点不像名士——不像名士就等于没有一点水平。

六月二十六日，他带着他最佩服的姚襄向许昌进军。

然而，他忘记了，现在他不是跟张遇一个人战斗，而是面对整个大秦帝国。

这时，秦帝国的第二号实权人物苻雄和苻菁正在关东一带发展，得到晋军出动的消息，马上带着部队前来支援张遇。

六月二十九日，双方在颍水桥展开决战。

大名士的学问在战场上没有一点作用，被打了个大败，士兵死亡一万五千人。谢尚拼命逃了回来。最无辜的是那个姚襄，本来水平不低，可跟着这样的统帅出战，也受到了巨大的连累，败得没有商量，最后把所有的物资全都丢下，这才把他的领导谢尚安全护送到芍陂。

虽然保全了性命，但谢尚的恐惧感却还无法消失。他什么话也不说，把所有的善后工作都交给姚襄全权处理。姚襄看到晋军的高级将领就这个窝囊样，心里就开始滋生鄙视的情绪。

当然，受到打击最大的不是谢尚，也不是姚襄，而是殷浩。他本来希望谢尚能把投敌的张遇生擒回来，给他挣一个脸面，哪知，这个脸面实在太难挣回来了。北伐的大规模行动还没有全面启动，就遭到这么严重的失败。他的雄心马上严重受挫，宣布暂停北伐，大军全部撤回寿春。

一次高调的北伐就这样草草了事，除了损失士兵、丢掉脸面之外，没有一点其他收获——当然，名士们是不在乎战场上的脸面的，他们在乎的只是清谈榜上的人气——连个起码的交代也没有。

朝廷对殷浩客气得很，对他的失败像不知情一样，连个批评也没有，更不用说处分了。

不过，作为直接责任人的谢尚也只是被降了个级别，从安西将军变成建威将军。

谢尚受到这个处分，一点也不觉得脸面无光，反而靠那颗传国玉玺又成功地让自己风光了起来——他到这时才把那颗玉玺送到建康，大家打开一看，从褚蒜子到一般员工，个个眼睛放亮，大声地祝贺。

于是，本来的罪人，又成了大功臣。

其实真正的功臣是戴施。而这时戴施正在拼命逃跑的路上。

本来，他正和蒋干他们坚守在邺城里，等着他的领导带兵前来救援。哪知，他的领导却早已被人家打得逃跑了。不但没了救兵，城中还出了内奸——长水校尉马愿等几个人对形势已经看透，为了保命，打开了城门。

燕军冲进邺城。

蒋干和戴施一看，连逃跑的后门都没有了，两人看着满城奔跑的燕军，实在不愿当俘虏，就找了几根绳子，从城墙上放下，然后顺着绳子滑下去，逃回仓垣。

冉闵集团的最后一个据点也划归燕国的版图。史上的冉魏政权正式退出历史舞台。这个政权只存在了三年。

殷浩并不甘心失败，撤军回去之后，又筹划着下一次北伐的事宜。

这家伙在这个时候，还做了一件让大家大跌眼镜之事，说北伐需要大量军费，为了满足军费的要求，下令撤销了官办学校，叫所有的学生从哪里来回哪里去，想当官的，就请自学成才。

底层上来的当权派，都经常有这个变态的心理。当时的太学跟现在的大学完全不同，只有不到一千个学生。这一千个学生的学费能有多少？

殷浩的这一招，其实就是想堵住后来者的贵族之路，让他们这些既得利益者继续保持利益。

不过，这时谢尚派他的部下王侠攻打许昌，竟然把许昌拿了下来——如果是谢尚亲自出马，估计这个胜利是不属于晋国的。

谢尚又长了一回脸——连打了大败仗都舍不得处分，现在打了胜仗，哪有不大大提拔的道理。

他还没有在许昌露脸，朝廷的提拔文书就已经发布：任命他为经事中，从今天起，驻防首都的屏障——石头。

司马氏很坚定地认为，只有把要害部门交给这样的人才放心。至于实际能力如何，请看人气排行榜。要相信群众的眼睛是雪亮的。

**图书在版编目（CIP）数据**

晋朝那些事儿. 肆, 乱世铁血卷 / 昊天牧云著. —北京：中国工人出版社，2017.7
ISBN 978-7-5008-6766-1

Ⅰ.①晋… Ⅱ.①昊… Ⅲ.①中国历史—晋代—通俗读物 Ⅳ.①K237.09

中国版本图书馆CIP数据核字（2017）第174462号

晋朝那些事儿. 肆　乱世铁血卷

| | |
|---|---|
| **出 版 人** | 芮宗金 |
| **责任编辑** | 李　倩 |
| **责任校对** | 董春娜 |
| **责任印制** | 黄　丽 |
| **出版发行** | 中国工人出版社 |
| **地　　址** | 北京市东城区鼓楼外大街45号　邮编：100120 |
| **网　　址** | http://www.wp-china.com |
| **电　　话** | （010）62005043（总编室）　（010）62005039（出版物流部）<br>（010）62379038（社科文艺分社） |
| **发行热线** | （010）62005049　（010）62005042（传真） |
| **经　　销** | 各地书店 |
| **印　　刷** | 北京美图印务有限公司 |
| **开　　本** | 710毫米×1000毫米　1/16 |
| **印　　张** | 17 |
| **字　　数** | 250千字 |
| **版　　次** | 2017年9月第1版　2023年3月第7次印刷 |
| **定　　价** | 36.80元 |

**本书如有破损、缺页、装订错误，请与本社出版物流部联系更换**